高 校 思 想 政 治 工 作 研 究 文 库

教育部思想政治工作司 组编

# 青春同行者

## ——新时代高校班级育人案例精选

李莉 ◎主编 蔡炳锋 ◎副主编

人 民 出 版 社

# 前　言

党的二十大报告指出："教育是国之大计、党之大计。培养什么人、怎样培养人、为谁培养人是教育的根本问题。育人的根本在于立德。全面贯彻党的教育方针，落实立德树人根本任务，培养德智体美劳全面发展的社会主义建设者和接班人。"高等学校肩负着人才培养、科学研究、社会服务、文化传承创新、国际交流合作的重要使命，高校思想政治工作事关办什么样的大学、怎样办大学的根本问题，事关党对高校的领导，事关中国特色社会主义事业后继有人，是一项重大的政治任务和战略工程。近年来，我国高等教育普及化水平进一步巩固和提升，2022 年毛入学率提高至 59.6%，整体水平进入世界第一方阵，整体实力与办学质量达到历史最高水平。高校思想政治工作在时代发展中持续加强和改进，呈现出良好发展态势，为保证高等教育改革发展、服务党和国家工作大局作出了重要贡献。2016 年 12 月，习近平总书记在全国高校思想政治工作会议上强调，要更加注重以文化人以文育人，广泛开展文明校园创建，开展形式多样、健康向上、格调高雅的校园文化活动。一直以来，班级在高校思想政治工作中发挥着重要作用，是校园育人文化建设的重要阵地，是大学生成长与成才的重要环境，是学生教育管理的重要基层组织。我国高等教育进入普及化阶段以来，学分制的实施使得学生选课呈现出多样化和个性化的特征。与此同时，班级制度切实保障了教学功能、育人功能和管理功能的有效发挥。班级配备专门的管理人员，辅导员和班主任以思想教育和价值引领为根本，通过制定班规、培养班风、组建班委、开展活动等举措加强班级管理，为大学生学习、活动和生活提供帮助和指导。

进入新时代，我国高校班级文化建设不断与时俱进，始终坚持与党的教育方针政策相一致、与社会发展变化相契合、与学生成长发展特点相适应，呈现出许多新的特点，在大学生的成长方面发挥了不可替代、不可忽视的影响作用。新形势下如何加强高校班级育人成效，既是当前思想政治教育领域面临的一项前沿课题，也是新时代高校思想政治工作所面临的一项实践难题。首先，当代青年学生成长于改革开放深入发展的时代，开放的环境赋予了青年学生开阔的眼界和多元的选择，同时也造就了青年学生群体独立性、差异性突出的鲜明特点。学生的个性鲜明对传统班级的统一要求和管理提出了新挑战。其次，网络是当代青年学生最具特色的标签，当代班级建设必然要考虑网络因素，如何规范网络班级建设，切实发挥网络班级在育人方面的独特作用，以及如何协同线上线下班级管理等问题对高校班级建设提出了新的挑战。此外，高校校情差异、专业学科差异、生源地域差异、学生家庭差异、辅导员职业能力差异，使得每一个班级学风、班风呈现出各自不同的独特风格。我们看到，在现实工作中，高校辅导员虽然掌握一定的班级建设管理知识与技能，但苦于四年一届学生的现实，试错与实操时间成本过大，常常陷于“所学难以致用”的困境。如何激发不同专业、不同年级班级的活力，成为班级育人文化建设亟须解决的难题。

从2008年开始，南京师范大学便持续不懈地探索高校班级育人的实践模式，逐步建构起高校班级建设的基本框架，明确了“班风建设、学风建设、文化建设、制度建设、网络班级建设、班主任指导”班级建设六大维度。近年来，学校以习近平新时代中国特色社会主义思想为指导，贯彻落实党的二十大精神和习近平总书记关于教育的重要论述，紧紧围绕培养德智体美劳全面发展的社会主义建设者和接班人这一根本任务，把立德树人作为检验学校一切工作的根本标准，大力提升思想政治工作质量和科学化水平。学校在原有班级建设体系的基础上，以“双十双百”示范班级评建为载体，在全校营造起浓厚的班级育人氛围，形成了独特的班级育人文化，逐步探索形成了班级示范引领导向机制和多维班级建设评价指标体系，从而实现“纲举目张”，为高校班级育人实践提供了具体的目标指引、任务内容、建设重点。

本书结合当前高校班级建设的时代挑战和多样需求，分为六个篇章，分别聚焦班风建设、学风建设、文化建设、制度建设、网络班级建设、班主任指导六大维度，精选近百篇基于高校先进班级建设工作中形成的具有时代性、示范性、实操性的优秀案例，从案例背景、设计思路、实施过程、工作成果、经验启示五个方面进行深度剖析，旨在搭建一个有关高校班级育人成果展示、研讨和交流的平台，促进思想交流、理论创新，充分发挥优秀成果案例的示范引领、辐射带动作用，为高校一线思政工作者提供具有普遍指导意义的班级建设体系、班级管理模式、班级育人难点分析和具体可行的实操指导，进一步推动高校思想政治工作的体系完善，实现全程育人、全方位育人。

**南京师范大学党委副书记**

**孙友莲**

2023 年 7 月 1 日

# 目　录

## 第二篇 | 学风建设篇

## 第三篇 | 文化建设篇



## 第四篇 | 制度建设篇

## 第五篇 | 网络班级建设篇



## 第六篇 | 班主任指导篇

# 第一篇

# 班风建设篇

班级是大学生学习生活成长成才的摇篮，是思想政治教育阵地的组织载体，也是高校教育与管理的最基层单位。班风是指一个班级在长期发展中逐步形成的行为风气，是一个班级具有自身特色的、稳定的集体作风，是大多数成员在长期交往中形成的一种共同的心理倾向，体现了大多数成员共同的精神、态度、信念和价值观，是班级内在和外在风貌的集中体现。班风对于大学生学习、生活习惯的养成，综合素养的提升，个人价值观的塑造以及班级凝聚力的增强具有不可或缺的作用。其一，优良的班风可对学生产生重要的教育影响。营造良好班风，有利于促成班级凝聚力和向心力的形成，激发学生的集体主义意识，为学生构筑起优质的成长平台。其二，优良的班风对学生的心理健康发展具有保护作用，可增强学生对不良心理和行为的抵御能力，从班级氛围上消除产生学生人际间心理障碍的土壤，促使学生心理健康发展。其三，优良的班风一经形成，就会内化、沉淀为班级群体规范，是推动班级教育、管理的无形力量，是搞好班级建设的重中之重。

高校班风建设内涵丰富，是一个需要长期培育的系统工程。主要内容包括学风、思想作风、组织作风、工作作风、生活作风等，随着经济社会的高速发展，我国的教育环境发生了显著变化，高校学生的结构更加复杂，教育服务的要求更加多元，这在客观上增加了班级管理的难度。社会上形形色色的文化思潮和价值观念冲击着学生的价值观，使得承载着思想政治教育功能的班级力量发挥受到了一定限制，受诸多外部因素影响，高校班级的育人和协调功能有弱化倾向。新时代大学生成长于社会主义市场经济蓬勃发展的大背景下，自由、平等、公正、法治等观念成为他们成长发展、审度外物、交往实践的重要原则，竞争与协作、互助与共赢、突破与创新等精神已经成为他们的价值遵循。尤其是“00后”大学生具有鲜明的个性化群体特征，强调个体意识和自我价值，更多依靠网络接收海量信息、广泛观察事物、拓宽眼界视野，在交往实践与成长成才过程中更加追求实际、求新求特、讲求效率，但在线下却往往难逃个人生理、心理、情感、知识、能力等方面的发展性问题与困境，集体意识不强但有着强烈的成长成才内在需求。常规的班级教育难以说服和引导他们，学分制又使得大学生个体自由度大大加强，传统的班级结构被打破，班级、班集体的概念日趋淡化，这在某种程度上加大了班级凝聚力的形成难度，给班风建设带来压力和挑战。

当前，高校班风建设是思想政治教育工作的重要一环。在新的教育环境和形势下，高校班风建设需遵循学生成长规律、思想政治工作规律，做到因事而化、因时而进、因势而新，不断提升班风建设的内在质量。从总体思路上讲，首先需要汇聚各种育人力量，发挥高校辅导员、班主任、专业任课教师的协同作用，共同创建并共同遵守一定的精神准则。依托一支坚强有力的班团骨干队伍，充分调动当前大学生自我教育和管理的积极性、主动性。其次要用好制度和活动载体，建立健全班级管理、监督机制，以班级日常教育为媒介，以思政教育为核心抓手，根据各个班级的专业特性、班级学生的发展需求，组织开展有针对性的集体活动，积极开辟饱含思政教育元素的“第二课堂”，让学生的主体精神和参与意识在班级建设的过程中得到充分彰显。同时，还要以集体荣誉感为强大的精神力量，把打造班级凝聚力作为培养良好班风的关键，以共同愿景作为思想基础，以集体观念为心理支撑，以互助共进为情感纽带，让良好班风成为班级凝聚力固化的体现。

# 志在卓越，协同育人：铸就“1+N”学生成长链

“文通心怀通天下，礼贯胸宇贯古今。”强化培养学院是南京师范大学的荣誉学院，以“志存高远，追求卓越”为院训，按照“自主性学习，个性化培养，研究型教学，国际化发展”的模式培养具有高思想素质、良好综合素养和国际化视野的领袖型人才。2019 级文科强化班由不同专业的学生组成，班级建设秉承“横向到边，纵向到底”的思路，以项目化、品牌化为导向，以“打造‘1+N’学生成长链，铸就‘N+1’班团品牌项”为主题，通过“优秀党员+理想信念教育”“优秀学子+学风建设”“实践达人+社会实践”“科研达人+科研创新”的形式促进同学间思维碰撞、智慧交融，将各领域优秀个体有机聚拢，铸就团结共进的班集体。

## 一、案例背景

2019 级文科强化班成员分散于 11 个不同专业中，由此产生班级成员交流少、关系较为疏远、凝聚力不强等问题。针对这个客观情况，班级将成就拔尖创新型人才、促进班级同学全面发展作为班级建设的宗旨，希望通过独特的班级建设模式来加强班级成员间的联系，充分发挥同学主观能动性与专

业学科特长，扬长补短、共同进步，促进成员德智体美劳全面成长。

## 二、设计思路

班级建设以“打造‘1+N’学生成长链，铸就‘N+1’班团品牌项”为主题，“1+N”中的“1”指1名优秀学子，是成长链的领头雁，统筹规划“传带帮”内容、把握引领方向；“N”即多之意，多措并举、多人受益、多方辐射、多向延伸。“N+1”中的“N”是各项工作、各项举措、各个项目等的代名词，具有多样性、可变性；“1”是班集体，作为项目规划的根本，多条成长链汇入助力班级建设工作。班级在专业小组、团小组、班委工作小组的基础上，通过组建“1+N”学生团队，打造“1+N”学生成长链，充分发挥优秀学子“传帮带”作用，以理想信念教育、学风建设、科研创新、社会实践、校园文化等为载体，以项目为导向，以特长为驱动，以志同道合为链接，以品牌化为桥梁，以个体与班团共成长为目标，打造“N+1”个班团品牌项目，从而实现卓越班团凝聚学生共建，优秀助力引领班级成长的建设目标。

## 三、实施过程

将“1+N”学生成长链分解为“1+N”红色成长链、“1+N”金色成长链、“1+N”蓝色成长链、“1+N”绿色成长链，各有侧重，给予班级同学多样选择。

1.“1+N”红色成长链——党员引领理论学习，促进党建带团建

通过“‘1+N’红色成长链”“以党带团微党课”发挥党员同学先锋模范作用；邀请马克思主义学院专业教授开展“忆往昔·看今朝”思政宣讲

会；组织入党积极分子进行“21天阅读红色经典打卡”“云端诵读”“党史主题征文”等活动，突出党员引领理论学习，促进党建带团建，成就政治理论学习品牌。

2. “1+N”金色成长链——优秀学子开展互动交流，构建学科共同体

以优秀学子开展互动交流，在专业小组的基础上，建立优秀学子“1+N”学习小组，一对多开展学业帮扶指导；举办“教授午餐会”、“学海下午茶”、“学海大讲坛”、读书分享会、保研经验分享会等多种形式的交流活动，促进师生交流，解答学习困惑，构建学科共同体，成就学风建设引领品牌。

3. “1+N”蓝色成长链——申报科研计划，提升核心创新力

鼓励班级成员担任大学生创新创业项目主持人，带领同学们参与课题研究、开展创新实践；举办“大创”项目申请宣讲会，邀请学长学姐分享科研实践经验，加强年级间同学的沟通，为低年级同学从事科研打下坚实基础。通过以上活动提升班级同学核心创新力，成就科研创新成果品牌。

4. “1+N”绿色成长链——杰出个人带领社会实践，培养社会责任感

班级成员利用暑期开展社会实践、参与“挑战杯”项目调研，积极承担项目负责人工作，实践内容力求多方向、多主题、多平台、多途径，在活动中积累社会经验、培养社会责任感，成就社会实践活动品牌。

## 四、工作成效

班级成员以不同角色、身份全员参与“1+N”成长链计划，项目参与率达100%，班级凝聚力大幅提升。通过“1+N”红色成长链，班级同学政治理论素养得到显著提高，坚定了“青春心向党，永远跟党走”的信念。班

级中有中共党员 17 名，形成了党员先锋引领班级成员、服务广大同学的良好风气。通过“1+N”金色成长链，班级学生学业成绩大幅度提高，科研氛围日渐浓厚，学生由大一学年的班级平均分 85. 37 分提升到大二学年平均分 87. 10 分，班内 2 名同学分获国家奖学金和校长特别奖学金。通过“1+N”蓝色成长链，班级科研氛围日渐浓厚，5 名同学分别获得全国大学生英语竞赛二、三等奖；班级成员全员参与“大创”项目，其中国家级一项，省级四项，校级十一项。班级成员主持项目《新时代劳动教育何以落地生根？——基于 7 省市初中生劳动素养及其培养现状的调查研究》荣获江苏省大学生“挑战杯”创新创业实践竞赛特等奖。通过“1+N”绿色成长链，班级同学社会实践能力和社会责任感大大增强。班级寒假教育社会实践项目《追寻红色基地，讲好红色故事，赓续红色基因》获得省级挑战杯红色专项一等奖；两项暑期社会实践调研项目获得省级优秀调研报告。

## 五、经验启示

“1+N”学生成长链基于学生的志愿、特长、能力等进行自主选择，充分尊重学生的成长成才需要，通过项目化帮助学生更好地明确目标和目的，实现个人的最大化成长成才。2019 级文科强化班在“1+N”学生成长链实施的同时，打造了“N+1”个班团品牌项目，达到 1+1>2 的效果，有效增强班级凝聚力，实现班级与成员的共同发展，此案例可作为大类专业班级建设的参考。

# “三暖计划”，聚力心理：班级心理健康教育之新路

如今，大学生“内卷”现象日益严重，学生在“内卷”中脚步越来越匆忙，内心越来越焦虑，这样的“匆忙”，会阻碍他们感受班级文化、感受校园文化，不利于学生的身心成长与爱班爱校教育。2020 级心理学班同学精心设计并实施“三暖计划”，通过“暖身、暖心、暖情”三暖方针，开展丰富多彩的系列活动，为同学们提供心灵的休憩站，让同学们感受生活中的美好，缓解压力和焦虑，从而以更积极健康的状态拥抱丰富多彩的大学生活。

## 一、案例背景

日日奔忙、步履匆匆是如今许多大学生的常态。进入大学后除了专业学习的任务，同学们难以避免地面临着实习就业压力、各类竞赛准备等事务处理的应对和平衡问题。过于忙碌的生活节奏容易使人经常处于持续高压的状态，学生们普遍反映，少有机会慢下来放松身心、沉淀自我。基于此，2020 级心理学班班委会聆听班级同学心声，在班主任老师的指导建议下，推出“三暖计划”，以筑造班级同学的心灵港湾。

## 二、设计思路

开展“心灵小憩”系列活动，意在通过一系列放松身心的活动，让班级同学在忙碌的学习生活中停下脚步，舒缓压力，补充心理能量，感受生活美好。方案施行于大一学年的冬季，经过班级民主评议与班主任指导，班委会商讨，最终确立了以暖身、暖心、暖情“三暖计划”为方针的“心灵小憩”系列活动，从身体到心灵、从个人到集体，力求为班级同学建造一个温情满满、暖意融融的心灵港湾，为班级同学的心理健康助力。

其中“暖身计划”带领同学们走出教室，拥抱自然，在外出活动中培养健康向上的生活态度和生活方式。“暖心计划”帮助同学们消解压力，发现生活乐趣。鼓励同学们书写初冬日记，“给自己的一封信”分享日常小美好，记录成长点滴。“暖情计划”不仅为同学们提供温暖，还注重营造温馨有爱的班级氛围，培养同窗情谊，主动互赠温暖。

## 三、实施过程

2020 年 10 月，班级班委会通过第一次班委会议整合班级同学提议与班主任指导建议，初步协商通过了“三暖计划”。10 月 26 日，草坪茶话会顺利举办，班级学生相聚学校月亮湾草坪，聊天、游戏，放松身心。11 月 15 日的初冬采风，班级同学结伴前往南京名胜栖霞山赏枫郊游，通过户外运动的方式舒缓压力，拥抱自然。

同年 12 月，班委会在“暖身计划”基础之上，推出“暖心计划”和“暖情计划”。12 月 16 日，活动“见字如面”举办，同学们给过去一年的自己写信，总结了一年的收获与成长，对自己提出期待和希冀，并为努力的自己点赞。随后同步推出“暖情计划”。12 月 23 日，共庆新春活动顺利开展。同学们互赠礼物、互送祝福，既是温暖的收获者，也是温暖的传递者，在欢声笑语中共同迎接新年。跨年之夜，班委们为全班同学准备了贴心而富有创意的新年礼物、录制了趣味横生的祝福视频，同窗之情持续升温。

2021 年 11 月至今，“暖心计划”升级为“初冬日记”。依托班级 QQ 平台群相册功能，每天由一名同学分享当日的线上日记，通过共写日记引导同学们发现生活中的小美好，由此培养积极向上的心态，在平凡生活中寻找暖意。

## 四、工作成效

“三暖计划”——“心灵小憩”系列活动自开展以来，班级同学展现出极大的参与热情，班级参与率达 100%。活动推出一学期后，班级班委会组织了针对“三暖计划”系列活动的自愿反馈问卷调查。结果显示：满意度高达 97.37%，其中 89.47%的同学选择了满意程度最高的选项。近 70%的同学表示，“三暖计划”对其身心健康产生了积极影响，帮助他们在忙碌生活中放松心情，调整心态，以更轻松的姿态面对学习生活中的挑战。经过“三暖计划”帮助后的生活状态评分：4.29 分（采取 5 分量表），生活状态满意度整体较高。班级同学好评如潮，部分活动已撰写新闻稿发布于所在学院微信公众号。许多同学在微信朋友圈、QQ 空间等社交网络平台分享了活动心得以及参与活动的收获。在暖身、暖心、暖情三方面的“心灵小憩”系列活动中，同学们真切感受到同窗友谊和生活美好，有益于同学们的持续发展，也有助于班级凝聚力提升。

## 五、经验启示

能够在匆忙的生活中停下脚步，舒缓压力，放松身心对大学生的心理健康无疑有极大的益处。“三暖计划”——“心灵小憩”系列活动正是提供了这样一个“心灵加油站”，聚焦心理健康这一重要成长内容，为班级同学卸下压力、增添动力。

“三暖计划”摒弃了传统班级活动缺乏系统性、时间较短、影响时效短等缺点，该系列活动覆盖面广泛，涉及身体与心灵、个人与集体多方面，积极影响深远，内涵层层丰富，为同学们提供持续性的美好体验。

该系列活动不局限于单一重复的班会形式，采用线上线下双线并行，户外室内多空间开展，增加了2020级心理学班同学交流与相处的机会，打造了团结友善的班级氛围，对和谐班风的建设起到重要推动作用。通过“三暖计划”，同学们在忙碌的生活中找到慢下来的机会，平衡自己的生活节奏，为日后的持续发展与成长打造良好基础。

# “三阶魔方”，助力成长：建设德智体美劳心全维发展型班级

2019 级英西双语班是一个从大二年级经过专业分流才建立起来的特殊班级。为了促进班级同学团结协作、全面发展，推进班级多位一体全方位建设，班级精心设计了“三阶魔方”固本强基优秀班级培育方案，建立有益于学子成长的美好家园。正六面体的三阶魔方象征着班集体，组成魔方的 27 个小方块就是每一名班级成员，每个小方块有六个面六种颜色（红、橙、黄、绿、蓝、紫），分别对应着一个全面发展的人才所需具备的德、智、体、美、劳、心大六方面。每个方块都是组成魔方必不可少的存在，寓意着强大的班级凝聚力；每个方块的全面发展才能使得这个魔方呈现完美的六面配色，寓意同学们全方位发展与班级的全方位建设是一体的，也承载着美好班级的奋斗愿景。

## 一、案例背景

2019 级英西双语班在真正意义上是从大二年级才成立，此时班级同学已经度过了一年的大学新生生活，并将在一个新组建的班级开启未来四年（五年制）的奋斗历程。在这一背景下，班级力求塑造良好的班风学风，注重班级成员的综合素质培养，以“三阶魔方”作为象征意象和核心概念，

设计班级建设的固本强基培养方案。此方案以魔方六个面的不同颜色象征班级成员德、智、体、美、劳、心六大方面的综合素质，鼓励大家共同进步与提高，团结一心，打造全面发展的大学生涯。

## 二、设计思路

“德”是魔方的红色面，红色象征着思想之红，红心向党、成才报国，落实于党团理论的学习和思想道德修养的培育。

“智”是魔方的橙色面，橙色代表着丰收，寓意班集体硕果累累。班级制定了四学一体的学风建设活动，即“乐学—动力”体系、“辅学—帮扶”体系、“督学—养成”体系、“勤学—示范”体系，分别从兴趣培养、交流互助、习惯养成和经验分享四个角度营造浓厚的学习氛围。

“体”是魔方的黄色面，黄色代表着激情与活力，落实于班级开展丰富多彩的体育活动。

“美”是魔方的绿色面，绿色代表着蓬勃的生命之力，落实于各项高雅的艺术审美活动。

“劳”是魔方的蓝色面，蓝色代表着海纳百川的包容，落实于社会实践和志愿服务。

“心”是魔方的紫色面，紫色代表沉静稳重的情感，落实于班级扎实的心理健康教育。

## 三、实施过程

### （一）“红”——思想政治素质与道德修养提升

为进一步提高班级成员思想政治素质，加强党的政策、理论学习，班级以爱国主义教育、道德修养教育为主题，举办“学习两会精神，争做时代先锋”“致敬‘疫’线最美逆行者”“我眼中的脱贫攻坚战”等团日活动。同时，成立党团理论学习共读小组，研读《习近平新时代中国特色社会主义思想三十讲》等著作，定期对党和国家召开的重要会议精神进行学习，将政治理论学习深入化、常态化。

## （二）“橙”——专业素质提升

1. “乐学—动力”体系

在专业课教师带领下，班级开展跨文化沙龙，组织开展论文阅读和交流探讨，拓宽学术视野，培养科研兴趣。

2. “辅学—帮扶”体系

为提高学习效率，形成互帮互学的良好风气，每节专业课后，由学生骨干带头引导，将专业课上重要知识点进行总结，并将笔记分享至班级群里，推动比学赶帮优良学风的营造。

3. “督学—养成”体系

开展学风建设活动，组织同学进行每日英语单词背诵打卡，经典西语朗读者等活动。

4. “勤学—示范”体系

班级开展优秀学子分享会活动，邀请高年级同学传授英语专八、西语专四考试经验，并作考研经验分享，为班级同学加油鼓劲。

## （三）“黄”——加强体育锻炼

积极动员并组织班级同学报名参加学校运动会，不定期开展班级跳长绳、拔河、篮球赛等竞技比赛，每天开展“一晨一跑”活动，使用运动软件进行跑步打卡，帮助班级同学养成运动习惯。

### （四）“绿”——在文艺活动中增添生活雅趣

举办迎新晚会、手语操大赛、防“艾”情景剧大赛，欣赏西班牙语歌曲与电影等，让班级成员在丰富有趣的文化活动中增进交流、培养兴趣、加强审美体验。

### （五）“蓝”——组织参加志愿服务与社会实践

鼓励班级同学积极打造优良宿舍文化，动员同学投身于各级、各类志愿活动，班级成员志愿时长总计高达1047.75个小时。

### （六）紫——守护心理健康

班级特别设立心理委员，并主办班级心理刊物，由心理委员在电子刊物上分享优质的心理健康教育内容，予人温暖。班级定期开展“守护天使”、“仲夏有你、心心相印”、考前心理舒压会等丰富多样的团辅活动，让同学们在彼此的关心和关爱之下拥有健康心态，共享美好未来。

## 四、工作成果

“三阶魔方”固本强基优秀班级培养方案极具创意，体现出对大学生德智体美劳心六大方面综合素质的全方位关注与培养。实践证明，这一模式成效显著，在它的牵引之下，班级已成为学院、学校内美好班级建设的典型。在思想上，班级成员加深了对党的认识，进一步明确了当代青年的责任和义务，并以此为出发点着力共建强专业、强体育、强实践的优秀班级。班级每日学习任务都能出色完成，班级成员踊跃参与各类文体活动，既强身健体又增强了团队凝聚力。广大同学的心理素质、文化素养、专业认知等全方位能力在实践中得以提升，为成为全能型外语人才做了充分准备。

## 五、经验启示

此案例是学生个人与班集体共同成长的经典范例，形式多样且主题丰富的活动既在一定程度上促进了班集体的团结统一，提升了班级凝聚力，又在加强学风建设，营造浓厚学习氛围的同时，提升同学们的思想道德素质、促进身心健康的发展。2019 级英西双语班通过同学们的共同努力，迅速成长为一个学风端正、成绩优异、团结和谐、积极进取、全面发展的优秀班集体，而同学们也在班级全面发展的过程中在德智体美劳心六个方面不断提高，未来还将致力于对“三阶魔方”各个维度的深入挖掘，根据同学们的发展需求做出个性化安排，进一步提升育人实效，培养更多综合型人才。

# “劳”铸红心，“动”育新人：班级贯彻劳动教育的新尝试

劳动教育是中国特色社会主义教育制度的重要内容，直接决定了社会主义建设者和接班人的劳动价值取向、劳动精神面貌和劳动技能水平。党和国家高度重视劳动教育，2020 年 11 月，习近平总书记在全国劳动模范和先进工作者表彰大会上强调，劳动最光荣、劳动最崇高、劳动最伟大、劳动最美丽，要求“把劳动教育纳入人才培养全过程，贯通大中小学各学段和家庭、学校、社会各方面”。2020 年 3 月，中共中央、国务院印发《关于全面加强新时代大中小学劳动教育的意见》，同年 7 月教育部印发《大中小学劳动教育指导纲要（试行)》，就全面贯彻党的教育方针，加强大中小学劳动教育进行了系统设计和全面部署，这对高校办好新时代劳动教育、培养堪当民族复兴大任的时代新人提出了明确要求。

## 一、案例背景

2018 级环境工程班是一个同心向党、风气优良的集体，是一个充满活力与凝聚力、积极向上的班级。大三学年，班级结合学校“厚生领航”计划，制定了“‘劳’可陶情铸红心，‘动’能励志育新人”的班级劳动教育

实施方案，教育引导同学们崇尚劳动、尊重劳动、热爱劳动，全面提高班级成员劳动素养，努力成为德、智、体、美、劳全面发展的社会主义建设者和接班人。

## 二、设计思路

确定以“‘劳’可陶情铸红心，‘动’能励志育新人”为主题使同学树立正确的劳动观念、掌握必备的劳动能力、培养积极的劳动精神、养成良好的劳动习惯和品质。学院与学校食堂合作共建环境学院“劳动教育岗”，班级作为劳动先锋示范班级，在班级成立劳动教育小组，以小组长负责制管理班级成员进行劳动教育的进程，定期召开组内讨论，交流感想。

## 三、实施过程

2020 年 7 月，班委会根据教育部印发的《大中小学劳动教育指导纲要（试行）》，研讨形成初步项目实施方案，并得到了学院支持和鼓励。在学院的大力支持和指导下，班委与学校食堂共建劳动教育岗，由先锋示范班级为全院打样。

班委根据班级情况，撰写了“‘劳’可陶情铸红心，‘动’能励志育新人”的活动计划书，随后召开班会向班级成员介绍劳动教育的目的、意义以及劳动教育岗所要做的工作，鼓励同学们积极参与行动。班委会将班级分为 4 组，每组 11 人，其中组长 1 人。组长负责通知、监督组内成员按时参加劳动教育活动，劳动频次为每周 4 次，一次由一个小组承担，具体劳动项目包括食堂就餐高峰期服务、学生引导、餐饮垃圾分类工作等。

活动中每周一次由小组内指定专人进行拍摄，以影像形式记录同学们参与劳动教育的过程。积极组织宣传，在学院、班级微信公众号上推广宣传，发布劳动视频与同学们的劳动心语，以影像和文字记录劳动经历、扩大活动影响。项目实施一个月后，开展班级“劳动教育经验交流”主题班会，分享劳动教育的经验与故事，讨论劳动教育的成果和不足，班级学生自由发言，畅谈参与劳动的感想及收获。

## 四、工作成效

班级44名成员百分之百参与劳动教育活动，一学年中，班级成员平均每天每班次（3人）上岗劳动2小时，累计参与劳动时长超500小时，在学院起到了良好的劳动教育示范带头作用。

通过劳动教育，学生切身理解并牢固树立“劳动最光荣、劳动最崇高、劳动最伟大、劳动最美丽”的思想观念；在实干中增进尊重劳动者、珍惜劳动成果的情感认同，端正了勤俭、吃苦、奋斗、奉献的劳动精神，养成良好的劳动习惯。同时，学生们学习掌握了垃圾分类及低碳环保生活要领，将专业知识融入劳动教育，在劳动中强化专业技能，提升了环境专业学子的社会责任感、使命感。

## 五、经验启示

开展劳动教育要落到实处，在实干中保障劳动教育的知、情、意、行各方面成效。在大学开展劳动教育，要充分利用校内资源，引导学生从身边做起，从小事做起，切忌坐而论道，只说不动。基于这一认识，2018级环境工程班着眼于学生最熟悉的校园环境，与学校食堂签订合作协议，在学生们的日常活动区域建立“劳动教育岗”，设立档口服务、餐桌清理、文明劝导、垃圾分类等岗位，并对班级所有成员均排班上岗，在帮助食堂后勤处工作的同时，对全班学生进行了劳动教育。同时，将环境专业特色融入劳动教育，积极宣传垃圾分类和低碳生活，肩负环境人的使命担当。这一合作模式为进一步探索劳动教育实施途径提供了新思路。未来还将打开思路，从服务型劳动拓展开去，走出校园，在生产实践中探索劳动教育新形式。

# 党建引领，同心奋进：班风建设的创新尝试

共产党员无论何时何地，在任何条件下，都要发挥先锋模范作用，这是对每个党员的基本要求。2017 级文科强化班始终秉持“文以载道笃学静思，强者荟萃卓越为学”的班训，坚持做好党建引领，创新线上线下结合的服务方式，打造班级发展共同体，着力培养班级每一位同学成为具有家国情怀、世界眼光、拔尖创新复合型人才，共同画好班级同心圆。

## 一、案例背景

2017 级文科强化班有中共党员 14 名，在专业学习、科研创新、学生工作、志愿服务等方面取得了一定的成绩。为了更好地发挥党员先锋模范作用，班级组织实施了“党建引领，共画班级同心圆”班风建设活动，倡导党员走在班级建设的“第一列”，充分发挥先锋模范带头作用，成为班级同学遇到困难时想得起、找得到、靠得住的力量。

## 二、设计思路

坚持一个“主心轴”：立德树人，助力成长

构建一个“同心圆”：党团同构，同学共进

理顺一条“成长链”：思想引领、学业发展、能力培养、创新创业、素质拓展

打造一个“共同体”：团结、奋进、发展的班级共同体

## 三、实施过程

### 1. 开展政治学习

班级设有“青年学习社”平台，每个月由班级党员带领全班同学开展一到两次的政治学习、沙龙研讨，及时分享时政热点，发思想先声，悟时代精神。开展了“绽放战疫青春，坚定制度自信”“重温总书记讲话，不忘五四运动初心”“聚焦两会看点，学习两会精神”“学习‘四史’：心有所信，方能行远”“学习十九届五中全会精神”等一系列专题学习会。

### 2. 开展主题教育活动

班级 49 名同学分成 5 个团小组，全部由党员担任组长和副组长。各组组长充分发挥主观能动性，调动组内成员积极性、主动性与创造性，组织开展“以国之名，向英雄致敬”“珍爱粮食，远离浪费”“研读一部经典”“坚守一个岗位”“采访一位榜样”等一系列主题教育活动。不定期开展组内谈心谈话，交流思想、交换意见、相互提醒、共同提高。

### 3. 拓展多元素质

党员在班级积极开展读书会，带头开展志愿服务和社会实践，组织开展

趣味运动会和素质拓展，增强班级凝聚力，活跃班级气氛。

4. 成立专业联盟

班级学生党员分别归属于对应的专业学习联盟，带领各联盟在学期内以及寒暑假期间开展丰富多彩的学术活动。

5. 推行学生党员责任区制度

一是宿舍责任区：每位学生党员分别负责若干宿舍。及时向责任区同学宣传学校的各项规章制度，并带头遵守执行；从细节入手，抓好每日常规，保证责任区宿舍的安全、卫生；及时指出并纠正身边同学的违规违纪行为，对责任区范围内的安全隐患、不稳定因素进行排查，并努力化解矛盾。二是帮扶责任区：根据班级同学的具体情况，每两到三位党员对学习困难、心理困难、家庭困难等“三困”学生进行“多对一”的精准帮扶，主动了解帮扶同学的思想、学习、心理、生活等情况，帮助他们解决实际困难。三是政治学习责任区：该项责任区主要针对班级入党积极分子。针对班上 19 名入党积极分子，党员们通过“一对一”或“一对二”结对进行政治理论学习辅导，有效地保证入党积极分子的政治学习频率和质量，提升政治理论水平。

## 四、工作成效

通过充分发挥党员模范作用，营造班级团结、奋进、合作的氛围。创建班团特色品牌“责任区”，实现资源全方面共享，打造了“聚是一团火，散是满天星”的温暖友爱班集体。

2020 年，班级荣获省级先进班集体，校级“五四红旗”团支部。毕业之际，班级 33 名同学获得“双一流”高校的录取名额，保研率超过 67%。班级同学共获大学生创新项目国家级立项一项、省级一项、校级七项，自然科学基金一项，学校“英才培养计划”入选三人。班级二十余人在国家级、省级学科竞赛中获奖，十多篇学术论文在省级及以上期刊发表，共有 36 人次参与校外交流，境外交流学习达 28 人次，获得校长特别奖学金、国家奖学金等各类奖学金累计超 20 万元。

## 五、经验启示

将“党建引领”的机制引入到班级建设中，是新时代高校班级班风建设的一次有益尝试。实践证明，在“党建引领”的机制下，班级不仅明确了党员学生的职责，更好地发挥出党员的先锋模范作用，同时也有效地帮助了其他同学在各方面的发展，激发了班级的活力、增强了班级凝聚力。2017 级文科强化班的建设案例契合时代发展，具有一定的可复制性和推广性。未来将进一步探索“党建引领”的内涵式发展，建设更好的班级发展共同体。

# 爱满天下，知行合一：班级新生的适应性教育

“爱满天下，知行合一”是陶行知先生教育思想的精髓，2018级小学教育（师范）行知班针对新生入学适应、班集体建设、疫情阶段的心理应对三大难题，以“爱满天下”和“知行合一”的教育思想为主导，分别以“尊重差异”“守护天使”“以健康心态共克时艰”为主题开展活动，将其与专业深度融合，内化为一种班级精神，以帮助新生尽快适应大学生活。

## 一、案例背景

“爱满天下”强调大爱精神和博爱情怀，“知行合一”强调理论与实践的统一，2018级小学教育（师范）行知班以此作为班级核心精神，意在激励全班同学追求真理、善于学习，并勇于实践、敢于创新。“心”是“爱”之始，班级以“尊重”“关爱”为关键词开展积极健康的心理建设，培育爱的情怀、定向爱的行动。

## 二、设计思路

陶行知先生的“爱满天下”内涵丰富，班级结合专业特色及实际情况，

提炼出“爱自己”“爱他人”“爱集体”的三维目标。以“适应改变，悦纳自己”为目标，举办以“做好自己，尊重差异”为主题的心理班会，帮助刚进入大学校园的同学学会自我调节，引导其关爱自身，提高自我认知。推出“守护天使”活动，帮助同学们学会关爱他人，培养同窗情谊，携手共进。开展“以健康心态，共克时艰”为主题的心理班会，意在拓宽“爱”的认知范围，延展“爱”的多维内涵，引导同学们在保证自身身心健康的前提下，关爱人民，关爱社会，培养“爱满天下”的大爱情怀。

## 三、实施过程

### 1.“做好自己，尊重差异”心理班会

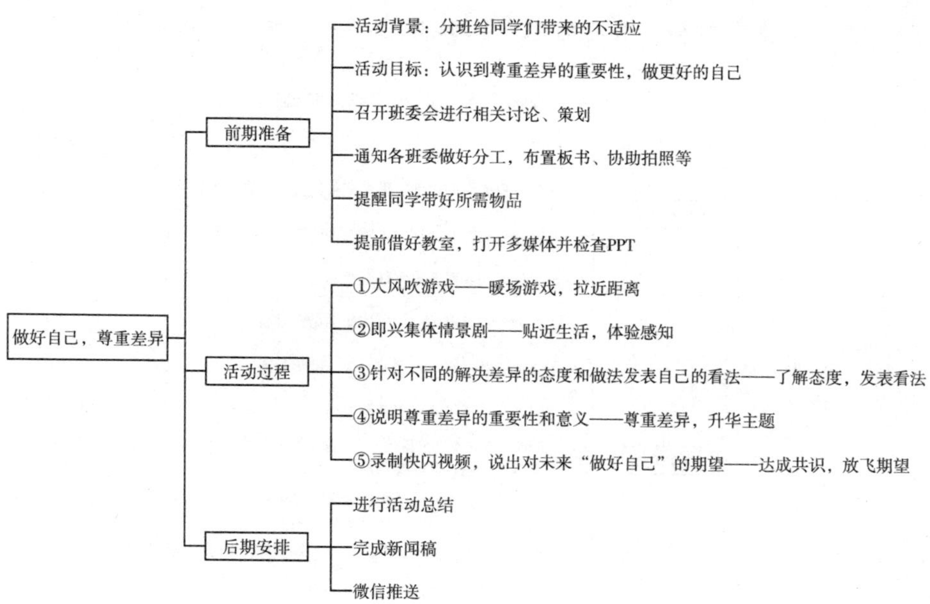

## 2.“守护天使”活动

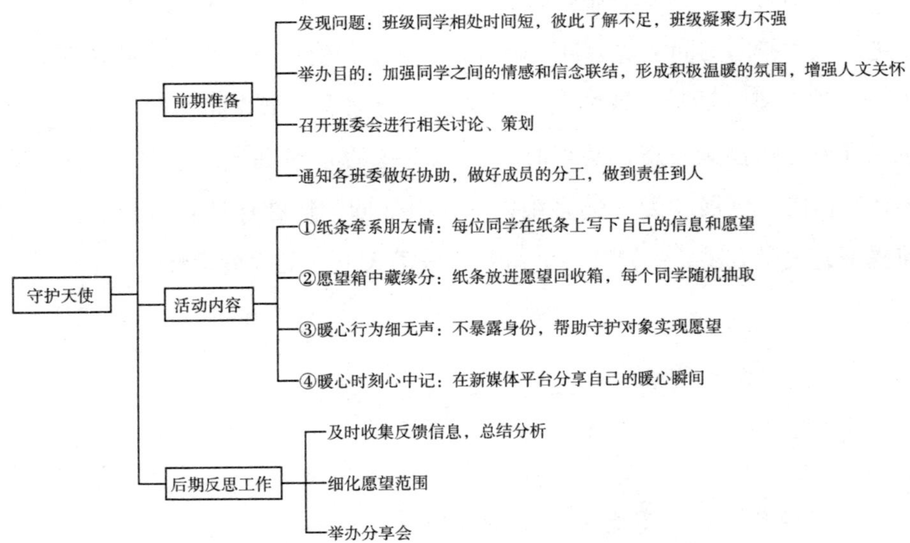


## 3.“以健康心态，共克时艰”心理班会

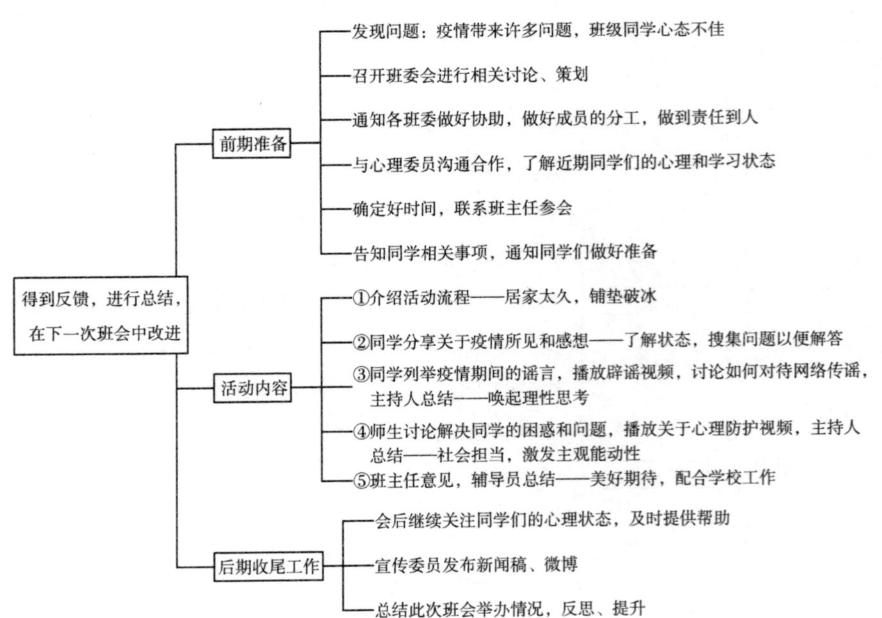

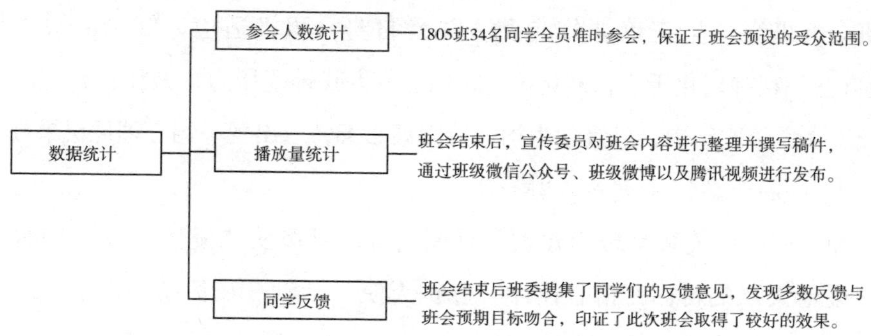


## 四、工作成效

“爱满小教，知行合一”系列活动意在培养具有博爱情怀、青年责任、时代温度的“小教人”。其中，“做好自己，尊重差异”与“守护天使”活动侧重于“修己”与“爱人”。“以健康心态，共克时艰”心理班会，不仅有效解决了班级同学面对疫情产生的心理压力，还激励班级学生主动担当，投身志愿活动，竭尽所能为社会抗击疫情作出贡献。

活动目标明确，从策划、执行到效果追踪，能做到班委主导、全员参与，并对过程中的问题进行搜集和反馈，反映出班集体较强的凝聚力、自主性、行动力，充分体现出“爱满小教”以及“知行合一”的班级精神。活动增强了班级成员间的情感联结，同时也在班级建设的过程中提升了专业认同感、增强了教育使命感。主题活动获得多项校级荣誉，其中“做好自己，尊重差异”心理班会获得校级二等奖，“守护天使”活动获校“百优班级建设案例”奖。

## 五、经验启示

### 1. 以己作基，关爱自身促成长

以自身心理健康为基础，关爱自我。通过“做好自己，尊重差异”心理班会，班级学生正确认知自我，关爱自身，积极适应，健全心灵。将“爱自己”精神内化于心，外化于行，以适宜方式排遣压力，关注自我健康与成长。在大学四年中，班级学生均保持健康心态，未出现一例心理危机事件。

2. 以朋为伴，关爱他人建纽带

和谐的同窗关系是班级建设的重要内容，班级从“爱满小教”中解读出“爱他人”的目标，精心设计“守护天使”活动。在活动中，学生之间增进了对彼此了解，真正学会悦纳他人，学生之间形成了紧密联系。

3. 以社会定向，关爱“集体”展风采

班级秉承陶行知先生“爱满天下”的情怀，培育具有“大爱”精神的时代青年。在“以健康心态，共克时艰”活动中，学生们分享疫情期间的所见所闻、所思所想；相信科学，知行合一，以行动破谣言；勇担责任，争做时代青年。多位同学亲身参与抗疫志愿活动，承担社会责任，将班级“爱”的范围进一步延展，关爱社会“集体”。

活动主题明确，形式多样。班级活动建设始终围绕“爱满小教，知行合一”的特定主题，开展系列活动，以同学们的身心发展和思想高度为出发点，精心设计，层层深入。从立足自身的“爱自己”，到同伴联系的“爱他人”，再到关心社会的“爱‘集体’”，“爱”的内涵和外延逐层递进，产生了较好的育人效果。

活动内容紧扣“关爱”，精心设计。爱是教育的灵魂和生命，2018 级小学教育（师范）行知班在设计系列活动时结合专业特色以“爱满小教”为主题，关注“师范生”的特殊性，引导学生在日常学习生活中感受“教育的温度”“爱的温度”，滋养“爱”的情怀，让“爱的教育”在职前教育的土壤上生根发芽，努力将自身培养为充满“爱”的未来教师，把“爱满天下”传递给更多人。

# 学以致用，“广泛放电”：班级新媒体平台建设成长史

新媒体平台是媒介发展的潮流，自媒体时代新闻人需要掌握多种新媒体运营技能，专业的特殊性要求他们积极学习理论知识并应用于实践。同时，新闻媒体在施展其信息传播力和舆论影响力的同时，理应承担相应的公共责任，这既是世界媒体普遍认同的职业要求，也是应该遵循的职业道德和职业操守。基于此，班级新媒体平台可成为新闻类专业班级建设的有力抓手，也是具有社会责任感媒体人的摇篮。

## 一、案例背景

2018 级广播电视新闻班是由一群热爱新闻传播学的学生组成，班级成员紧跟时代、思维活跃，每个人都渴望能在自媒体时代发出自己的声音。也正是因为这些特点，班级凝聚力稍显不足，迫切需要符合专业特色、切实有效的班级体建设方案。“学以致用，广泛放电”班级建设方案应运而生，旨在将理论应用于实践，追求班级体与成员共同成长，培养坚持马克思主义新闻观的综合性高素质人才。

## 二、设计思路

班级以“实践+交流”平台建设为目标，创建了班级微信公众号“广泛放电”，意为“以班级为基点，辐射外界，为优质内容产出发力发电”。公众号内容丰富深刻，形式新颖多样，分为“评新而论”（时评组）、“伏特+”（活动组）和“陈三人”（电影组）三大板块。学生可在“评新而论”栏目积极投稿、参与公共事务的讨论、展示学习成果、分享光影体悟。活动组举行线上或线下的传媒实践经验交流会，邀请同学们分享在校内或社会的传媒实践经验，供班级同学互相参考学习。电影组因内容形式的特殊性，顺应趋势创建延伸平台——抖音号“陈三人”，专门发布电影相关短视频，吸引流量，为公众号引流。公众号“广泛放电”的设立体现了学生们对社会、学业和艺术的真知真情，是他们自我成长的真实记录。同时，作为一个“实践+交流”的线上平台，具有鲜明的专业特色，在反映广播影视发展动态的同时，充分汇聚同学们研究与交流的思想火花，展现了同学们思维的活泼灵动及专业的新媒体运营技能，体现出同学们紧跟时代与媒介发展潮流的姿态。

## 三、实施过程

微信公众号“广泛放电”，设置三大板块——“评新而论”（时评组）、“伏特+”（活动组）和“陈三人”（电影组），提供实践与交流两大功能。班委会成员为主要编审团队，成立时评组、活动组、电影组，班级成员轮流参与选题、文案编辑工作，班主任进行指导和终审，达到全体成员共同参与内容产出的效果。

1. “评新而论”（时评组）

“事件剖析”栏目收集同学们对最新最热新闻事件的分析与评论。“话题深思”栏目包含的范围很广，热门的综艺、影视剧或是某个网络用词，任何一个话题都可以成为一个由头，供同学们“七嘴八舌”，各抒己见。

2. “伏特+”（活动组）

将课内理论与感性思考融为一体，在融入源源不断灵感的同时留下共同成长的印记。同时，供同学们交流自己在学校或社会的传媒实践经验。“转播间”栏目是记录班级每一次的团建和集体活动的专栏，为大学时光留下印记。“社会链接”栏目收集同学们实习、志愿、暑期实践经验。“风采重现”栏目记录同学们在大学生活中参与的各种比赛及辉煌成就。

3. “陈三人”（电影组）

用理性的态度将电影看懂、看清、看透彻；用严谨的姿态将理论与感性结合书写影评；用独到的见解致敬经典、剖析经典。“豆瓣达人”栏目接受同学们对某部影片的评论分析，或者确定一部影片，接受短评。“拾片大师”栏目收集学生推介的影片。“剪刀手”栏目提供训练剪辑和内容编排技能的平台。同时，该专栏还有相关延伸短视频平台——抖音“陈三人”，给同学们提供短视频生产空间。

## 四、工作成效

班级全体成员共同参与运营班级新媒体平台，既提升了专业实操能力，也增加了班级成员之间的团结协作、沟通交流，班级凝聚力显著提高。一学年微信公众号“常读”用户每月均破 40 人，最高达到 64 人，占总用户数的 38. 3%。单日阅读次数最高突破了 824 次，是公众号总用户数的 5 倍左右。2018 级广播电视新闻班有 19 名同学在学校 MY 工作室、新媒体团、宣传部、院助理团等新媒体部门有过任职经历，班内共有 280 多件网络作品点击量超过了 1000 次，其中，有 86 件超过了 5000 次，79 件超过了 1 万次，7 件突破了 10 万次，有作品被江苏广电融媒体新闻中心转载。

## 五、经验启示

针对广电专业班级的新媒体建设，既是专业知识在课堂外的延伸，为学生们提供了一方空间锻炼专业技能，发表所思所感，熟练剪辑技能，也是同学们增进交流的港湾，将学生们宝贵的大学时光以一种特别的方式永久保存，丰富了同学们的生活，增强了班级凝聚力。在与专业紧密结合的实践中提升了新闻人、电视人的职业使命感和社会责任感，在学生们步入工作岗位之前进行了良好的专业素养和职业品质教育。

# “能”启征程，“源”自梦想：构建“H·V·A·C”人文工科班级体

为应对新科技革命、新产业革命、新经济背景下的工程教育改革，2018级建筑环境与能源应用工程班积极响应国家建设“新工科”的号召，为提升新时代工科大学生的核心素养与竞争力，创造性地构建了班级“H·V·A·C”人文工科体系，该体系以工科元素为特点，以人文素养为内核，立足当下，面向未来，为班级成员的成长成才营造优良氛围与环境。

## 一、案例背景

2018级建筑环境与能源应用工程班将专业知识与人文素养相结合，以构建人文工科班级体为目标，帮助班级成员树立正确的世界观、人生观和价值观，努力成长为适应能力强、实践能力强、创新能力强的高素质复合型新工科人才。

## 二、设计思路

班级以培养思想积极向上、专业素质过硬的新工科人才为目的，深入挖

掘专业元素和人文元素，围绕“开展特色实践”“易班思政教育”“工作评价指标”“先锋模范带动”四大板块，以专业名称“供暖通风与空气调节（Heating Ventilation and Air Conditioning）”的英文缩写“HVAC”为灵感，构建班级“H·V·A·C”人文工科体系，厚植人文情怀，培育工科素养，开展新时代人文工科特色班级体建设。

H—Heat Content（热力无限），以工科特色实践活动为主，开展专业实习、生产实习、工科实验课程。

V—Viscosity（凝心聚力），以易班特色思政教育为主，开展信仰团课、思政引领。

A—Availability（以评促建），建立班委工作评价指标，设定量化考核标准，总结反馈意见。

C—Capacity（专业模范），树立工科专业先锋模范，科研创新模范、专业学习模范、先进思想模范等。

## 三、实施过程

### （一）Heat Content 探索实践，创新求真

1. 认识专业，感悟前景——认识实习活动

班委会积极联系知名社会企业单位，带领班级同学积极参观大金空调集团（南京）、德国菲斯曼南京展厅、江苏知民通风设备有限公司等行业领头羊企业，了解专业发展前景，增加专业认同感。

2. 学习技能，上手实操——金工实习活动

在专业老师指导下，组织开展金工实习，学习机械加工技术，提升专业技能。

3. 实验操作，培养能力——工科实验活动

坚持理论联系实际，积极钻研课程实验，实验考核结果优秀率近 90%。

## （二）Viscosity 凝聚一心，“易”起筑梦

基于易班平台开展系列线上线下思想政治教育活动，奋进新征程，共筑中国梦。

1. 思想火花，碰撞出新——主题话题讨论

通过主题教育月的形式开展思想引领活动，班委会结合时事热点拟定主题，在易班班级公共群征集班级同学意见后，与辅导员商议确定当月教育主题，围绕该主题开展时事讨论活动。

2. 信仰教育，思想为先——信仰公开课教育

邀请辅导员、本科生党支部书记进行主题授课，传播信仰之光。班委对课程归纳整理后发布至易班微社区，同学们在平台上进行心得体会交流互动。

3. 红色沙龙，继承力量——线下沙龙活动

班委会定期组织开展主题班会、团日活动、思潮论辩、展馆参观、歌唱祖国等多种线下沙龙活动，鼓励同学在易班微社区分享活动心得。

4. 青年学习，健康发展——青年大学习

班委会在易班微社区以公告形式发布青年大学习主题团课链接，提醒学生按时学习。

## （三）Availability 效率自洽，求美求善

为促进班级管理工作高效、有序开展，班级建立班委会工作评价指标，根据班级成员反馈情况不断改善工作方式，提升班级同学服务满意度。

1. 高效运转，合作创新——工作评价指标

建立评价指标，对班委成员在“责任意识”“协调合作”“积极热情”“高效有序”等方面进行评价。

2. 监督落实，高效工作——评价指标运行

评价指标运行由辅导员监督执行，班级成员对班委工作进行反馈评价，班委会学期末进行总结与反思，以评促建，以评促进。

3. 精益求精，成果斐然——评价指标成果

自该评价指标运行以来，班级建设高效有序，班委在工作过程中反思总结、不断提升工作能力。

### （四）Capacity 先锋模范，榜样领航

积极发挥班级先锋模范示范作用，在科研、学习、社会工作等多个方面引导班级成员共同进步。

1. 坚持钻研，勇于挑战——科研创新模范

组织在各类科研创新竞赛中取得优异成绩的同学分享文献检索技巧、科研创新经验，引导帮助其他同学积极参与科研活动。

2. 信仰坚定，思想引领——学生工作模范

遴选班级内获得“校优秀学生干部”“校优秀共青团干部”“校三好学生”等荣誉称号的学生骨干，组织开展各类团日活动，督促班级同学完成青年大学习，提升思想觉悟，积极向党组织靠拢。

3. 勤奋刻苦，模范带头——学习优秀模范

由专业成绩优异的同学分享学习心得体会，分享专业核心课程笔记，组织一对一帮扶，带动班级成员提高成绩。

## 四、工作成效

班级学生理想信念坚定，全班学生均递交了入党申请书，党团活动参与率 100%，青年大学习的完成率达 100%。学生专业素养得到普遍提升，科

研竞赛硕果累累。班级课堂出勤率达 100%，四级通过率提升至 97%，班级成员超过 40%获得优秀学生奖学金。班级同学科研项目参与率达 84%，累计获国家级奖项 4 项，省级奖项 10 余项，校级奖项 50 余项，在 SCI 期刊发表论文 1 篇，获挑战杯校级金奖、省级银奖。

在班委的带领下，班级获得校“百优班级”、校“百优班级建设案例”等集体荣誉称号，班级成员 10 余人获得“校三好学生”“校优秀学生干部”“校优秀共青团干部”等荣誉称号，在各类文体竞赛中卓有成就，超过 5 人获得校级及以上奖项。

## 五、经验启示

2018 级建筑环境与能源应用工程班结合新时代发展趋势，响应国家发展人文新工科的要求，建设具有班级特色的工科文化育人体系，引导班级成员深入挖掘专业内涵，不断提升班级成员专业素养、人文素养。其“H·V·A·C”人文工科班级体初具雏形，未来不断完善打磨，力争为工科专业班级建设提供良好范本。

# “四行”班风，互学善思：“四有”班级长成记

2017级思想政治教育（师范）班“四行”班风包括行于政、行于律、行于众与行于汇四个方面。其中，“思”为思想素质，“律”为规范纪律，“众”为班级氛围，“汇”为对外交流。同时，班级建设倡导“互学善思”，鼓励学生在互帮互助的同时，结合自身的专业知识深入思考。在“四行”班风与“互学善思”的引领下，将班级打造为有思想、有纪律、有凝聚力和有影响力的“四有”班级。

## 一、案例背景

2016级思想政治教育（师范）班建设伊始，由于班级成员之间还未能相互熟悉，班级凝聚力较弱。同时，新生尚未完成从高中学习到大学学习的转变，学习方法不正确、学习效率不高，尤其是班级同学在英语和部分专业课学习中存在困难等。为解决这些问题，班级提出了“‘四行’筑班风，互学启善思”班级建设方案。

## 二、设计思路

班级通过“四行”来推动班风建设。“行于思”在于提高同学们的思想政治素养；“行于律”在于建立完善的班级规章制度；“行于众”旨在增强同学们的归属感，提高班级凝聚力；“行于汇”旨在提倡与其他班级进行深入交流，相互借鉴，完善班级的不足之处。同时，班级倡导“互学善思”，在号召同学互帮互助的同时，启发班级成员结合专业以及自身情况深入思考未来发展规划。在“四行”班风与“互学善思”的引领下，建设一个有思想、有纪律、有凝聚力和有影响力的“四有”班级。

## 三、实施过程

1. 行于思。作为思想政治教育专业的班级，班风建设要注重发扬思政特色。为让同学们积极关注、分析时政，班级在大一学年举行线下学生微讲台，由班级成员分享对于某一时政问题的看法。同学们主动站上讲台，分析时政话题背后的政治学、社会学、经济学等原理，在家事国事事事关心的良好氛围中深化专业知识。大二学年，班级创立微信公众号，推送时事和新闻评论。党的十九大召开后，班级成员成立了思想政治理论社团：习近平新时代中国特色社会主义思想学“习”社，以社团为载体，系统学习党的十九大精神。

2. 行于律。没有规矩，不成方圆，纪律是班风建设必不可少的要素。班级纪律建设主要围绕班级规章制度和考勤制度两个方面展开。班级成员共同制定了适合班级发展的班级规章与考勤制度，并在制定后严格执行，良好的纪律保障了良好班风形成，使得班级运行秩序井然。

3. 行于众。为了增强班级凝聚力，提升同学们对班级的归属感，班级组织开展了“阳光部落格”班级日志撰写、春秋游以及“温馨小家”宿舍展示等活动。帮助同学们尽快相互熟悉并适应大学集体生活，增强宿舍凝聚力和班级归属感。

4. 行于汇。在班级的成长过程中，不仅需要内部的调节与建设，更要加强整个班级与其他优秀班级的交流互动。为促进对外交流，班级主办了“六院七班”交流活动、新老生交流会，还与中国人民解放军陆军工程大学双龙街营区共同举办“展示班级活力，感受青春脉动”主题交流活动，在相互学习中启发更为行之有效、更具特色的班级建设思想。

## 四、工作成效

思想政治教育师范班在建设“四行”班风与“互学善思”学风的过程中，举行了一系列活动，活动参与度高，宣传新闻稿的浏览量高，受到了同学们的一致关注和好评。丰富多彩的活动拉近了同学之间的距离，增强了班级凝聚力。同学们通过丰富的学习形式，明确专业导向，相互督促鼓励，进一步端正专业思想，积极自主学习，在班级内部形成了良好的班风与学风。

## 五、经验启示

班级建设贯穿大学四年，必须要有理念，有主线，有抓手。该方案以“行于思”“行于律”“行于众”“行于汇”为理念，以巩固专业认知、明确规章制度、加强拓展交流为目标，提高了同学们的思想政治素养，树立了坚定的理想信念，养成了积极向上的求学态度，培养了良好的纪律习惯和学习习惯，建立了正确的荣辱观和价值观，形成了和谐温馨的班级氛围，增强了班级的凝聚力，将学生的自我成长和班级的发展紧紧联系起来。贴合 2016 级思想政治教育（师范）班班级建设实际，可操作性强，在本科班级班风建设方面具有一定的推广价值。

# 把握大三，决战转折：班级会客室，共商启新程

大三学年，每位同学都在为自己的前程做着准备，终日奔波在校内校外各个地方，面对这一情况，应该如何保持班级的凝聚力，给同学们以归属感，做同学们劳顿之余的坚实依靠和休憩港湾，这是班级建设中亟待解决的一个难点问题。

## 一、案例背景

专业分流一年后，2018 级人力资源班成员从刚组建时的陌生到相互了解熟悉，这个班级已经成为一个团结的集体。时光飞逝，班级成员已步入大三，这是明晰目标的一年，也是充满选择的一年。有人选择毕业直接工作，到处投递着简历；有人选择继续读研深造，每天泡在图书馆和自习室里；有人则是选择了出国研修，因此在拼命刷高绩点希望能申请到更高层次的学校。站在即将到来的分岔路口，班级会客室又如同往常一样充满了思维的碰撞和思想的火花。

## 二、设计思路

为了更好地管理班级、服务同学，班级决定设立“班级会客室”，班级成员们在班级会客室这个相对自由开放的环境中畅所欲言，共同探讨成长发展之道。可以商讨班级建设的具体方法，也可以对班委工作的不足提出建议，还可以表达个人在日常学习生活中遇到的烦恼。班级会客室依托线上线下双载体，开展集体学习，营造勤勉好学、互帮互助的学习氛围，激发同学们树立正确的理想信念，保持积极向上、充满希望的心理状态，增强班级凝聚力和向心力。

## 三、实施过程

采用与会讨论形式进行集体学习，会议主题分为“信仰”“研学”“心理”三大类。

### （一）“信仰”会议

1. 按时督促同学们完成共青团“青年大学习”并提交截图。
2. 定期举办“新思想”公开课和素养公开课。
3. 开展“我和我的祖国”主题演讲比赛。
4. 组织班级同学观看国庆阅兵仪式。

### （二）“研学”会议

1. 以宿舍为单位，班级共分成了十个学习小组，同学们以小组为单位参与班级学习交流活动。小组组长每周轮换，大家以周为单位会把平日里在课程专业学习方面的问题汇总打卡，最后再由学习委员统一向任课老师请教，提高答疑效率，为同学们解疑释惑，扫除学业障碍。

2. 研学会议实施后，班级全员 100%通过四级考试，六级通过率 82%，计算机等级考试通过率 95%，针对大部分同学都选择继续读研深造的现状，班级会客室商讨后决定成立六级互助小分队，以一对一帮扶形式进行英语六级考试的经验分享与交流，帮助大家顺利通过六级考试。

3. 在专业素养方面，班级会客室达成理念共识：促进同学们快乐学习，将理论与实践相结合。其一是沟通能力，这是 HR（Human Resources，人力资源）基本素质之一，也是班级成员未来职场发展必须具备的能力。举办沟通情景剧大赛，展示生活中存在的沟通问题，并在老师的解答之下学习沟通知识，锤炼沟通技能。

其二是管理能力，关系是极具实践性的课程，需要同学将理论融入实践，在实践中激发管理潜质，领悟管理要义。在班主任老师引导下，班级组织全体成员参加由中国人民大学主办的人力资源管理年会，紧跟时代步伐，了解行业现状，以此为基准找到差距查漏补缺。同学们在参与后纷纷表示受益匪浅，大部分同学撰写了会议感言并积极分享。

其三是为了将平日所学应用到企业管理实践之中，班级坚持以赛促学，组织同学参加省“精创教育杯”大学生人力资源管理技能挑战赛，在全真模拟对抗平台进行博弈，熟悉人力资源管理的一般流程，通过所学知识合理规划资金预赛，参与市场竞争，提前了解未来将要从事的工作的性质。

其四是组织同学观看面试视频，参加招聘会，集体学习面试技巧。大三学年是备战职场的关键年，疫情之下就业形势严峻，身在大三更需要未雨绸缪，班级组织学生参加招聘会，观看旁人求职经历，互相提醒面试求职要点，并在参与之后组织会议，复盘面试求职过程中的注意事项。通过观看面试视频和求职纪录片，同学们一面感叹竞争激烈，一面评价求职者的面试表现，取长补短，为自己的未来求职增添筹码。

### （三）“心理” 会议

1. 扫除迷茫，精准定位。大三学年半程以后，面对读研、出国、就业，同学们该何去何从，新冠疫情影响下“消失”的半年，又该如何弥补？针对同学们的发展困惑，班级会客室举办“向未来”主题座谈会，邀请毕业生走进班级会客室分享经验，为大家扫除迷茫。

2. 委屈无处可诉？班级会客室里来帮忙。

班委会时刻在线，为同学们排忧解难，节日时送上祝福，天气变冷时提醒加衣，晚点签到时提醒大家按时打卡，班级成员生日时送上祝福……这里就像一个树洞，消化同学们的负面情绪，分享生活里的小确幸。

## 四、工作成效

班级会客室自成立以来，分别从信仰、研学、心理三个方面开展会议，同学们全员参与其中，通过召开新思想公开课和素养公开课进一步深化正确的理想信念，营造了勤勉好学、互帮互助的学习氛围，班级同学保持着积极向上、充满希望的心理状态，因为这一载体，班级成为一个越来越有爱的大家庭。

## 五、经验启示

2018 级人力资源班通过“信仰”会议加强思想引领，展现新时代青年的风貌；通过“研学”会议激励同学在实践中掌握专业知识；通过“心理”会议时刻关注班级成员心理状态，确保大家积极向上度过每一天。班级会客室在高年级班级中发挥了重要的凝聚作用，为面对未来发展选择的班级成员提供了指引和依靠。未来在活动形式上还可以进一步优化，邀请更多嘉宾来分享成长经历，为同学们提供更多切实有效的未来发展建议，将班级会客室的桥梁纽带作用充分发挥出来。

# 班团联动，青春共进：体育专业社团与班级建设探索

为积极响应共青团中央、教育部、国家体育总局、全国学联“走出宿舍，走下网络，走向操场”的号召，充分发挥专业优势，提升班级凝聚力，调动班级同学积极性，2016 级体育教育班以学院极限飞盘项目为项目载体，建设“班团联动”班级特色项目，在同学们课余时间开展社团活动、队伍训练、比赛竞技、志愿服务、教育教学、创新实践，促进班级成员的交流，提升个人综合素质。

## 一、案例背景

网络时代给社会带来快速发展的同时，也使得大学生对电子设备产生过分依赖，2016 级体育教育班部分同学沉迷网络。虽然是体育专业学生，但依然缺乏运动的兴趣和动力，除了完成专业课程的训练任务外，几乎没有参与课余体育运动的习惯，因此不能得到充分锻炼，运动能力也较难进一步提高。

所谓班团联动，是班级和社团的相互推动，既是将社团效应带入班级，提高班级积极性与集体荣誉感，又能在校园内用专业的水准服务师生，用饱

满的热情推广社团活动，真正做到“运动让生活更美好”。

## 二、设计思路

体育专业的班级建设必须发掘体育特色，把班级建设逻辑和运动实践特征结合起来，构建出班级和社团的联动机制。极限飞盘运动是一项新兴的团队竞技运动，融合了足球、篮球和橄榄球等运动的特点，这项运动深受当今年轻人的热爱，有利于培养人们的团队精神、拼搏精神、规则意识和平等意识。依托于班级建立的飞盘社团开展队伍训练、比赛竞技、志愿服务，在有趣味的飞盘活动中，可以让广大同学得到充分的体能锻炼的同时，将飞盘运动所培养的团队协作意识、拼搏精神和规则意识运用到专业学习和生活之中，实现个人学业发展与班级建设的共同成长。

## 三、实施过程

班级建立飞盘社团，社团管理规定与班级管理制度高度融合，严格制定专项训练计划，实施奖惩机制，定期开展社团活动。由班级同学轮流进行指导教学，学校飞盘队九成以上队员为班级同学。

组织班级全体成员以运动员或志愿者的身份积极参加大学生华东赛区飞盘联赛等竞赛，参赛足迹遍布国内，社团在南京、常州、上海、长沙、宁波等地参赛十余次，与30余所高校的2000余名运动员进行比赛交流，在场上顽强拼搏、互相鼓励，在场下其乐融融、团结友爱，团队的凝聚力和成员的对外交流能力均得到提高。部分同学参与学校志愿项目“彩虹桥”云南支教行，以磨炼意志品质，用实际行动支援贫困地区教育事业。

班级与学校“惠基金”项目合作，定期在金陵小学进行飞盘教学，在学院教授的指导下开展公共体育课教学，助力专业发展，提升教学实践能力。此外，组织班级同学前往附近仙林小学、金陵小学等学校开展调研工作。

## 四、工作成效

社团活动每周开展2—3次，全班38名同学百分百参与，极大提高了同学们的组织能力、管理能力、教学能力、人际交往能力。活动不仅辐射到校内马克思主义学院、体育科学学院等学院，还在仙林小学、金陵小学和其他高校广受好评，其中以社团活动为主题的暑期社会实践受到省市级多家媒体报道。

在班级成员的共同努力下，社团获得第三届全国大学生极限飞盘联赛华东赛区第六名、第一届江浙沪大学生极限飞盘赛上海赛第一名、第一届全国大学生极限飞盘邀请赛冠军，《小学飞盘课程的研究》获得校级科创课题立项，并推动学校将飞盘运动列入校运会的项目之中。

## 五、经验启示

2016级体育教育班结合体育专业特色，通过班团联动班级建设模式，以飞盘社团作为对外联系的纽带，不仅促进了班级内部的良好学风建设，还搭建了一个良好的对外服务、自我展示的专业实践平台。同学们在社团活动中提高了运动技能水平，提升了专业教学能力，班级体也在这一过程中增强了凝聚力与协作能力，让广大体育教育学子在实践中全面提升自我，为在将来成为优秀的体育教师做了一定储备，在体育类学校或专业具有一定的可复制性和可操作性。

# 学思并济，榜样引领：以科技创新为导向的优质升学型班级建设

大学生就业问题一直是社会关注的热点问题，要实现大学生的高质量就业，需要多方形成合力共同努力。2013 级环境科学班班级建设以科技创新为导向，以升学出国高质量就业为目标，规范制度建设，让班主任制度、本科生导师制、班级同学结对互助制度落地生根，建设过程充分体现了专业学科发展、科创实践等特色，实现了班级学生科研参与率 100%，出国升学率 60%。

## 一、案例背景

“忙碌、迷茫、盲目”是诸多大学生都会经历的状态，如何正视困惑与迷茫，走出盲目的束缚，这是象牙塔的痛点，也是每个学生都应该去思考以及班级建设需要着力解决的问题。2013 级环境科学班结合环境保护专业背景，依托学科优势，以“科技创新”为导向，以“优质升学”为目标的班级建设路线图。

## 二、设计思路

班级建设以本科生导师制、班级同学结对互助制等规范化制度建设为基础，围绕科技创新，以大学生创新训练项目为契机，依托校级、国家级学科竞赛平台，本科生导师一对一指导，不断孵化出品质高、技能强、综合素质突出的科技创新团队。再以创新创业动员会、科技创新经验分享会、科创成果验收会“一条龙”式的班级科创服务平台打破团队隔阂，促进团队交流，在良性竞争中实现不断超越。鼓励班级成员尽早明晰个人发展目标，以主题团日活动为契机畅想未来，以朋辈教育为抓手拓宽视野，以榜样力量为引领确立目标。让科技创新成果成为信心来源，让清晰的未来规划成为强劲动力，实现以科技创新为导向的优质升学型班级建设。

## 三、实施过程

2013 级环境科学班始终围绕升学型班级建设目标，推进“科创成就未来”发展战略。

科创启蒙期：班级定时开展班主任座谈会、导师交流会、朋辈经验分享会等活动，帮助同学充分了解学院实验室硬件设施及专业导师研究方向。举办“写给两年后的自己”主题班会，以优秀毕业生为榜样，引导同学们明晰个人成长目标，确定科研方向。

蓬勃发展期：班级积极宣传大学生创新训练项目、节能减排社会实践与科技竞赛、环境生态科技创新大赛等科研竞赛项目，召开主题班会进行动员与政策介绍，引导同学探索目标、大胆行动，鼓励同学充分挖掘资源、吸收营养、茁壮成长，开展相关项目动员会，让同学提早着手准备，积极迎接挑战。通过班级集体自习等方式，培养良好的学习习惯、思维方式，提高环境学子的核心竞争力。

成果验收期：紧密跟踪升学动态、及时解决现实困难、有效传递升学信息，鼓励班级成员齐头并进、勇往直前，实现量变到质变。

## 四、工作成效

班级学生科技创新成果获国内外同行专家认可，班级成员共发表 SCI 期刊论文 4 篇，中文核心期刊论文 4 篇，其中以第一作者身份发表 SCI 二区论文 1 篇、三区论文 1 篇，获实用新型专利授权 8 项，班级成员毕业论文获评“2017 年度全国高校环境类专业本科生优秀毕业论文”。班级成员获大学生环境生态科技创新大赛、大学生节能减排社会实践与科技竞赛等国家级奖项 7 项，省级奖项 2 项。

在这一导向下，班级升学出国率高达 60%，创学院历史新高。升学去向包括中国科学院南京土壤研究所、中国科学院生态环境研究中心、复旦大学、南京大学、同济大学、南开大学、山东大学、中国海洋大学、南京师范大学等国内一流高校，以及纽约大学、佛罗里达大学等国际知名高校。

## 五、经验启示

2013 级环境科学班依托学科优势，以“科技创新”为导向，以“优质升学”为目标的班级建设路线图，始终鼓励班级成员参与科研，为学院培养“有责任、有担当、有能力、有情怀”的环境人才提供了宝贵经验。班级以科技创新为导向建设优质升学型班级，取得了丰硕的成果，达到了预期目标，对理工科专业班级建设具有一定的指导意义。

# 第二篇

# 学风建设篇

学风，是学习之风气，治学之精神，学术之氛围。优良纯正的学风能使学生受到潜移默化的熏陶和感染，从而真正内化为一种积极奋进的精神力量，以动力促发展，以发展促和谐。2016 年 12 月，习近平总书记在全国高校思想政治工作会议上强调：“要坚持不懈培育优良校风和学风，使高校发展做到治理有方、管理到位、风清气正。”作为人才培养主阵地，高校的学风建设是实现内涵式发展、提高人才培养质量的重要保障。因此，在教育现代化不断推进和高质量人才需求扩大的背景下，抓紧高校学风建设，推进高质量高层次人才培养体系的形成，有利于提升高校竞争力，促进社会进步。

学风建设，关系到培养什么样的人，如何培养人的根本问题。现阶段高校学风建设面临多方面、多维度的新挑战。后疫情时代高等教育发展也对高校教育管理和高质量人才培养提出了新的要求。因此，新形势下加强高校学风建设，实现高校可持续发展，是当前教学改革所面临的一项现实课题。班级作为保障学生学习、生活和身心成长的教学基本单位，是目前高校日常教育组织管理改革的主要形式。深化班级建设，以班级为载体搭建学习平台，充分发挥班级的教育导向功能，以形式多样的措施提升学生的综合素质，对形成优良学风有极大的促进作用。

班级学风建设首先需要明确学习目标。班级学风建设可以使学生在积极向上的优良氛围中受到好的教育激励，从而激发学生的自我奋斗意志。明确学习目标是班级建设中的重要环节，也是学生发展的内在驱动力的有效方式。有效的学习目标可以为班级同学指明前进道路方向、提供精神奋斗原动力，促进班级同学明晰学业发展规划，形成良性沟通，养成自律意识，最终在班级内营造积极向上的集体学习氛围。

班级学风建设需要营造良好的学习氛围。一个容纳了不同学生的班集体既需要包容、融合每个个体，又需要凸显个人特色，实现个人价值。班级需要有团队精神，在开展各项班级文化活动以及各类主题教育活动中培养班级成员之间的团结互助精神，重视并促进学生间的交流，基于朋辈教育和榜样教育积极挖掘和宣扬优秀学生典型事迹，激发学生进步的内生动力，营造一个互帮互助、团结友爱的班级氛围，提升班级凝聚力和向心力，促进班级向上向善发展。

班级学风建设需要制度规范。强化班级管理，规范学生言行，重视学生日常管理和监督制度设计，强调学生将制度规范内化成自我约束力，着力培养学生学习的自主性和自觉性。健全公平公正的奖惩制度，通过各类评优工作激励学生，对违反学校纪律的行为要严肃处理。辅导员和班主任作为班级的一线管理者，要发挥示范作用，坚持以生为本的教育理念，遵循教育自身规律，在治学精神和育人目标上结合学生特点，把握不同专业学生的群体差异、成长规律和各阶段发展要求，在校内外开展各项学习实践活动，帮助学生做好学习引导和职业规划，形成具体系统的学习目标以及建立端正的学习态度，最大限度发挥学生的积极性和主观能动性，引导其树立正确科学的观念，促使学风建设取得实质性突破和进展。

班级学风建设需要加强思想和文化建设。学风建设中蕴含着思想理论建设和班级文化建设，两者相辅相成、相互促进。充分发挥班级建设的主要力量，结合专业特点创新班级建设理念、打造特色班级文化，塑造新时代新形势下的班级文化新形象，以适应学风建设的内在需求和学生的切实需要。加强思想政治教育工作，将思政教育贯穿在学风建设全过程，加强学生的思想道德建设和价值认同教育，提高学生思想政治素养与自主学习能力，引导学生建立正确科学的世界观、人生观和价值观。在班级中充分发挥优秀学生党员先锋模范作用，引导班级同学对学校、班级的归属感与认同感，从而转化为学习的动力。

高校应充分认识到加强学风建设的重要性和紧迫性，准确把握新的时代要求和教育教学规律，以思想政治教育为主线扎实推进学风建设质量提升工程，全方位培养高素质人才。要积极汇聚全校师生和社会资源，建立“学校—学院—班级”的多层次学风建设和管理机制。班级是学风建设的基本单位，深度融合学风建设与班级班风建设，积极构建“全员、全过程、全方位”的“三全育人”格局，将学风建设贯穿推进于学生教育及教学实践全过程，在全校范围内形成好学、思学、乐学、善学的学习风气。

# 财经资讯分享会：班级学风建设的小课堂

2015级金融七班聚焦专业特色，举办“一柒一会，共话财经”学风建设主题活动。该主题活动采取线上与线下、话题与资讯相结合的模式，通过推送讯息、发布话题、线下分享会等形式，为同学提供学习和交流的平台，带动同学积极关注和思考财经金融类热点话题，引导同学养成从课堂内延伸到课堂外的学习方式，调动同学们的学习积极性和主动性，帮助同学树立热爱学习、坚持学习、终身学习的理念，全面提升学生的专业素养与综合素质。

## 一、案例背景

2015级金融七班是由转专业学生汇聚而成的班级，学生在大二才接触金融学相关专业知识，与同年级其他班级学生相比，接触专业知识晚了一个学年。由于专业理论知识具有衔接性和延续性，转专业学生对专业知识的欠缺、难以适应教师授课节奏、对社会热点的财经与金融问题关注度低等问题逐渐显现。此外，班级同学经过转专业进入新专业学习，重新组建成班，短时间内不易适应新环境，班级集体意识较为淡薄。针对这一挑战，班级开展“一柒一会，共话财经”主题活动，推动学风建设，带动班级学生积极关注、思考当下财经金融类热点话题，提高学生专业学习的积极性和班级凝聚力。

## 二、设计思路

结合班级特色，以金融专业特色为依托，以“专业+金融热点”为理念和指导，举办“一柒（期）一会，共话财经”学风建设主题活动。其中“柒”取“期”同音，指代七班；“一期一会”即每周一次的话题分享，也取其原义“珍惜当下”，提醒学生们珍惜时间，努力学习；“共话财经”即班级学生围绕当下热点经济问题，各抒己见。通过每周一次的话题分享，调动学生专业学习的积极性，明确学习目的，全面提升学生的专业素养与综合素质，促进学风建设迈上新台阶。

“一柒一会，共话财经”主题活动以财经新闻解读、财经类书籍分享、时政热点结合专业知识讨论为内容，以班级 QQ 群、微信公众号、线下讨论会为载体，开展每周固定线上财经资讯分享、线下话题分享讨论。结合班级网格化管理，由网格员牵头，班级网格为最小单位，完成前期宣传、中期组织、后期总结等相关工作。以学生的体验感为主要检测对象，注重活动开展的过程和结果，令策划者和实施者都能在活动中受益，感受到学风建设主题活动的益处。从思想层面激发学生的专业兴趣，丰富学生的专业知识积累，帮助学生构建完善的知识结构体系。

## 三、实施过程

明确活动的设计预期目标、涉及的专业知识，根据已定的“一柒一会，共话财经”学风建设主题出发，结合班级特色和学生的实际情况，从学生专业的角度与专业教师、班级班委梳理出适合班级学生的活动形式。“一柒一会，共话财经”学风建设主题活动分为线上资讯分享、话题讨论和线下主题分享活动，通过活动的开展拓展学生的专业深度与广度。

1. 新媒助力，资讯分享——线上之“会”

基于“互联网+”时代背景，班级每周借助微信公众号推送资讯，发起每周财经话题，例如“好书分享会——经管类书籍”“投资那些事儿——在校大学生可以进行哪些投资”“双 11 ——火爆背后的经济金融原因”等热门话题。资讯与话题内容涵盖社会实事热点与专业理论知识，能够将现实与专业相结合，引发学生的广泛思考与讨论。再借助班级 QQ 群这一平台，以班级小组为单位展示话题讨论结果，各位学生畅所欲言、直抒己见。各个小组的展示成果由班委整理串联、润色排版，最终通过微信推文的方式展示班级的学习成果。

2. 主题分享，话题讨论——线下之“会”

班级结合学院要求和班级情况不定期开展每月不少于一次的线下主题分享会。基于前期微信公众号推送的话题，学生在线下主题分享活动中进行交流与讨论，主题分享会的形式多样，包括主题辩论会、主题分享会、热门财经话题交流会等。例如开展“勤俭节约与经济发展”主题辩论、“银行监管体系改革”交流会等活动。在交流过程中，学生之间更加熟悉，从而增进相互的信任感，提升班级凝聚力。此外，在不断地交流学习过程中，学生可以听到“不同的声音”，了解其他同学不同的想法，从而拓宽视野、拓展思路，提升自身的专业素养。

## 四、工作成效

在学院的支持下、班委和班级学生的共同努力下，班级开展的“一柒一会，共话财经”主题学风建设活动参与率达到 100%，线上活动关注度极高，影响力扩散至其他班级。有特色、有深度的公众号推文获得广泛好评，公众号的关注人群不仅仅局限于班级学生，对班级宣传和班级优秀成果扩散起到良好的推动作用。此次开展的主题活动取得了卓越的成果，学生专业素养、专业实践能力、专业总体适应性得到明显提升，在下半学期学院学校各项比赛中，学生斩获佳绩，班级学习氛围浓厚，此班级学生专业能力全面得到提升。此外，通过主题活动，增加了班级学生的交流机会，增强了班级凝聚力。

## 五、经验启示

“一柒一会，共话财经”主题活动的成功举办，推动了 2015 级金融七班学风建设，带动学生对财经金融类热点话题的关注，激发班级学生对专业知识的学习兴趣，在班级内形成良好学习和分享氛围，提升了班级学生专业实践能力。同时，在学习交流中增强了班级凝聚力，无形中助力班级文化和班风建设，班级综合实力得到提高。

# 语言文化交流角：营造勤学优学乐学的班级文化

2016级西英双语班将学风建设与文化建设有机结合，开设“言中有你——语言文化交流角”学风建设主题活动，彰显“专业育人”特色。主题活动以自主学习为载体，以寓学于乐为准则，创设“体验式”的活动情境，让学生在真实的体验中亲身感受到“有趣、有用、有效”，进而亲其师、信其道、利其行。活动形式包括清晨百灵、戏台异彩、勤记常诵、文化沙龙以及美食工坊五大模块。专业素养的提升与精神气质的彰显相辅相成，在持续激发学生专业兴趣的基础上，提升学生文化基础和专业素养，以学风建设为依托构筑特色鲜明的班级文化。

## 一、案例背景

学风建设和文化建设是班级发展的“车之两轮、鸟之双翼”，学风建设提升班级的专业素养，文化建设指向班级的精神气质。所谓“腹有诗书气自华”，专业素养的提升与精神气质的彰显是分不开的，加强学风建设必然要构筑特色鲜明的班级文化，而班级文化的形成也必然要以学风建设为依托。针对班级学风建设成效不高、文化建设吸引力不够的现象，2016级西英双语班与专业特色连接，坚持以学风建设、文化建设为工作导向，开设了寓学于乐的自主学习与交流模块“言中有你——语言文化交流角”，彰显“专业育人”特色，推动学风建设、引领班级文化风尚，营造勤学优学乐学的班级氛围。

## 二、设计思路

学风建设需要“教、学、管”三管齐下。“教”：西语系拥有优质的师资力量；“管”：外院制定严格的上课考勤制度。因此，班级针对具有自主性和可塑性的“学”进行了创新。以自主学习为载体，以寓学于乐为准则，以营造良好的学习氛围为目的，开设了“言中有你——语言文化交流角”活动。活动内容不仅涉及学风建设，文化建设也包含其中。首先整合班级内部现有的资源，包括学科理论资源和班级人员资源。其次结合班级特色和学生的实际情况，咨询专业教师的建议，由专业教师、班级班委梳理出适合班级学生的活动形式。最终确定清晨百灵、戏台异彩、勤记常诵、文化沙龙、美食工坊五种不同的活动形式。通过此次主题活动，激发学生专业兴趣，提高学生的学习积极性，提升学生文化基础和专业素养，创造活跃和谐的班级文化环境，完成预期目标。激发学生专业兴趣，构筑特色鲜明的班级文化。

## 三、实施过程

### 1. 主题教育彰显目标

班级积极开展学生的理想信念教育，建立可行性较高、体现时代感的班级文化建设目标，以“主题团课”“班级沙龙”为载体，扎实有效地开展各类弘扬主旋律的主题教育活动。班级通过开展感恩诚信教育、立德修身教育等一系列活动，引导学生端正世界观、人生观和价值观；班级通过举办爱国主义演讲、辩论赛、志愿服务活动，将社会主义核心价值观教育落到细微处，以提升学生的品德修养和文化内涵。

2. 清晨百灵阅读练习

“一日之计在于晨”，早晨是记忆的最佳时间，通过读书不断丰富学生的读书内容，激发学生的读书兴趣，大大提高学生的西语学习积极性。早读是语言专业必不可少的延续与补充，是培养学生养成良好朗读习惯的绝佳时间，也是提高学生专业综合素质的重要环节。

3. 戏台异彩对话展示

学过的知识与方法容易被遗忘，牢固掌握知识需要科学而有效地进行复习，以期达到温故知新的目的。班级以学习小组为单位，对所学新知识进行短对话训练，排练西语话剧，在多个舞台上进行展示，巩固课程所学内容，感受西班牙文化，并提高自己的口语表达水平。

4. 勤记常诵提升能力

语言是社会存在的产物，由于社会文化背景不同，中西语言在含义上、对客观事物的认识上有较大差异，日常对话也呈现出诸多差异。在两种语言之间交流、交际、表达，在跨文化交际中得心应手、挥洒自如，需要进行大量语言训练。班级学生使用手机 APP，将自己的跟读音频上传至 APP，不仅达到监督口语练习的目的，同时专业教师利用点评平台，促进学生口语表达能力的提高。

5. 文化沙龙分享见解

交流让思维更深入，分享使见识更广阔。每个人都有自己感兴趣的话题和独到的见地，通过文化沙龙平台，让学生的思维火花互相碰撞，使认识的疆域互相拓展。一是中国、西班牙文化交流，包括线上线下西语文学、音乐、电影作品鉴赏交流，以及西语学习干货分享。二是 2015、2016 级西英班交流活动，邀请高年级学生传授西语学习经验。

6. 美食工坊增添活力

饮食是文化的载体之一，不同的饮食反映着不同的文化，了解中西饮食文化的差异，有助于中西双方的文化交流。“美食工坊活动”利用菜谱让学生自己烹饪西班牙美食，通过美食文化感受到不同文化的魅力。

## 四、工作成效

清晨百灵、戏台异彩、勤记常诵以及文化沙龙模块中的读书分享会参与率均为100%。线下活动参与度极高，活动反馈好，并获得专业课老师一致赞赏。2016级西英双语班英语等级考试通过率及口语考试成绩大幅提升，许多学生实现了由无法开口说西语到可以流畅进行西语对话的转变。学生感受并掌握真正的外语学习思维方式，突破西语学习的瓶颈，将西语水平提高到一个新的层次。通过“语言文化交流角”活动的全面开展，学生专业兴趣得到激发，学生的学习积极性得到提升。

## 五、经验启示

此案例对于个人能力的提高和班集体学风、文化建设和班风建设产生积极影响。一方面，“寓学于乐”，创新学习形式，营造浓厚的学习氛围；丰富的西语文化活动，增加班级文化活力；合作型学习小组，拉近学生距离，增强班级凝聚力。另一方面，此案例具有极强的可行性和可推广性，适用于所有学习语言的专业，已得到诸多语言类班级的借鉴。

# “小导师”学习小组：实施学业精准帮扶的有效方式

2016级地理科学班成立“小导师”高数朋辈学习小组，采取学习目标的树立、学习动力的激发、同辈的榜样引领等柔性的学习方式解决高数学习困难的问题。通过团体带个人充分调动学生学习高数的积极性和自主性，优化学生的学习理念和学习方法，降低高数挂科率，夯实地理学研究所需要的数据统计与数据分析基本功，提升专业素养、增强班级凝聚力。

## 一、案例背景

地理学作为一门自然科学与人文科学的交叉学科，其研究涉及地球概论、水文学、气象学、地图学、遥感等内容，与数学的关联性较强，对理学思维要求较高，因此高等数学对地理学学生来说十分重要。由于地理学专业在招生时采用文理兼收的方式，部分学生高中数学基础不扎实，进而学习大学高数表现得较为困难。高数平均挂科率达到26.5%，甚至有学生因为高数挂科而延期毕业。高数学习困难的问题客观存在，在一定程度上影响学生升学、就业的发展，需要采取强有力措施解决这一问题。新时代的大学生自主意识强、思想和价值多元化、易受网络环境影响，不适宜进行简单的知识灌输，需要采取学习目标的树立、学习动力的激发、同辈的榜样引领等柔性的学习方式，2016 级地理科学班特成立“小导师”高数朋辈学习小组解决高数学习困难的问题。

## 二、设计思路

“小导师”高数朋辈学习小组助优良学风。解决高数学习困难的问题，调动学生学习的积极性和自主性，优化学习理念和学习方法，夯实专业基本功、提升专业素养、增强班级凝聚力。该项目采取学习目标的树立、学习动力的激发、同辈的榜样引领等柔性的学习方式解决高数学习困难的问题。第一步，分组。以高中数学高考分数、高数自评分等参照标准来进行分组。第二步，面试。筛选“小导师”，以“自愿报名，优中选优”的原则招募高数成绩优秀的学生作为“小导师”。第三步，会见。组织高数朋辈学习小组见面会，相互熟悉，分享经验。第四步，执行。定期开展活动。高数答疑、重点题型解读、团体辅导活动、微讲堂、周考试、每日一题打卡，从而真正实现朋辈学习小组对学风促进的实际效果。第五步，反馈。在期末考试阶段，采取激励机制对学习小组进行考核评定。如果整个小组均通过高数考试，该小组被评为“优秀小组”，其“小导师”被评为“优秀指导老师”。

## 三、实施过程

### 1. 课堂间的分层递进

朋辈学习小组讨论一些有难度、有疑问、有价值、有争议、能发散的问题，进行有针对性的质疑和解释。“小导师”带着组员自主开展活动，包括线上解答组员疑问、重点题型解读、团体辅导活动、微讲堂、周考试、每日一题打卡、你出我答等活动。以朋辈活动"神奇的记忆箱"为例，每一个朋辈学习小组合作设计一个卡片记忆箱，小组成员利用空余时间对错题或者知识点进行简单的梳理，记录在卡片上放到"记忆箱"中。空闲时间里，有的学生进行总结梳理，有的学生分享他人梳理的知识点和错题，通过不断巩固，优生更优，"后进生"也慢慢地在学习上有所进步。

2. 跨学院的分享交流

借助学院平台，与数科院联合举办了一场主题为"心有所数"的高数集体辅导活动，数科院优秀学子给予常见高数题目的解题技巧并向班级学生推荐了实用的教辅资料，分享自己在数学上的学习方法以及经验，解决班级学生一些迫切想要解决的高数问题。班级学生向数科院的同学请教自己在高数学习中遇到的问题；建立"高数帮"网络群组，班级学生可在群内即时提出高数问题，或者进行一对一的询问帮助。

3. 活动后的表彰激励

期末考试前，各个学习小组利用晚自习时间，以每周三次的频率在教学楼空闲教室开展辅导，各位"小导师"归纳总结考试重点，分享备考经验。每次辅导开始前各小组组长组织集中签到，并将签到表统一反馈上来，并将未到学生名单反映给相关年级辅导员了解情况、督促学生学习。考试结束后，根据高数期末考试成绩进行考核，对"优秀小组"及"优秀指导老师"进行表彰。最后在学院团委公众号择优进行推送，展示学生学习风貌，记录学生成长点滴，提升学院学习风气。

## 四、工作成效

地理科学1601班作为地理科学学院第一届开展"小导师"高数朋辈学习小组活动的班级，自开展活动以来，展现了学生极大的高数学习热情。2016级所有学生都加入此次活动中，参与率高达100%。学生反响良好，提升了高数学习效率，帮助学生养成了学习自觉性。在实行了“小导师”高数朋辈学习小组后，2016 级的高数挂科率由 26.5%下降到 16.3%。学习小组不仅极大地鼓舞了学生的学习热情，在学习过程中增进了学生友谊，不断加强不同年级学生的联系，更体现了地理科学学院相互帮扶的集体情怀，在学院营造一种良好的学习氛围。

## 五、经验启示

2016 级地理科学班在辅导员的精心组织协调下，结合班级的实际情况，开展“小导师”高数朋辈学习小组活动，提供了一个发挥学生能动性，有组织、有系统、有效果的朋辈教育模式。朋辈之间年龄相仿、专业相同、成功的学习经验获得班级广大学生的认同，增强活动的实效性。此活动提升了高年级学生的指导讲课能力，激发了学生对高数学习的热情，解决了学生学习高数的实际困难。既发挥高年级学生的榜样示范作用，又激发了低年级学生的学习兴趣和动力，充分促进大学生学风建设工作的有效开展。

# 四个“小本本”：班委合力共建学风建设的“同心圆”

2015级化学（师范）班非常重视班级学风建设，把学风建设作为班团建设的首要任务，重视每一位班级成员的学业发展，制定《班级公约（学风建设）》，卓有成效。利用四个“小本本”，即组织委员的“小本本”、学习委员的“小本本”、宣传委员的“小本本”、班长的“小本本”，引导学生养成良好的学习习惯，营造优良的学风，促进师范生对理论知识和教学实践的学习，从而为其教学实践能力的培养奠定扎实基础。同时，不断增强学生自我约束、自我管理的能力，对于巩固和发展现有班级建设成果、充分发扬民主精神、团结班级同学起到积极作用。

## 一、案例背景

化学内容涉及广泛，作为化学师范专业的学生需要学习普通化学原理、无机化学、有机化学、物理化学、结构化学以及化工原理等课程，这些课程不仅专业性强，而且需要一定的数学基础，因此这些课程对于许多学生来说是一个不小的挑战。另一重身份——师范生又在一定程度上决定了2015级化学（师范）班的学生不仅需要学好学科专业知识，还要认真学习教育学、心理学以及教师技能，要掌握扎实的知识功底、过硬的教学能力、勤勉的教学态度和科学的教学方法。由于部分学生对于课程学习不重视，课堂上迟到、早退、旷课的情况时有发生，此外课堂测验反映学生薄弱的专业知识。综合以上因素考虑，班委会将学风建设作为重点工作，制定《班级公约（学风建设）》，在班级全体学生同意的情况下施行。通过这个制度的施行，整个班级的学习氛围得到提高，为日后成长为优秀的人民教师奠定基础。

## 二、设计思路

四个“小本本”项目的目标以《班级公约（学风建设）》为原则，在于关注个体差异，形成良性竞争氛围，全面发展补齐短板，共建化师优良学风。在案例设计上以班委为实施主体，通过组织委员的“小本本”规范课堂教学、学习委员的“小本本”组织答疑解惑、宣传委员的“小本本”开展学习交流、班长的“小本本”统筹班级发展等四个“小本本”记录的方式，促进班级学风建设。

## 三、实施过程

### 1. 组织委员的“小本本”规范课堂教学

组织委员的“小本本”，由班长、学习委员协助老师进行点名，并由组织委员负责记录迟到、早退以及旷课学生的名单，在班级内部进行批评。如若发现旷课多次（超过5次）者，对迟到以及旷课的学生在班级内部进行一定程度的批评，并酌情上报学院予以纪律处分，并需取消其学期末评奖评优资格。班委会积极鼓励学生们利用课前的时间到班自习，利用课后时间充分展开复习，效果显著。

2. 学习委员的“小本本”组织答疑解惑

学习委员的“小本本”，由学习委员组织收集班级学生的疑难问题，在课前反映给老师，并定期与老师进行课程内容安排方面的沟通。学习委员需要关注班级学生的各项学习成绩，尤其对于考试不及格的同学以及必要的等级考试不通过的学生，加强与他们之间的联系，记录下他们的疑难问题以及对于学习方面的需求。这种方法不但加强了师生之间的交流，而且更多地提高了课堂效率，让学生们“学有所得”。

3. 宣传委员的“小本本”开展学习交流

宣传委员的“小本本”，积极宣传校内、院内和班级内各种与教师技能有关的比赛，积极组织班级学生参与；定期在班级公共平台上发布有关学习的资料，为班级学生营造良好的氛围。班级组织学生参加各类院级、校级教师技能比赛，鼓励学生们勇敢地表现自己。此外，班级积极组织学生前往化工厂参观，提升学生们对化学的认知，对未来的职业道路有更明晰的认识。

4. 班长的“小本本”统筹班级发展

班长的“小本本”，积极组织班级学生参加与专业有关的社会实践，时刻关注班级学生的学习情况，对于在学习方面有进步的学生及时进行表扬，及时与学习有困难或者对学习产生迷茫心态的学生进行交流或者安排老师进行交流，适当情况下可以组织班级学生开展学习交流会、课外实践活动等。

## 四、工作成效

依托班委会“四个‘小本本’”制度的实施，班级的学风建设有了质的提高。在专业成绩方面，班级平均专业成绩显著提升。除常规的优秀学生奖学金以外，2 位学生成为朱敬文奖学金获得者。在等级考试方面，全班四级通过率为 92%、六级通过率为 79%、江苏省计算机二级考试通过率为 81%。在教师技能培养方面，在“闪耀新师界”师范生技能大赛中，班级学生斩获多项奖项，包括钢笔字粉笔字一等奖、征文一等奖、演讲比赛二等奖等。此外，学生积极参加校学工处、校红会、院心站等举办的各类征文活动，不断提升自己的文学素养，丰富自己的大学生活，为将来走上教师岗位做准备。

## 五、经验启示

在《班级公约（学风建设）》实施下，2015 级化学（师范）班班委间明确分工，齐心协力，通过规范班级制度使班级学风得到了很大的改善，学生积极主动地要求学习，树立了合作学习的意识，形成了良好的学风氛围。该项举措使学生们之间的关系更加紧密，充分发挥了同学间团结互助的精神、增强了学生间的沟通交流，极大提升了班级凝聚力。

# 筑梦成才第一步：在新生入学教育中嵌入学风建设活动

2014 级行政管理班在新生入学教育之际，通过有针对性地开展各种学风建设活动，活动形式包括主题教育活动、经验分享活动、学习帮扶活动等，激发新生的学习兴趣，规范学生学习纪律，培养学生自律意识，在班级中逐步形成勤学、善学、乐学的优良学风，打造一个班风团结和谐，学风浓郁纯正的班集体，培养一批专业能力突出的大学生。

## 一、案例背景

学风建设是一个系统的过程，贯穿于学生的整个学习生涯。新生入学教育作为从高中教育向大学教育的过渡阶段，是人才培养的重要环节，承担着衔接基础教育和高等教育的任务。新生开始离开父母独立生活，个性张扬有主见，喜欢新鲜事物，但是欠缺一定自律性和抗压性。2014 级行政管理班开展一系列学风建设活动，激发新生的学习兴趣，规范学生学习纪律，培养学生自律意识，使其养成良好的学习习惯，制订科学的学习计划，为未来四年的学习和生活奠定基础。

## 二、设计思路

以新生入学教育带动学风建设，引导新生养成正确的学习观，尽快完成角色转变，适应大学生活；依托管理平台加强学风管理。成立班级学风建设帮扶队伍，严格执行学校的管理制度，从新生早读、晚自习、课堂等方面全面出击核查，及时掌握学生的思想动态。对于学习动力不足、目标不明确、态度不端正的学生，采取帮扶措施，从新生的思想引领着手，及时找出问题，并且解决问题。发挥家长的监督机制，做好家校互动。倡导让家长加入到学风建设中，每周定期将新生的思想动态和学习情况向家长及时反馈，让家长配合班级完成督促工作，同时班级通过家长提供的信息进一步掌握新生的性格情况，并提供有效的针对措施，帮助新生有效地提高学习成绩，按时完成学业。

## 三、实施过程

1. 开展主题教育，提高思想认识

以新生启航教育为着力点，筑牢思政教育的根基。在新生入学教育期间，组织专业课教师、学长学姐等与新生进行面对面交流，向新生介绍专业培养方案、专业学习技巧与方法等，做好专业认知教育，引导其树立认真学习的意识；组织参观创新创业成果展，充分发挥高年级学长学姐的榜样力量；开展“早读+晚自习”学风建设动员会，辅导员、学生干部等严格落实考勤制度；组织班级开展学风建设主题活动，以学生为主体，学生干部身体力行，带动全班形成奋发向上的学习氛围。

2. 坚定理想信念，强化榜样领航

在新生年级中推行“点燃梦想 · 扬帆起航——学习周计划”，要求学生以书面形式记录本周学习计划和上周目标完成情况，并对目标完成情况的自我满意度打分，促进学生有目标有方向地学习。开展学习素养公开课，邀请保研同学为新生分享学习经验，帮助新生对未来学习、生活等有更深刻的理解。做好新生思想引领，组织新生各班级开展“青春故事分享会”主题活动，邀请优秀学长学姐走进新生，发挥榜样引领作用，帮助学生明确未来规划。举行“明星集体”“校园之星”巡讲团报告会，邀请学习、实践、科研、优秀班集体、星级宿舍等方面的优秀代表进行分享，引导同学们树立奋斗目标，内化为个人前进动力。

3. 严明班风舍风，朋辈互帮互助

通过班风引领学风，以优良学风班流动红旗评选为抓手，通过对课堂表现、自习表现、宿舍情况进行测评，严明班风养成，营造优良学风氛围。积极组织课余活动，如“王者晨读”早打卡、班级秋游爬山活动、暖冬送奶茶、程序员节送橙子、冬至包饺子、集体过生日、新生班级篮球赛、辩论赛等多种活动，帮助新生感受大学集体的温暖，尽快适应大学生活。此外，积极组织学习帮扶，在班内开展一对一帮扶活动，帮助学生查漏补缺，增强学习动力。在班级中遴选成绩较好的同学共同组建“学霸讲解团”，每周定期以小班课形式开展帮扶，照顾成绩稍差的同学，争取共同进步，降低“挂科”率。

4. 关注重点学生，做好家校联动

通过日常谈心谈话，了解学生的愿望和要求，掌握学生的思想动态和学习生活情况。对于心理异常的同学，及时一对一约谈，及时进行干预，给予正面引导和教育，同时要与家长联系。在学期末成绩出来后及时分析，做好学习情况调研，关心学生实际学习情况，结合学业预警与学籍异动管理工作，与年级中的“后进生”逐一联系沟通，对于学习成绩不理想的同学，主动联系学业困难学生和家长，分析学生学习状态以及成因，强调注重补考，做好家校联动，共同督促学生努力完成学业。

## 四、工作成效

抓新生学风教育，迈筑梦成才第一步，聚焦新生特点，加强制度建设，通过有针对性地开展各种学风建设活动，以生为本，以学为基，将各项学风建设工作落实落细落小，使新生较快适应大学生活，规范学生学习纪律，培养学生自律意识，在新生班级中逐步形成勤学、善学、乐学的优良学风，不断提升自身的综合素质，为今后的学业打下坚实的基础。本项目班级学生参与率达100%，班级学习成绩位列专业第一，班级学生成绩优异，年级前十共7人，上一学年获省级奖学金2人次、校级奖学金10人次，50%以上学生获得“三好学生”“优秀学生干部”“学校社会工作先进个人”等各类奖项，在同年级中起到引领作用。

## 五、经验启示

在新生入学教育中嵌入系列学风建设活动，帮助大一新生培育优良学风，引导大一新生用丰富的专业知识充实自己，积极做好生涯规划，在班级形成良好学风。此次2014级行政管理班在新生入学教育工作中嵌入学风建设活动，激发学生学习积极性，培养学生自律意识，有利于培养班级学生热爱集体、热爱学习的良好氛围。

# 融入学科：层次递进的专业认同模式

2016 级国家理科基地（生物科学）班在班集体的建设和发展过程中始终以“专业认同”养成为立足点，以师生共同探索为基，以提升班级成员主观能动性这一核心“生产力”为目标，充分表达主体诉求，探索发展出走进专业、融入学科、生涯支撑、辐射带动四级渐进的专业认同模式。在服务班级建设的同时，更为理工科学生的专业认同感提供一种可行的参考模式。

## 一、案例背景

在 2016 级国家理科基地（生物科学）班最初组建时，班级部分学生对专业的印象和认知仍然停留在高考专业选择的动机上，对本专业的历史、专业的前沿发展和专业知识的理解较少。这种对所学专业认知程度不高的现象，导致学生缺乏学习主动性和创造性，甚至产生了转专业的想法，进一步加大班级建设的难度。提高班级学生的专业认同度不仅关系班集体未来的建设，还影响班级学生个人的专业发展。为了解决专业认同难题，班级从实际出发，制定针对性对策，实现了从自我更新的个人认同感建立到专业知识内化于心、外化于行的专业认同感巩固，探索出一种理工类学科专业认同模式。

## 二、设计思路

在班级建立之初，部分学生对生物科学专业了解不充分，专业立场不够坚定。班级致力于营造热爱科学、目标明确、共同进步的集体氛围，为了形成优秀集体，班级分阶段有针对性地推进工作。第一阶段：走进专业，以辅导员思想指导、班主任专业指导、导师科研指导、班委一对多帮扶多种举措为依托，了解生物专业，培养学习兴趣。第二阶段：融入学科，以翻转课堂、学习沙龙、拓展实验、经验交流为桥梁，深入科学实践，确立专业信仰。第三阶段：生涯支撑，以大创大挑、实地考察、学术会议、外校合作为手段，提升综合能力，培养专业人才。第四阶段：辐射带动，以科普宣讲、助力学校招生宣传为载体，结合所思所学宣传生物知识，实现专业认同再确认。

## 三、实施过程

班级围绕学风建设主旨，传承生科精神，培养科研兴趣，坚定专业信仰。

*1. 以制度规范学，健全学风建设体制*

通过制定班级制度，增加外在约束，增加对专业学习的重视程度，端正专业的科研态度。导师制度的实施，班级学生自主选择导师，提前进入实验室，为未来的科研道路打下扎实的基础；“班委一带多”的形式，由班委帮助和带动在学习上有困难的学生，形成了良好的学习氛围；制定课前点名制度，严肃纪律，保证课堂出勤率；坚持公平公正评比制度，为了让学生们更积极地投入到学习中，班级开展学习方面的评比活动，让学生们在评比中学会更多的知识；坚持学习团队合作，为了培养学生之间互相帮助、共同进步的积极态度，营造浓厚的班级学习气氛，班级成立了各科目的学习小组，让学生们相互学习、相互帮助，解决遇到的学习问题。

2. 以交流规划学，强化学风建设发展

班级的进步离不开朋辈相助。班主任及辅导员本着将培养学生继续学习的能力、适应社会的能力和自主创新的能力放在首位的出发点，积极参与班级活动，定时开展班级会议，积极与班干部探讨班级工作，并对之提出行之有效的指导，促使班级工作井然有序地开展。班主任针对学生学习上的问题积极进行有效的指导，并及时沟通任课老师，寻找解决方法，促进班级学生学习成绩的提高；辅导员为每位学生精心设计并建立了成长档案，内容包括学生家庭详细情况、学生道德品质和学业跟踪档案，加强了辅导员与学生之间的了解与交流，方便辅导员在思想及生活方式、处事态度上正确地引导学生；学院委派学长学姐担任班级小导师，学长学姐倾情分享经验，推荐优秀文献，介绍科研新进展。

3. 以平台助力学，拓宽学风建设模式

专业认同度的提升不是一蹴而就，而是在于深入挖掘专业魅力的一点一滴。自主学习，翻转课堂：参与翻转课堂，主动学习，积极提问，教学相长，激发学习兴趣；专业初探，拓展实验：活用课堂知识，参与动物学拓展试验，体会专业实验的魅力；专业比赛，各显身手：举办叶脉书签制作、微生物平板大赛等比赛，解锁生物新玩法；科研训练，大创大挑：学生们自主联系导师，积极投身于科研训练；走出校门，校外合作：学生走出校门，进入中国科学院、南大参加项目；国际交流，赴美实践：赴北美交流实习、学术探索。从课堂学习到理论实践，注重培养学生间自主合作、良性竞争的团队学习精神，结合课堂知识，创造更加丰富与开放的学习环境。

4. 以活动提升学，细化学风建设实践

“纸上得来终觉浅，绝知此事要躬行。”班级通过现实多场景活动联系生命科学，体会生命科学的无处不在，提高专业认可度。参加国际生态微生物会议和江苏省植物学年会，紧跟学科发展；参观南大医学院，体验 3D 打印生物模型，探索自选课题；知行合一，生物公司实地考察；植物挂牌，建设美丽校园；与中华中学等优质生源基地学子深入交流，助力学校招生宣传；动植物标本馆，科普宣讲；生物支教，传播生科文化。实践出真知，突破传统书本知识学习的框架，与生命科学时代接轨，感受生命科学的无限魅力，在巩固专业认同感的同时产生专业自豪感。

## 四、工作成效

2016 级国家理科基地（生物科学）班着眼于班级具体发展中的实际问题，以专业认同度提升为指引，通过有梯度、渐进式的培养模式，走进生物、融入学科，知行合一，探索出具有辐射价值的理工类学科专业认同养成模式。通过该专业认同养成体系，学生学习科研能力稳步提升，全员参与翻转课堂和动物学拓展实验，课程通过率 100%、英语四六级通过率 100%、计算机二级通过率 100%；累计参加 15 项大创项目（国家级 6 项、省级 1 项、校级 8 项），科研项目参与度 100%，SCI 期刊论文 4 篇；通过科普志愿，助力招生宣传，基层支教、国际交流等方式，传播生命科学精神。

## 五、经验启示

专业认同对于班级建设以及学生未来的发展至关重要。从案例中看出，专业认同感是可以培养的。2016 级国家理科基地（生物科学）班通过老师指导和学长学姐的帮助，学生之间的相互影响，实验科研训练，实地了解，坚定了学生对生物科学事业的信心。在这个过程中，学生们的合作沟通能力、学习效率得以提升，形成互帮互助的团结氛围，继承基地精神，传播生科文化，用自己的行动感染了其他人，使更多人了解生物学科，传递生命科学精神。

# 以赛促学：让课程学习与科研竞赛并行

2017 级物理学班以赛促学，使课程学习与科研竞赛并行。班级以培养学生学习自主能力和创新能力为出发点，在巩固课程学习的基础上，开展特色项目“seminar 计划”、科研启迪活动和科研竞赛实践，促进学生讨论和师生交流，以科学的视角看待专业课程学习，以活跃的思维在科研竞赛中实践。以专业课程知识为基点，以科学竞赛为拓展，同步提高学生对专业学习的主动性和对专业科研的创新能力，最终实现“在学中用，在用中学”。

## 一、案例背景

2017 级物理学班在班级建设过程中，部分学生出现了学习缺乏主动性和规划性的问题。物理专业班级有参与科研竞赛的优良传统，同时参与科研竞赛的学生普遍表现出较强的学习能力、思辨能力和专业实践能力，掌握扎实的物理学基础。因此，以物理竞赛为课堂学习的延续，能有效提高学生的学习积极性和专业知识的应用能力。基于此，班级决定在专业学习过程中增加科研竞赛相关活动，从而激发学生源源不断的内生学习动力，提高班级学生学习主动性，营造良好的班级学习氛围，促进班级学生主动汲取专业知识并加以利用，在专业领域取得创新。

## 二、设计思路

确定以物理竞赛为学习跳板之后，班级开始以班集体和研讨小组开展课后学习交流，一方面可以加强学生之间的沟通交流，提升班级凝聚力；另一方面可以让学生在学习讨论中产生思想碰撞，提高自主学习能力和思辨能力。在此基础上，鼓励班级学生积极参与各项科研活动和学术竞赛，课程学习与科研竞赛相辅相成。最终，课程学习和竞赛经验助力新生思维，营造班级浓厚学术氛围，在无形中培养学生的自主学习能力和钻研精神，锻炼学生的韧性和毅力。

## 三、实施过程

一个班要想进步，不能纸上谈兵，一定要付诸实际行动。班级以优化班集体学风建设为目标，课程知识与科研竞赛并重，建设“课程学习与竞赛同行”的学科特色班级。

### 1. 巩固课程学习，夯实专业基础

2017 级物理学班以班级为单位，晚上进行集体自习，及时巩固专业课程学习，夯实专业基础。“师傅领进门，修行在个人”，课程学习作为知识储备阶段，仅仅依靠课堂时间难以完全消化，需要学生个人对专业知识进行及时梳理和巩固。班委轮流管理晚自习纪律，自习内容自行安排，外在约束和内在自律相结合，促进学生对专业知识的及时吸收。班级积极落实学业预警制度，针对部分学生建立学业困难学生台账，由班级学习成绩优秀的学生进行一对一帮扶，以确保班级的每位学生在学业上不脱离大部队，携手向前。

2. 制订研讨计划，延伸课堂深度

班级每周四晚开展特色项目——“seminar”科学研讨会计划，由学生自发成立研讨小组，每次邀请一位课程老师参与，课后围绕专业课的重难点和专业相关的课外知识两部分内容进行研究和讨论。在教师的引导下发挥学生的能动性，交流中进行自主学习，在应用中举一反三，以此形成一个良性的学习氛围，调动班级学生学习积极性和求知欲。此外，课程老师就研究方向进行介绍，增加学生对专业学科和科技前沿成果的了解，进一步深化学生对未来职业生涯的规划。

3. 开展交流活动，激发科研兴趣

邀请院长做客班级自发组织的院长论坛。关于专业学习与未来发展的思想盛宴，让物理专业的学生更加深入地了解专业学习内涵和未来发展前景。除此之外，邀请有科研竞赛经验的学长学姐分享参赛经历，为班级学生今后参与科研活动提供参考；班级以“学习与竞赛的平衡点”为主题开展班会，自发开展专业学习和科研竞赛交流会，探讨如何兼顾课程学习的同时参与科研竞赛活动，交流学习方法和时间安排，科学的学习方法让学习效率事半功倍，合理的时间安排促进课程学习和科研活动的同步开展。

4. 参与学科竞赛，提升科研素养

班级鼓励学生参与各项科研活动与学术竞赛，从而锻炼学生自身思辨能力和实践能力。实施导师指导制度，建立新型师生关系，让学生在个性化的学业指导中体验实验室科研日常，有效地提高自身的综合素质、创新精神和实践能力，同时探索多元化的人才培养模式，不断提升人才培养质量。在班级学风建设方针的推进下，班级学生在科研领域积极进取，锐意创新，有 12 人参加 CUPT 全国大学生物理学术竞赛；3 人参与科研论文项目；4 人参加数学建模比赛，均取得了优异的成果。导师科学指导，学生之间互帮互助、相互交流、启发彼此，共同创建一个学习氛围浓厚的科研型班级。

## 四、工作成效

“千里之行，始于足下”，班级凭借扎实的学科基础准备和努力进取的积极状态，构建“课程学习与科研竞赛并行”班级，相应成果已初显峥嵘。班级累计荣获 CUPT 全国大学生物理学术竞赛二等奖 1 人、三等奖 2 人，数学建模比赛校级一等奖 3 人，电子设计大赛省级二等奖 2 人。这些学生在班级中积极牵头，带领班级其他学生积极参与到科研活动中，班级科研竞赛参与率达到 35%，在班内形成了一股优良的学术科研之风。同时，班级学业成绩也获得了学院领导、教授的肯定，激发了学生对待科研与学术竞赛的兴趣。目前班级专业学习成绩优异，科研氛围浓郁，学生的学习主动性大大提高，真正完成从“你要学”到“我想学”的蜕变。

## 五、经验启示

课程学习和科研竞赛上双促进，成功培养了班级学生之间深厚的感情，同时也在班里建立了良好的学习风气。学生从科研活动中所用到的坚持、耐心等优秀品质可以运用到生活中。同时，学会兼顾学业基础和课外活动，合理安排时间，这对学生在今后的学习和工作中都会受益匪浅。除此之外，2017 级物理学班在取得成果的同时不骄不躁，时刻保持谦卑进取的精神，反思班级建设的不足之处，并不断对班级制度进行调整，这也是在班级建设中值得借鉴的宝贵经验。

# “TALENT”：未来多元人才培养实践计划

2016级英西双语班独创性地提出了“TALENT”学风建设五字方针——以“T-Together，A-Activity，L-Lecture，E-Elite，N-New media”为指导，制订共同学习计划，开展创新实践活动，举办分享交流讲座，进行对外学术交流，开拓新媒体运营平台，多位一体，达到了活动多样化，信息平台化，视野国际化的良好效果。促进同学们形成勤学、修德、明辨、笃实的学习精神，养成志存高远、脚踏实地的学习态度以及开拓国际化视野、树立全面发展的学习目标。在此方针的指导下，班级致力于全方位营造学风优良的班级形象，使同学们真正展现外语人的风采。

## 一、案例背景

2016级英西双语班班级建设过程中，班级学生在沉重的课业压力下显现出学习动力不足的现象，由于目前高校班级的学习还是局限于单一的课堂教学，同学们缺乏更广阔的语言学习交流的平台，缺乏将理论知识向实践运用过渡的途径，缺乏将专业所学与社会服务相结合的机会。为了激发同学们的学习热情，运用两位一体的新型语言学习环境，结合涉外人才培养的多样化和国际化特征，班委决定采用“TALENT”学风培养新方案，开拓“第二课堂”，利用网络平台及各类活动，形成良好的学习氛围，树立严谨向上的班级学风，增强班级的凝聚力。

## 二、设计思路

班级秉承“TALENT”学风培养方案，从班内自主设计学风活动，到广泛参与专业竞赛、与专业相关的海内外志愿活动，充分利用新媒体平台数字化、互动性强、个性化程度高的特点，创建班级微信公众号、公邮、QQ 群等平台，交流学习资源，提高班级信息传播的效率，增进同学、老师和班委之间的互动。

## 三、实施过程

1. T-Together

在班级这个大集体中，一股无形的凝聚力将彼此紧紧连接在一起。班级经常开展集体学习或合作帮扶学习等自主学习活动，同学们交流答疑，共同进步。组织同学们备战专四，刷题打卡；利用课余时间组织全班一同积极备战 Dele 考试；线上线下双管齐下，同学间相互答疑解惑，交流心得和经验，在班级微信群分享学习资料和文化知识；为了丰富学习形式，调动同学们的积极性，班级组织英语辩论、英语演讲，西语的 PPT 展示和课本剧表演，寓教于乐，培养同学们的综合能力。

2. A-Activity

班级组织各种类型的主题教育活动、志愿服务、大学生创新项目、暑期实践等，旨在培养同学们的实践能力和创新意识。积极开展“书香班级”阅读活动，鼓励同学们阅读经典，养成阅读习惯，在阅读中体味语言之美，提升思想境界；积极筹备志愿活动，开展语言走入小学、走入社区活动，鼓励同学们利用专业特长帮助语言学习有困难或者对语言学习有兴趣的人们，真正成为语言的引路人，文化的传播者。每学期都开展创新创业项目、科研创新等学风建设活动，提供与专业发展相关的学业指导，邀请任课老师参与进行指导。

3. L-Lecture

从不同的年级阶段、专业学习层次出发，班级同学根据学校的要求和自身的需求参加了各类讲座，不但提升了自己的专业素养，同时还拓宽了自己的国际视野。在低年级阶段，同学们在大学生就业创业指导中心以及职业生涯规划课程老师的引导下，参加关于职业规划的讲座以及校园招聘会；邀请了院内的专家教授，帮助同学们自主提高学习能力、思考能力、沟通能力及开拓创新能力；参加“外事口译工作谈”讲座、“创行随缘，朋会仙林——海智系列讲坛”“CATTI 考试技巧与翻译就业”讲座；除了与专业有关讲座，同学们也积极参加关于国内考研、国外留学的系列讲座。这些讲座邀请到专业留学机构及优秀同学来面对面传授国内外深造所需要的各种知识和技能，为同学们的考研保研、出国面对面交流之路扫清障碍，进一步落实教育精英人才培养目标。

4. E-Elite

班级成员积极参与外语组织与专业赛事，以及赴境外参加海外课程学习、国际学术交流活动，促进同学们自主提高学习能力、思考能力、沟通能力及开拓创新能力，提升专业素养，打造卓越精英。班级同学积极参加院级、校级、校外的如外文书写大赛、外文配音大赛、V-Talent 英语达人秀、“外研社”阅读大赛、“外研社”杯全国英语演讲比赛等各大外语专业赛事，增强专业竞争能力。班级同学参加如美国北卡技术性写作课程、杜克大学政府奖学金境外交换项目等，增强了同学们的学习能力，培养了国际化视野。

5. N-New media

班级致力于发展班级新媒体平台，比如微信公众号、微博平台、荔枝和喜马拉雅分享交流平台及易班平台等，使其从一个简单的服务型平台逐渐完善成为“服务+宣传+创新”平台。塑造了班级形象，宣传了班级文化，达到了班级管理网络化、互动多样化、服务平台化的良好效果。班级根据各自班级同学擅长领域将微信公众号分为学习、生活、班级通知等模块；班级微博分享班级动态，分享每日一句，传播正能量，为同学们提供切实有用的消息。

## 四、工作成效

“TALENT”学风建设培养方案开展顺利，成效显著。一方面，丰富多彩的活动调动了同学们的积极性，以班集体为单位共同学习共同进步，班级学习氛围浓厚，学习情绪高涨；另一方面，同学们在活动中提升自我，超越自我，不仅增强了学术能力和实践能力，而且培养了社会责任感，将专业所学与社会服务相结合，以语言为桥梁为社会献力。自“TALENT”学风建设培养方案实施以来，学生们积极参与，主动投入到学习交流互动活动中去，并通过线上及线下方式交流学习和实践心得，充分展现了外院人勤奋好学、刻苦求知的学习精神和创新团结的精神风貌。“TALENT”方案以其丰富的活动形式、深厚的活动内涵和积极的活动精神获得了班级同学的广泛认可。

## 五、经验启示

2016 级英西双语班的“TALENT”学风建设培养方案彰显外院特色，为外语学习者提供了广阔而且高质量的学习交流平台，全方位调动学生的学习积极性，多层次促使学生良好的学习习惯的养成，培养以学习为主的核心意识，用多元的活动形式和富有深度的活动内容培养同学的国际化视野，将知识与实践相结合，切实提高学生的综合能力。但是，班级初步发展时仍存在协调性弱，班级特色体现度不高的问题，因此，班级“TALENT”学风建设培养方案未来需要努力建设的方向是增强灵活性和可调配性，综合班级同学的各种需求制定方案，对症下药，展现班级特色。

# 在做中学，在学中做：激发班级学习活力

2016 级汉语言文学班蕴蓄着 37 颗新鲜活泼的灵魂，承载着 37 段丰富多彩的人生。他们怀揣着“正己之德行、厚世之生民、笃吾之文学、敏吾之言行”的理想，在随园的古老银杏和仙林的青葱绿植间，读“活”每一本书，办“活”每一次活动，做“活”每一个项目，共同书写一段专属于 2016 级汉语言文学班的活力篇章。

## 一、案例背景

2016 级汉语言文学班致力于打破大家对传统文科学习的“死板”印象：班级只有一群“一心只读圣贤书”的同学和一群专注于学术研究的老师。班级把读的知识内化成道德修养和专业素养，以灵活的方式将“读的书”加以运用，这是班级所认可的文科学习模式。班级所追求的是一个“活”字，在学习的稳静中寻找到活力，在活泼的氛围中找到突破自我的点最后归于稳静的学习。2016 级汉语言文学班努力在“读书”与“活力”中找到最佳的平衡状态，斗志昂扬地走在通往美好未来的路上。

## 二、设计思路

班级始终致力于让专业学习“活起来”，从三个方面来完成这个目标：学术突出、学科跨界、四级协作。一是学术突出，形成“学校→院内→专业→班内”浓郁的学术氛围；二是学科跨界：同专业不同分支学科（如现当代文学跨比较文学，如音韵学跨文字学）/院内不同专业（如古文献跨汉语言文学）/校内不同专业（如文学跨教育学、文学跨心理学）间相互交流和学术资源库的共享；三是班内协作、院内协作、校内协作、校际协作等四级协作为切入点开展学术科研的各项工作。

## 三、实施过程

班级重视学风班风建设，通过班级管理、学习督促和社会实践焕发班级活力。

### 1. 建立班级制度，凝聚班级“活力”

班级制度为班级的每位学生营造一个良好的成才环境，良好班风的建设需要每位学生的共同努力，班级学生积极向上的精神和班级凝聚力的培养都离不开班级管理。班级制定班委工作手册，从班级管理班子出发，有效监督班委会的运行情况；确定班规班训，建立班级管理制度，管理班级每一位同学，建立个人与班级的联系；编写班歌、设计班徽，增强班级同学的归属感，激发班级凝聚力；各年级建立由辅导员管理的事务群、各班级利用 QQ 等网络平台建立班级群，利于及时联系学生、发布重要活动信息，建立信息传达的纽带，提高班级及年级运转效率；积极组织同学参加校级院级各项赛事，打破“书呆子”刻板印象，激发班级活力。

2. 专注课程学习，储备专业“活力”

班级在学习方面，踏实求知、一丝不苟。班级开展形式多样的学风建设主题班会，使班级的学习氛围进一步提升，充分调动同学们的学习热情，为班级学风建设打下良好的基石；学习委员通过各种手段及时全面地了解同学目前的学习状态、学业上的问题，以及对课堂的建议并且及时与老师沟通；在课堂上，同学们始终保持着高度的学习热情，认真仔细聆听老师的授课，认真记录课堂笔记，同时积极主动地利用课间休息时间向老师提问；对于任课老师布置的课后作业，班级学生认真对待，具有探究精神；课余时间，班级学生自行组成学习小组，互相督促学习，互帮互助；充分利用课余时间，参加学校组织和校内外各种学术活动，丰富自己的课余生活，将活动和学习相结合，“在做中学，在学中做”，促进自身的全面发展。

3. 参与社会实践活动，焕发学术“活力”

班级在社会实践方面，积极参加各项社会实践活动，他们利用寒暑假访民情、察民意，或是寻找实习机会，培养职业能力；在京杭大运河江苏段调查文化遗产认知情况现状；在贵州省黔东南自治州摆贝苗寨寻找仰阿莎；在《左传》《孙子兵法》《孙膑兵法》三部著作中研究春秋时期的阵法；在浩如烟海的古籍库中，用现代科技整理文献，参与南京师范大学重点研究机构词学研究中心曹辛华教授所主持的国家社会科学基金重大项目相关文献的下载和整理工作，将理论与实践相结合……他们走进政府机关、广播电台、出版单位、教育机构，在实际锻炼中构建自己的事业蓝图。

## 四、工作成效

2016 级汉语言文学班注重理论联系实际，把学问做“活”，营造班级活跃的学术氛围。在学习成绩上，班级英语四级通过率为 100%，英语六级通过率为 91.89%；江苏省计算机一级通过率为 100%。班级学生在全国大学生文学作品大赛和校内各类比赛中多次取得不错的成绩，还有学生参与“爱丁堡大学教育管理学项目课程”项目。除此之外，班级学生还踊跃向《文教资料》等期刊投稿，班级学术研究成果得到广泛认可。班级学生积极参加各项社会实践活动，取得了校级暑期社会实践先进个人、优秀团队、优秀调研报告等荣誉，促进了班级内部的团结合作。

## 五、经验启示

该案例致力于挣脱大众对专业的刻板印象，成功将专业从自我认同推广到大众认同，以专业学科为班级的起点，不断挖掘专业内涵，创新专业知识的灵活性和实用性。文科班级建设需要传承这种“笃于学，敏于行”的精神，更要发扬每个人的独特个性，从而实现把论文写在祖国大地，把人文精神根植祖国人民心里。

# “六新育美”：“艺”起护航好学风

2019级美术学（师范）班为培养“德备、艺精、善教、乐思”的创新型美术教育人才，建设良好学风，提出了“六新育美”促学风的学风建设新方案。班级通过“新思路”“新思维”“新气象”“新桥梁”“新境界”“新生态”六新提高学生学业成绩、鼓励学生参与专业比赛、提升学生学业学习思维、解决学生发展产生的难题。最终，班级组织机构分工明确，班级各项活动顺利开展，学生学习氛围浓厚，专业成绩得到提高。

## 一、案例背景

2019级美术学（师范）班在学风建设上，把握基础管理“新思路”，提升专业学习“新思维”，焕发朋辈引领“新气象”，构建艺术通感“新桥梁”，淬炼学生思想“新境界”，构筑网络育人“新生态”。完善制度建设，探索基础管理的思路；通过专业竞赛，营造良好的学风氛围；发挥榜样示范作用，明确个人学习目标；开展形式多样的文体活动，增强班级凝聚力；充分利用网络平台，线上线下联动育人。争做培养“德备、艺精、善教、乐思”的创新型美术教育人才。

## 二、设计思路

学风建设是校园精神文明建设的一个重要组成部分，也是学院开展教育教学工作的关键一环，更是助力学生成长成才的重要保障。班级从学风建设机制、学风管理举措、学生学术竞赛、学生美育实践、朋辈示范教育、学生思想引领等方面入手，创新开展学风建设活动，在学风建设中注重“家国情怀、国际视野、厚生品格、创新素养”的人才特性培养，在艺术实践成果中体现社会主义制度的自信，坚持守正创新。

## 三、实施过程

1. 标本兼治，探索基础管理“新思路”

班级把制度建设作为加强学风建设的保障，在制度管理方面，针对现有问题，不断探索新思路，切实改善问题。进行学业情况摸排，关注学业困难学生群体，对存在两门及以上考试不及格学生要求提交学业改进计划；定期召开班级会议，强调学风建设、毕业要求；对于存在学业困难的学生，进行一对一谈心谈话。除基础管理外，还针对较为薄弱的英语学习，开展英语一对一帮扶，夏季学期英语打卡活动，激发学生英语学习兴趣，提升英语学习效果。

2. 学练悟用，提升专业学习“新思维”

班级鼓励学生积极参与各类专业竞赛，提升学生的专业素养和实践能力，做到学有所悟、悟有所用。鼓励班级同学参加中国大学生计算机设计大赛、中国大学生创意节、新加坡金沙艺术设计大赛和海峡两岸国际艺术年度奖等多项国际级和国家级比赛与展演。此外，班级还举办了“以美育人，艺展技能”活动，开发了“‘小王子的奇幻艺术之旅’系列美术课”项目，开展了“文本阅读—美术创作—校园美术展—线上美术展”系列艺术活动，强化美院学生在校学习的美育实践环节。

3. 以点带面，焕发朋辈引领“新气象”

朋辈教育是学风建设过程中的重要一环，学院不断挖掘优秀典型，以点带面，用身边人、身边事助力班级广大学子成长成才，让榜样力量传承接力。班级组织开展专业学习分享会，从专业知识、课程内容、涉及领域、求学工作方向等方面为新生介绍经验，帮助他们明确学习方向，提前制定规划，从容面对未来的学习生活；发挥榜样示范作用，借助学院公众号平台推送优秀学子、先锋人物，树立先进典型、用好现实教材。

4. 触类旁通，构建艺术通感“新桥梁”

班级鼓励广大同学突破专业局限，感受其他学科与艺术、人文与社会、科技与自然、艺术与审美等创作之间的内在联系，以形成艺术通感，融会贯通。班级与生物科学（师范）班级合办了“南师万木图鉴”植物档案创建活动，绘制植物图鉴，号召班级青年大学生亲近大自然、保护大自然，同时了解和认识南京师范大学校园内的各种植物，拓宽视野；开展院十佳歌手大赛，在音乐竞技场展示我院学子风采；开展定点投篮比赛，丰富校园生活，锤炼拼搏意志。

5. 多维推进，淬炼学生思想“新境界”

班级围绕庆祝中国共产党成立 100 周年，结合专业特色开展了系列活动，巩固深化“不忘初心、牢记使命”主题教育成果，弘扬党的光荣传统和优良作风，助力美院学子以昂扬姿态开启新征程。推出“研画习党”主题微党课大赛、开展“恩由笔发，绘庆百年”——漫画大赛作品征集，组织辉煌百年·师青绘“青春心向党·建功‘十四五’”主题作品展，围绕党史事件、人物、故事及辉煌成就等内容开展艺术创作，记录和展示共产党人的奋斗精神。

6. 有机结合，构筑网络育人“新生态”

班级积极推进公众号及易班平台建设，充分利用网络平台帮助开展学院基础教育管理等工作，打造网络思想阵地，助力学风建设工作提质增效。协助运营南师美院公众号开辟聆心·解忧杂货店专栏倾听学生烦恼，分享暖心故事，留下南师的温情回忆；易班学生工作站团队建立“易团四部”的工作模式，与新媒体中心相互配合，打造“中央厨房”式的运营机制，实现内容集中、平台多样的模式。

## 四、工作成效

专业技能加强，竞赛获奖丰硕。班级注重加强学生的专业实践，帮助培养美术学学生的美术技能、师范生技能，提升设计学学生的设计水平、创新思维能力，班级多名学生在各类国际级、国家级、省级竞赛中获奖。新媒体资源整合，活动参与率提高。基于易班平台，依托线下宣传和网络信息的联动作用，拓宽内容生产平台。组织机构完善、部门分工明确，用规则促发展、用平台促宣传，各项比赛、活动参与率有了明显提高。党史学习与专业形成有机结合。将党史与经典美术作品相结合，通过主题班会、主题团日活动、重温红色经典、四史知识问答，引导学生培养爱国之情、砥砺强国之志。

## 五、经验启示

2019级美术学（师范）班围绕以生为本，精细服务助学风，通过开展“思政+技艺”，增强专业技能的同时，使得班级同学在艺术实践成果中体现社会主义制度的自信，坚持守正创新；依托班级、团支部广泛开展“思政+实践”专业特色的活动，可以使班级同学将创新意识落到实处，获得专业认同感和使命感。

# 防疫不妨学："五云五学"筑牢优良学风

新冠疫情对学生的课堂学习产生了极大的影响，为保证学生线上学习的专注度与积极性，2018 级文科强化班开展"五云五学"铸学风的学风建设系列活动，开展多样主题班会、团日活动，举办多种宣讲会鼓励学生积极参与学科竞赛和科研活动，联系学院举办体育、诗词、绘画等比赛。活动过程中提高了学生的学习积极性，拓展了学生的发展方向，加强了学生线上学习的效率。

## 一、案例背景

受新冠疫情的影响，课堂面授受到了极大的影响，学生从线下授课改为线上网课学习，这难免对学生的学习效率和学习专注度产生一定的影响。2018 级文科强化班由来自多个不同专业的学生组成，班级学生专业背景不同，这也给班级学风建设带来了一定的挑战。为了保证学生线上学习的效果，充分发挥班级学生的多专业优势，班级提出了"五云五学"的学风建设方法，加强学生的线上学习效率，利用好线上学习工具，展现出每位学生的优势所长。

## 二、设计思路

为了使学生利用好线上学习工具，保证学生线上学习效果，发挥学生专业优势，尽快适应新冠疫情下的学习新模式，班级设计了“五云助力，五学共襄”的学风建设新方法。五云助力，共创学习氛围。通过云学习、云督查、云分享、云辅导、云比拼五个主题开展系列活动，保持班级学习氛围，使学生尽快进入线上学习状态。五学共襄，引领素质发展。建设学生引领工程、学风筑基工程、学术创新工程、学业特色工程、学涯拓展工程，“五大工程”培养学生多方面共同发展，开展多方面系列活动培养学生理想信念，帮助学生树立学业目标，提高学生创新能力，开拓学生学业发展的广度和深度，提高学生人文素养和文化内涵。

## 三、实施过程

1. *五云助力，共创学习氛围*

（1）云学习。在新冠疫情的特殊时期，本着“停课不停学”“线上课程学习和线下自主学习两不误”的原则，班级辅导员利用腾讯会议、QQ 群聊等线上平台紧密联系班级学生，指导学生进行学业规划。班级实行专业联盟制，将相同或相似专业学生分组，共同自习，互助学习。班级学生围绕考风考纪、学术诚信等内容，每月多次开展学风建设云班会。班级团支部利用线上平台开展团支部活动，集体学习抗疫精神、五四精神等社会主义“正能量”。

（2）云督查。班级学生利用线上平台进行“云督查”，建立专业学科学习群进行每日学习打卡、通过易班平台评比宿舍卫生等。汉语言文学和英语角等专业联盟进行每日学习打卡、班级体育委员动员进行日常活动锻炼打卡加强班级学生体育锻炼、通过易班工作站实施宿舍卫生清洁打卡对宿舍卫生进行评比。通过组织各类打卡活动，实时督促学生做到学业健康两兼顾。

（3）云分享。班级内开展多种主题不同的分享会，围绕专业学习、保研考研、读书交流、论文研讨、雅思托福学习、SCI阅读等方面，邀请老师或同专业学长、学姐进行云分享，展开深入交流。学生会和专业联盟围绕学业规划、实用技能和科技竞赛三类主题共开展十余次活动，促进学生专业交流。

（4）云辅导。各专业联盟、学习小组主动联系老师，通过导师访谈、学业导师讲座、学业导师交流总结等活动，对学生提出的问题进行集中解答，解决学生学习、生活、就业中产生的疑问。结合新冠疫情防控形势，在遵循学校基本要求的前提下，邀请老师面对面对学生的困难进行答疑解惑。

（5）云比拼。班级组织开展多种竞赛活动，如线上防疫知识竞赛、“不负好春光”摄影大赛、英语论文写作比赛、线上微课大赛、“寻踪觅影”思维导图比赛、演讲比赛、专业知识竞答、每日晨跑打卡比赛等。这些竞赛活动从知识能力、整理分析能力、演讲能力、写作能力、运动能力等多方面开展，促进学生全面发展，在比赛中帮助学生寻找其特长、培养其兴趣。

2. 五学共襄，引领素质发展

（1）学生引领工程。班级组织多种活动，通过党史学习教育及模范人物故事分享，培养班级的学习气氛，感染、激励和熏陶学生刻苦学习、努力上进。开展以“讲好中国抗疫故事”为核心的三句半、诗歌征集活动及时事热点沙龙，鼓励学生为祖国抗疫事业贡献自己的力量，将抗疫精神传递下去。开展庆祝中国共产党成立100周年主题活动，在党史学习过程中感受当下幸福生活的来之不易。开展时事热点沙龙，讨论当下热点社会问题，以小型辩论会的形式分享学生自己的观点，在辩论中提高学生的思想成熟性。

（2）学风筑基工程。任何科目的学习都需要具有良好的基础，坚实牢固的基础知识能够帮助学生建立知识宝塔，使知识学习更牢固。针对不同专业课，邀请专业学习尖子生进行笔记分享，传授专业学习的方法和"秘籍"。定期邀请专业导师进行线上答疑，并为每位学生分配专业领航导师，解决学生学习过程中的难题，引导学生做好学业规划。

（3）学术创新工程。班级在引导学生回归基础知识的同时，也注重对学生学术意识和创新能力的培养。在班级内多次举办各类学业竞赛及经验交流活动，开展论文评选鼓励学生积极动笔，将科研调查转化为学术文章、学术成果。针对大型比赛，提前开展宣讲与培训活动，调动学生参与积极性，让学生更好地理解比赛的内容与要求。班级公众号定期分享各项比赛基本情况及参赛学生的经验，帮助学生了解竞赛相关事项，以前辈带动后辈，使学生更加积极地参加竞赛，培养创新精神。

（4）学业特色工程。完善双导师制建设项目，加强对导师手册的考核，推进学生和学业导师、专业导师的沟通交流，保障双导师制度发挥实效。强化学院具有国际化办学特色，开展英语风采大赛、英语论文写作、国际交流经验分享会等活动，切实拓展学生学业发展的深度和广度。

（5）学涯拓展工程。重视学生的全面发展，注重学生的人文关怀。班委带头商讨、举办各类体育活动，号召班级学生加强体育锻炼，增强身体素质，通过体育类活动来激发集体荣誉感和团队合作意识。鼓励学生积极参与校园漫画创作学生比赛、书法绘画创意大赛、古诗词知识竞赛、百科知识竞赛等校级文化艺术类活动，促使大学生将创新思维和创新能力的培养由课堂延伸至课外，同时开阔学生视野，提高学生的人文素养和文化内涵。

## 四、工作成效

在"五云五学"筑学风的学风建设方向引导下，班级文科强化班逐步形成了良好的班级氛围和学习氛围，学生发掘了适合自己的发展方向，收获了不少特色成果。学生积极参与专业竞赛，并取得了佳绩，多人在全国大学生英语竞赛、全国大学生语言文字能力大赛、“板桥杯”青年翻译竞赛中获奖。另外，许多在学业上表现优秀的同学获得了奖学金，更有出类拔萃者获得了国家励志奖学金。学生在线上学习中保持了良好的学习态度，积极参与课堂互动，班级学习氛围浓厚。

## 五、经验启示

疫情等外在因素固然会对学生的学习产生一定的影响，但是归根结底，学生是学习的主体，保证和提高学生在学习中的专注度是提高学生学习效率的重要方式。2018 级文科强化班通过开展多主体多方向的活动，从思想、学习、身心等多方面帮助学生发展，提高学生学习参与度，培养学生创新性。同时，调动专业课教师的积极性不仅可以帮助学生解决学习困难，还能够协助学生完善学业规划，做好职业规划，实现学生与老师之间的良好沟通。

# 培养阅读习惯：让书香浸润学风

教育学专业作为一个较为偏重理论型的学科，对学生的阅读量和思考能力要求较高，为了促进班级学生在学习和学术两方面百花齐放、共同进步，2018 级教育学班提出了“培养阅读习惯、提升思考能力”的学风建设方向，建立了以宿舍为单位的学习监督制度、读书制度；设立班级读书角并定期开展读书会；举办宿舍间的读书交流活动，创建班级公众号进行学术分享；设置教育讲座签到卡。最终，学生阅读量大大提高，思考问题的能力得到了提升，思想更加成熟。

## 一、案例背景

“非学无以立身，非教无以立国”，教育学专业是南京师范大学特色专业，作为一个偏理论型的学科，对学生的阅读量和思考能力提出了极高的要求。步入大学，学生有了更多可以自由支配的时间，但只有较少的学生将一部分的课余时间分配在阅读书籍上，学生尚未形成自主阅读的习惯。在思想方面，许多学生对问题的思考较为片面和浅显，还不能完全透过现象看本质。因此，为了培养学生的阅读习惯，培养较为深入的思考方式，2018 级教育学班开展了以“培养阅读习惯、提升思考能力”为主题的学风建设活动。

## 二、设计思路

作为一个文科专业，阅读是一项必不可少的技能，培养学生的阅读习惯，提升学生的阅读水平，借以提高学生的思考能力是学风建设的重要工作。为此，班级以“培养阅读习惯、提升思考能力”为主题进行学风建设，通过保证课堂阅读、开展宿舍活动、设立读书角等方式培养学生阅读习惯；实行导师制度、举办教育学讲座、开展分享交流会等方式提高学生思考能力，使学生会阅读、爱阅读、会思考、勤思考。

## 三、实施过程

1. 课堂读、宿舍读，培养阅读习惯

班级在课堂学习方面，为保证课堂出勤率，各专业课学委进行点名，确保到课率和良好学习积极性。课后学习方面，学生进行集体自习，便于课堂专业内容的阅读和学习，交流读书心得和学习方法。学生共享学习资源，专业书籍流动阅读，共同提高学习成绩、培养阅读习惯。建立以宿舍为单位的学习阅读新模式。每个宿舍选出一名成绩优异的学生帮助和督促宿舍成员的学习和阅读，宿舍与宿舍之间建立了共同督促和帮扶学习的良性互动。

2. 读书角、读书会，营造阅读氛围

班级根据老师的推荐及学生的喜好，购买一批教育学、哲学的经典书籍，在每个宿舍设立班级读书角，定期交换，方便学生借阅，激发读书热情。定期开展读书会，为学生提供学术知识的交流平台。班级学生每个月共同阅读一本经典，读书会上各抒己见，表达自己的学术思考，班主任进行指导提升，促进每一位学生的思维发展。安排学生轮流在班级微信公众号上进行阅读分享，不仅分享了阅读心得，也锻炼了对新媒体的应用。定期举行宿舍内、宿舍与宿舍间的读书心得交流活动。班级各寝室均分布有班委，将图书分配到各个宿舍由班委负责管理。宿舍之间相互借书，交流阅读心得。形成了宿舍内、宿舍与宿舍间读书竞赛的良好风气，营造了良好学习与阅读氛围。

3. 选导师、听讲座，提升阅读能力

在班级内实行一对二导师制度，定期开展学术著作读书会和座谈会，开阔国际视野。作为只有 18 个人的班级，依据学生的兴趣和未来深造的教育学分支下的具体发展方向分配导师，可实现 1∶2 的师生比例。导师可高效地对学生的学习做出帮助指导，深入培养学生的专业素养，提升学生专业水平。除了班主任带领大家定期举办的读书会，还有其他专业老师请来的教育学优秀学者定期开展讲座。班级设置教育讲座签到卡，每次参加教育学讲座皆可完成一次打卡，学期末对讲座参与次数进行排名，对积极参与讲座的学生予以鼓励和表扬。讲座结束后，针对讲座的主题和内容开展交流会，学生在交流会上分享自己的观点和学习到的知识，提升学生认识问题和思考问题的能力。同时，班级督促每一位学生积极参加校际及国际学术交流，取其精华丰富自身，做到深度交流。

## 四、工作成效

班级多次举办读书会，学生参与率高，同时邀请其他专业、班级学生共同参与。在师生以及生生交流的过程中，学生对于教育的理解不断加深，坚定了未来的方向并且促进了班级的和谐。读书系列活动的举办不仅提高了学生对阅读的兴趣，也增强了学生的学习专注度，四六级英语考试、计算机考试通过率显著上升，更有学生选择扩展自身，报名二专和小语种的学习。班级公众号的读书分享板块和学术分享板块，学生积极参与，为学生分享交流开辟了新天地，学生思考问题能力获得极大提高。班级学生不仅在班级内及校内进行学习宣传，在校际与国际交流方面也毫不逊色。班级多名学生前往英国思克莱德大学交流学习，成绩优异，收获颇丰。

## 五、经验启示

读书会以书本与知识为载体，使学生在阅读过程中学习了知识，开阔了眼界，提升了思维方式。座谈会上班主任老师带领全班学生对一段时间以来班级工作的总结，有效地为班级建设指明了方向。宿舍图书角运营良好，高质量、深内容的优质书籍不断补充，学生阅读兴趣得到了良好的培养，对于内容较为深刻的书籍的阅读能力也得到了加强，思维方式也更成熟。2018级教育学班整体成绩得到了提升，对于专业学习的兴趣空前高涨。

# 争做“四有”好老师：创建扬师德正师风的学风建设模式

2018 级英语（师范）班是一个培养英语教师人才的班级，班级积极响应习近平总书记提出的做“四有”好教师的号召，制定“扬外语魅力　展师范风采”学风建设计划，从“理想信念”“道德情操”“扎实学识”“仁爱之心”四个方面全力打造先进示范集体。开展主题班会帮助学生树立理想信念；学习优秀模范培养学生师德；建设学习制度扎实学生学识；投身实践活动培育仁爱之心。在此建设计划下，提升了学生的四方面能力，营造了团结友善、和谐共处的良好氛围，形成了严谨治学、虚心求教、通力合作的整体风貌。

## 一、案例背景

想要培养一名合格、优秀的教师需要解决一系列的问题。优秀的教师不仅要有过硬的专业基础，更要有正直的品德、对教育的热爱、丰富的经验教训。因此，针对这些要求，2018 级英语（师范）班以培养英语教师人才为目标，从“理想信念”“道德情操”“扎实学识”“仁爱之心”四个方面进行学风建设，力求培养专业扎实、品德高尚、充满信念、经验丰富的“好”教师。

## 二、设计思路

教师是每个人成长过程中的重要角色，教师的行为言语极可能影响学生的一生。班级为培养“四有”好教师，针对四个主题开展班级活动：树立远大理想信念，紧跟时事，学习会议精神，树立职业理想；树立高尚道德情操，端正学生品德，讨论社会热点，积累处理学生突发事件的经验；夯实学科专业知识，竭力打造内、外、纵、横全方位多层次的学习方法；投身实践，组织参与社会实践和志愿服务。

## 三、实施过程

1. *在主题教育中树立理想信念*

班级积极开展“学习‘两会’精神　争做时代先锋”“12·13 铭记历史、砥砺前行”“五四青年节”等主题团日活动，同时开展“我眼中的脱贫攻坚战”“致敬‘疫’线最美逆行者”“月圆国圆，传承经典”等主题班会，引导学生提升思政素养，树立远大理想，秉持家国情怀。主题班会结束后，邀请学生进行心得分享，将学习和感悟到的心得与自己的生活实际相结合，具体谈谈在自己的现实生活中如何做。

2. *在师德教育中塑造道德情操*

教师是学生品德养成的重要力量，教师自身道德品行直接影响着学生的道德养成，因此，班级注重学生道德品行的问题，力求为社会提供品行高尚的优秀教师人才。为此，班级积极开展“诚信立学、诚信立身”期末教育活动、“行为世范　‘疫’不容辞”云班会、“四有”教师模范学习分享会、“尊师重教、立德树人”师德教育主题活动，学习典型优秀教师的事迹。引领学生树立诚信根基，肩负时代使命，传承师德师风。定期举行社会热点问题讨论会，就当下的社会热点特别是学生与教师之间的社会事件进行讨论，积累和交流学生工作经验，为以后走上工作岗位积累解决学生问题的方法。

3. 在专业学习中夯实扎实学识

作为一名未来的教师，专业知识的积累也同样重要。班级创新性地提出内、外、纵、横全方位多层次的学习方法，提升班级学风，营造良好学习氛围，帮助学生夯实专业基础，提升科研能力，推动学科交流。在班级内，设立课堂考勤制度，确保学生到课率；组织学生进行自习，保证每日学习时间，方便学生间进行学习交流。在班级外，学院积极与中小学校沟通，组织学生走进中小学课堂，实地感受体验英语教师的日常和工作，使学生对英语教师的职业有所体会。在纵向，定期邀请专业老师、校外英语教育人才到校指导，点播学生的学习。在横向，联系其他学院班级，帮助其他班级的学生学习英语，也在帮助中提升自己的英语教育方法和经验。

4. 在社会实践中锤炼仁爱之心

班级学生积极参与社会实践及志愿服务，走进附近小学参与课后延时服务，监督、帮助学生完成课后作业，指导学生养成良好的学习习惯，帮助学生答疑解惑，辅助学校教师工作。实践过程中培养对学生的耐心、爱心，为以后从事教育工作积累经验。学生利用暑期实践参与支教，帮助相对落后地区的学生学习，感悟教育事业的伟大意义，坚定学生的职业目标和理想，培养学生的仁爱之心。

## 四、工作成效

班级共举办26场集体活动，活动参与率高达97%，活动效果良好。其中，在疫情期间凝聚全班学生的努力，齐心协力策划召开的“行为示范

‘疫’不容辞”线上云班会被学院推选参加校级疫情防控主题云班会优秀案例评选，并荣获校级一等奖。在专业学习上，班级整体成绩优异，学生互相学习，更有学生利用课余时间补充学习教育学知识。在思想发展上，班级自发整理编撰多本文集，如《奋斗新青年　追梦新时代》收录31530字思想汇报及心得体会，引领了学院的思想学习热潮。学生积极参与各类活动，在实践过程中积累了经验，受到了启发，对教育事业有了更深入的理解。

## 五、经验启示

在“扬外语魅力　展师范风采”学风建设主题的引导下，2018级英语（师范）班学生营造了团结友善、和谐共处的良好氛围，形成了严谨治学、虚心求教、通力合作的整体风貌，学生学习积极性和主动性均明显提高。在人文、艺术、体育和专业特色等多方面开展活动，形成了丰富多彩、活力多姿的班级文化；举办的各类团日活动以及学习记录册也都在学院内取得了良好的反响，引领了学院本科生学习热潮，学生形成了积极向上的思想。

# A++学业工作室：打造学风建设共同体

2019 级计算机科学与技术班组建 A++学业工作室，旨在以学生学业发展为核心，在总结以往经验的基础上，整合班级辅导员、教务员、专业教师、学长导师等各种资源，提供一个基于学生学业发展的工作平台。工作室依托三支队伍，通过整合三类资源，建设了四大平台，打造了四位一体学业发展体系。A++学业工作室在学院党政和全体教师的关怀下，已经成为班级学生工作的一个品牌，得到了学院党政的认可，在老师和同学中的知名度和认可度越来越高，为班级学风建设和人才培养起到了积极的推动作用。

## 一、案例背景

学生学业发展是高校“立德树人”根本任务的重要步骤，也是学生全面发展的中心环节，更是高校思想政治工作的主要抓手。2019 级计算机科学与技术班组建 A++学业工作室，旨在以学生学业发展为核心，在总结以往经验的基础上，整合班级辅导员、教务员、专业教师、学长导师等各种资源，提供一个基于学生学业发展的工作平台。工作室以“把握交汇点、激发兴趣点、提升动力点、展示闪光点”为宗旨，用项目制的形式，课内课外相结合、线上线下相结合、常规管理与特色活动相结合，激发学生的学习兴趣，提升学习能力，拓展实践能力，构建起以学业发展为核心的思想政治教育“三全育人”新平台。

## 二、设计思路

学生学业发展是高校“立德树人”根本任务的核心，也是学生全面发展的中心环节，更是高校思想政治工作的主要抓手。A++学业工作室，旨在以学生学业发展为核心，在总结以往经验的基础上，整合班级辅导员、教务员、专业教师、学长导师等各种资源，提供一个基于学生学业发展的工作平台。工作室以“把握交汇点、激发兴趣点、提升动力点、展示闪光点”为宗旨，用项目制的形式，课内课外相结合、线上线下相结合、常规管理与特色活动相结合，激发学生的学习兴趣，提升学习能力，拓展实践能力，构建起以学业发展为核心的思想政治教育“三全育人”新平台。

## 三、实施过程

### 1. 以机制建设为基础，夯实工作基础

教师党员导航制：班级积极推进党员先锋工程，推动教师党支部与学生党支部共建，发挥教师党员在学风建设、学生成长指导中的引领作用。本科生班导师制：每个班级配备一名班导师，班级定期举行班导师会议，班级党政领导、辅导员、班导师共话他们的工作经验，共同提高工作水平。学业监测机制：教务学工联手，师生同行，建立任课教师反馈和班级考勤小组制度。学业预警机制：对学生在校期间已经发生的学习问题和学业困难进行危机干预，告知学生本人及家长可能产生的不良后果，并有针对性地采取相应的补救和防范措施。学情分析机制：班级针对学生学业发展情况制定分析报

告，目的是整体把握班级学生的学业发展情况，更好地指导下一阶段的学生学业管理。学业帮扶机制：借助“党建工作中心”平台，把党建与班级的教学、科研和人才培养结合起来，充分发挥教师党员、学生党员在推动班级建设、促进学生成长成才中的重要作用。

2. 以平台建设为依托，拓展工作阵地

学生发展工作坊：以教师党员为主，发挥党员教师的引领作用，为学生解决发展中遇到的问题，开设考研、出国和科创等各类专项指导。学长导师团：选拔研究生、高年级优秀学生党员组建“学长导师团”，和低年级的学习小组“1+1”结对，通过深入的交流，帮助解决同学学习、生活和发展中遇到的实际困难，提供“全程式”“陪伴式”发展导航。学业兼职辅导员：研究生和高年级本科生中选拔品学兼优的学生党员，担任低年级学生学业兼职辅导员。建立课程学习平台：工作室成立了A++学业工作室高数加油站，由学长导师进行学习方法指导；成立了C语言学习群、JAVA学习群，由专业老师进行学业问题线上答疑，线下举办专题辅导会。

3. 以特色活动为抓手，提升工作实效

学生成长课堂：工作室开设成长课堂，从大学适应、专业认知、课程学习、心理成长等各方面对学生进行引导；帮扶伙伴计划：针对学业困难学生，工作室和班委、团支部联合，班级党员和学困生结对，从同伴帮扶的角度，帮助同学共同进步。优秀学子宣讲团：从工作室优秀本科生中遴选品学兼优同学，开展学习经验交流和专业指导。宿舍养成计划：为鼓励同学相互帮助、共同进步，以宿舍为单位的同学制定学习目标、相互督促、相互鼓励。

## 四、工作成效

A++学业工作室为班级学风建设和人才培养起到了积极的推动作用。一是构建起以学生学业发展为核心的班级学生工作主线，成为班级“全员育人、全方位育人、全过程育人”的新阵地，推动了育人合力的形成。二是为班级人才培养搭建了很好的平台，为构建教师、辅导员、班主任共同助力学生成长起到很好的推动作用。三是促进班级优良学风的形成，调动了各学生组织、班级参与学风建设的积极性。四是激发了学生的学习热情，学生群体中争优创先的氛围浓郁，班级平均到课率保持在95%以上，不及格率降至20%左右。

## 五、经验启示

2019级计算机科学与技术班组建A++学业工作室，围绕学生成长成才，加强顶层设计，明确工作机制，制定实施方案，整合了专业课教师、辅导员、教务员以及研究生和高年级本科生，成为“三全育人”的新平台；A++学业工作室，聚焦学生学业发展，把解决学生思想问题和学业问题结合起来，帮扶学业困难学生，成为身边的学业加油站，成为“思政工作”的新品牌；A++学业工作室，以制度、平台、基地、活动为抓手，课内课外相结合、线上线下相结合，整合各种资源，成为“学生成长”的新课堂。

# “两创一新”：构建师范班级学风建设体系

2019级化学（师范）班建构了“两创一新”层次多元的学风建设体系，囊括创设“预警—帮扶”体系、创立“促学—交流”体系、打造“实践—展示”新平台。涉及思想教育、经典阅读、实践训练等诸多方面，点面结合，实现班级学风建设多角度、全方位覆盖，为培养综合人才夯实基础，切实助力学风建设活动迈向新阶段。

## 一、案例背景

习近平总书记对广大教师提出明确指示与要求，要求广大教师要做“四有好老师”，做学生的“四个引路人”，教育工作要做到“四个相统一”。师范生的职业技能水平直接决定着我国教育行业的发展进程，2019级化学（师范）班积极响应学风建设的号召，结合师范专业特色，积极行动，采取全方位、立体化的措施，集中开展以“两创一新”为主题的学风建设专项教育行动，以科学有序的监管、充满正能量的榜样引导、多元化学风建设平台为基本载体，塑造具有班级特色的学风文化，不断推动学风建设迈入新常态。

## 二、设计思路

班级建构了“两创一新”层次多元的学风建设体系，“两创”指创设“预警—帮扶”体系，进行学生学业预警、专业课程帮扶、教师素养帮扶；创立“促学—交流”体系，开展促学行动、学业分享、生涯交流；“一新”指打造“实践—展示”新平台，开展寻访身边的好老师、见习实习的微感悟、专业竞赛的小讲堂活动，多元学风建设活动提升同学专业能力，提高师范素养，增强班级凝聚力。

## 三、实施过程

1. 创设“预警—帮扶”体系

学生学业预警。班级对学期不及格课程门数达 2 门以上者、入学以来不及格课程门数达 4 门以上者进行学业预警。安排指导教师（辅导员、班主任、学业指导教师等）对预警同学进行谈话，与同学共同分析学习落后原因，帮助学生改进学习方法，开展学业帮扶。专业课程帮扶。对成绩较为落后的同学组织一对一的帮扶工作，尤其是西藏、新疆籍少数民族学生。帮扶工作采取线上教学和线下约教相结合的方式，促进目前较落后的同学们针对知识薄弱的地方进行专项学习，力求巩固提高课程知识，激发学习兴趣。对于积极帮扶他人的同学给予表彰。教师素养帮扶。开展“教师素养帮扶”，帮助班级同学解决思想、学习、生活中的一些问题，引导学生树立正确的世界观、人生观和价值观；指导同学学好专业，增强人际沟通能力。各寝室成员自主制定教师素养帮扶计划，通过集体目标的制定鼓励寝室成员教师素养的提升，让寝室成员在教师素养上相互帮助，实现取长补短。

2. 创立“促学—交流”体系

开展“促学行动”。班级不让任何一名同学掉队，一起奔向优秀。一是组建“朋辈讲师团”，让“学霸”列课表，班级同学间用实际行动为学院学风、班风的营造贡献力量。二是开展辅导员和班主任深入班级促学风、助成长，积极发挥任课教师对同学思想上促进、专业上引领、行为上指导的力量。开展“学业分享”。班级开展“‘书’适生活”学业分享会活动。活动中，同学们将自己喜爱的教育经典与相关笔记、心得与其他同学做了交流探讨，从而增进了个人对于教育这项伟大事业和如何做一名优秀教师的认识与理解。开展“生涯交流”。为了让同学们更好地了解就业方向和保研政策，激发学生的学习热情，启发他们做出适合自己的人生选择。交流不仅解决了同学们对于保研政策的困惑，也为同学们更好地迎接下一阶段的学习生活提供了良好的经验与建议，使同学们对个人发展目标有了更加清晰的认识和更为长远的规划。

3. 打造“实践—展示”新平台

“寻访身边的好老师”。通过开展寻访活动，推进班级同学师德师风培养，搭建班级同学体验师德的桥梁，帮助班级同学感受崇高师德，提高师德认识，坚定从教信念。勉励班级同学树立良好的学习理念、养成勤奋的学习态度、训练扎实的教师技能。“见习实习的微感悟”。开展“见习者之微课实战演练”以及“实习见习分享会”。单纯的理论学习不足以使师范生成为与时俱进的优秀教师，班级同学经常与一线中学教师开展交流，体悟教育真知，了解教育真谛，增强爱岗敬业责任感和使命感。“专业竞赛的小讲堂”。以“华文杯”师范生技能大赛为契机，班级同学组织“专业竞赛的小讲堂”，开展师范生基本功训练，提升师范生职业技能水平，促进教育活动设计水平的提高和教学技能交流。

## 四、工作成效

2019级化学（师范）班实施“两创一新塑学风，多点辐射育师魂”学风建设专项活动，以创设“预警—帮扶”体系、创立“促学—交流”体系和打造“实践—展示”新平台为出发点，在贯彻落实学校相关学风建设工作任务的基础之上，师德教育和教学质量得到了强化与提升，学生的学习目标和专业思想得到了明确与巩固。该项目实施以来得到了全班同学的广泛关注、参与和好评，学风建设活动内容丰富、覆盖面广，班级同学在学业成绩提升、学科竞赛获奖以及师德师风教育方面取得了较大的成效，班级凝聚力得到进一步提升。

## 五、经验启示

从工作目标上看，围绕班级同学学业成绩提升，把解决学生学业实际问题放在首位，通过各项举措，提升了班级同学专业课成绩；从工作方式上看，聚焦班级群体需要与个体满足，活动惠及班级所有同学，参与度高，覆盖面全，不仅提升了班级同学学业成绩，又提升了班级同学凝聚力。

# 两个课堂相结合：学习型班级建设的有效途径

开展学风建设可以培养大学生明理诚信、团结友爱、勤俭自强、敬业奉献的基本道德规范，使学生养成良好的道德品质和文明行为，促进思想道德素质和科学文化素质的协调发展。2008 级生物科学（师范）班以走进“第二课堂”为主题，努力创造更加丰富与开放的学习环境，营造活跃的学习氛围，并积极鼓励、组织班级同学参加各类科技学术活动，旨在提高同学自身的专业素养、实践能力以及科研创新能力。

## 一、案例背景

为了补充课程设置之外的能力培养，2008 级生物科学（师范）班开展学术能力培养的系列学风建设活动，“第二课堂”行动旨在贯彻一条主线，即深化第二课堂，提高育人质量，将专业能力的培养与班级活动相结合，构建起知识、能力与素质并重的第二课堂实践教育模式，并通过专业化、项目化、团队化与系统化的改革，全方位加强第二课堂建设。

## 二、设计思路

班级秉承“和为贵，理为信，智为学，新为拓”的班风，围绕“笃学之志、敏行之志、奋发之志、树人之志”推进系列第二课堂活动，以第一课堂教学为主渠道，第一、二课堂素质养成教育相结合，引导班级同学良性竞争、躬身实践、实践创新、教学相长，发扬“乐学、勤学、善学、励学”的学风。

## 三、实施过程

1. 笃学之志——学风制度建设：良性竞争，携手同行

使每个学生能够对照学习规范，反省不足、改正缺点，培养学生良好的学习行为习惯和严谨朴实的学术品格，在良性竞争下，通过成立学习小组及开展学习交流会实现“个人—小组—班级”循环共同进步的模式，共同坚守“五个坚持”制度，全班学生中营造良好的学风建设氛围。坚持自觉晨读自习：为了让同学们养成良好的学习习惯和更好地掌握所学知识，鼓励同学多晨读、上自习，早上起来利用小段时间读英语书、背单词等；晚上尽量上自习。坚持学习团队合作：为了培养同学之间互相帮助、共同进步的积极态度；营造浓厚的班级学习气氛，成立了各科目的学习小组，让同学们互相学习、相互帮助，解决遇到的学习问题。坚持开展学习交流：为了让同学们学会怎样学习，定期开展学习交流会，让学习好的同学介绍自己的学习方法；学习遇到困难的同学提问，大家一起探讨等。

2. 敏行之志——社会实践服务：躬身实践，受益匪浅

实施“两个课堂”计划，积极发挥实践育人功能。班级同学通过第一

课堂学习，理论水平、学习能力得到提升，通过第二课堂的躬身实践，回归第一课堂，专业基础得到巩固。班级同学分成五组并确定组长，初步确定各组的研究性课题并确定可行性。班级同学将走进中学院校，针对中学生物教育教学方面的研究课题，探究中学生物教育教学中存在的一些问题和现象，通过一定时间的观察、学习和研究，得出有价值的结论，并将撰写相关论文。

3. 奋发之志——科技学术创新：与时俱进，实践创新

班级同学自行组队，利用课余时间对南京仙林大学城周边环境进行了深入调查，调查结果撰写成近 9 万字的报告，深受学院植物所、动物所、微生物所等数十位教授、博导的高度赞扬。大学生实践创新训练项目中，班级同学积极响应，参与率达 95%，身为主持人申报并批准的项目有 8 项，申报项目覆盖生物学各个二级学科，为同学们专业知识的深入学习提供了平台。

4. 树人之志——师范特色活动：增强技能，提升能力

为进一步提高班级同学的综合素质，培养同学们的师范技能，活跃课余文化生活，班级同学组织“捧着一颗心来，不带半根草去”参观陶行知博物馆活动，“生活即教育”“教学合一”以及“创造的教育”的独特教育思想将指引未来的树人之路；举办“展我教师魅力，秀我生科风采”模拟课堂比赛和师范生“三笔一话”技能大赛，通过“领悟教学要义、展我教师风采、自由学习畅想”三个方面考验了他们在短时间内梳理知识结构的能力。在交流学习的同时，创造彼此间深深的信任，互相支持的和谐气氛，形成强大的团队合作力和学习共同体。

## 四、工作成效

班级同学自主成立学习团队，坚持团队自我管理，通过促进各团队内外的良性竞争，形成了良好的团队学习氛围，利用团队的力量进一步推进学生

主动地寻找更好的学习方法，2009—2010学年班级平均成绩比上年高出了5.7分，成绩优秀率比上学年提高19%；英语四六级通过率得到很大提高，上学年在兄弟班级中挂科率年级最低，进步最快。班级同学自行组队进行的为期1年的“水木仙林”调研活动，结合专业，关注校园，对南京仙林大学城高校园区绿化植物、药用植物、景观水体进行了深入的调查研究。调查结果撰写成论文。这充分体现了班级“两个课堂”相结合的成效，初步体现了2008级生物科学（师范）班探索学习型班级的成果。

## 五、经验启示

第二课堂作为高校素质教育的重要阵地，是建设优良学风，培养学生合作能力，养成良好组织纪律观念，提升个人综合素养的重要载体。班级积极探索，从学生实际出发，为之赋予新内涵，让学生有所学、有所思、有所得，这是班级在搭建多元化人才培养体系、促进学生能力素养本质化提升、实现学生综合化发展等方面所做出的又一尝试。

# 争做大国工匠：劳动教育助力工科专业学风建设

2019 级生物工程班以新工科建设为切入点，紧扣新工科建设的特质和工科专业的特色与优势，开展以班集体为单位的劳动教育，深度挖掘提炼专业知识体系中所蕴含的思想价值和精神内涵，通过服务性劳动、创造性劳动和日常性劳动等劳动教育“三大阵地”，坚持价值引领、能力培养、知识传授、行为塑造“四位一体”的育人理念，达到以劳树德、以劳增智、以劳强体、以劳育美、以劳创新的教育目标。

## 一、案例背景

2019 级生物工程班在学院的指导下，坚持“五育并举”，推动劳动教育的过程中，将劳动教育与思想政治教育、新工科建设密切相融，注重培养学生的工匠精神、创新意识和实践能力。班级基于学科特点和学生特点，积极探索劳动教育新模式，形成了学业教育、劳动教育、思想教育的有效合力，树立正确的劳动观，尊重劳动、热爱劳动、学会劳动，提升更多创新性知识和实践技能，实现树德、增智、强体、育美的目的，争做新时代的劳动者。

## 二、设计思路

班级围绕劳动教育开展系列学风教育活动，以劳动教育促进班级发展，强调劳动教育与专业教育相结合、劳动能力与实践能力相结合、劳动创新与科研创新相结合，以劳动精神引领学生成长，突出在服务性劳动中增强奉献意识、在创造性劳动中践行创新精神、在日常性劳动中树立劳动理念。

## 三、实施过程

### 1. 在服务性劳动中增强奉献意识，争做有为青年

理解劳动内涵，坚定劳动信念。班级组织同学走进社区进行惠民营养宣讲，将劳动观念和劳动精神教育贯穿专业学习全过程，让同学领悟劳动的意义价值，形成勤俭、奋斗、创新、奉献的劳动精神。班级同学在参加志愿服务活动的过程中，能够自觉自愿、认真负责、安全规范、坚持不懈地参与劳动，形成诚实守信、吃苦耐劳的品质。珍惜劳动成果，养成良好的消费习惯，杜绝浪费。开展“科技帮扶进山区”劳动服务。班级同学积极参与学院科技合作单位山区脱贫减贫活动项目，发挥科技创新助力精准扶贫的作用，在科技帮扶中深刻体会劳动价值与劳动精神。开展“科普宣传进社区”劳动服务。班级同学进社区进行劳动服务。通过为社区提供党的理论知识宣讲、用药安全科普、营养健康宣传，在劳动服务中，弘扬科学精神、维护社区公共卫生安全，践行“我为群众办实事”宗旨。开展“科研合作进厂区”劳动服务。班级同学参与“走进药企 · 观学实践 · 助力劳动”见习活动，努力将专业知识从书本学习转向生产实践学习，提升专业劳动素养，提高劳动实操动手能力。

2. 在创造性劳动中践行创新精神，争做大国工匠

实践引领，提升劳动技能，增长实干本领。班级积极开展“善梦者行”中粮集团实践调研、“固态发酵”泸州老窖技术调研、“科技服务”地方企业实地走访等活动，实地体验药品行业发展历史，感受行业发展动向，了解药品企业发展趋势。班级同学应用调研感悟参与实验室科学研究，真正做到将科研对标企业需求，将理论应用到生产实践中，在完善生产路线、改良药品活性、优化制备载体等方面展现新时代药学青年的创新精神。

开展劳动主题教育，赋能学生全面发展。班级开展“劳动赋能励心智”线上劳动主题教育班会，提升班级同学在实践活动中的参与率，加深同学对劳动教育重要性的内涵理解，帮助同学在进行实践活动时能学思践行，树立劳动理念，真正做到学思合一、知行合一。

探索专业服务社会，践行劳动奉献群众。班级同学在 iGEM（International Genetically Engineered Machine Competition，国际基因工程机器大赛）寻找抗生素替代品——抗菌肽等科研项目实践中，关心民生健康，贴近现实需求，力求专业发展服务于现实，努力为“健康生活”带来专业科普，将劳动付诸实际。

3. 在日常性劳动中树立劳动理念，争做崇劳模范

以劳立志，崇尚劳动模范，涵养素质德行。班级同学积极参与到抗疫服务第一线，完成协助测量体温、引导社区居民进行核酸检测等服务，发挥专业所学，利用专业优势，为守护广大师生健康生活贡献力量。班级组织观看“七一勋章”颁授仪式，感受石光银、王书茂等前辈的劳动精神。通过向劳动模范学习，引导同学崇尚劳动、尊重劳动，树立劳动最光荣、劳动最崇高、劳动最伟大、劳动最美丽的理念。

以劳修身，传承劳动精神，服务回馈社会。班级同学积极参加“过期药品流浪记”等社会实践活动，以实际行动弘扬劳动价值理念。在日常生活中，班级同学从一件件小事做起，传承劳动精神，开展劳动教育，劳动的浇灌必定会开出最美丽的花朵。

## 四、工作成效

学风建设活动在班级师生共同努力下进行得井井有条，卓有成效。2019级生物工程班以劳动教育为载体，建立了优良的学习氛围，在创新性劳动中调动了同学创新性学习和实践性学习的积极性和主动性，形成刻苦钻研的学习风气，培养了浓厚的学习兴趣，形成互助友爱的班级氛围。班级同学获得奖学金人数共计 20 人，四级考试通过率 100%，六级考试通过率达到 80%，5 支队伍在全国生命科学竞赛中获奖；班级同学服务性劳动中增强奉献意识，班级同学共计 10 人在各类学生组织担任学生干部，参与学校各类学生事务，班级同学志愿活动参与率 100%，劳动服务时长累计 1000 余小时。在日常性劳动中树立劳动理念，班级同学以“人人在劳动、时时需劳动、处处能劳动”为思想引领践行劳动精神，彰显青年担当，在学校公寓文化节、文明寝室评比中多次取得佳绩。

## 五、经验启示

开展劳动教育是新时代高校人才培养的重要环节，对于促进大学生全面发展具有重要价值。在班级集体生活中引导大学生树立正确的劳动价值观、养成良好的劳动习惯、掌握扎实的劳动技能、培育崇高的劳动精神，有助于形成人人爱劳动，人人崇尚劳动者的良好班风氛围，增强集体归属感与班级凝聚力，提升学风建设，同时有利于促进大学生个体的成长与德智体美劳全面发展。以班级为载体，将劳动教育融入班级学风建设，还需继续坚持把握成长规律与契合专业特点相结合，提升专业认同；坚持教育性与实践性相结合，“脑力劳动”与“体力劳动”并重，丰富劳动内涵，真正实现德智体美劳全面发展，让五育融合更好地服务于立德树人根本任务。

# 以“E”战“疫”：协同育人的新尝试

2017级食品科学与工程班基于网络平台营造优良学风，以务实的举措、细致的工作，在疫情防控期间，以课堂教学为主要抓手，通过线上交流研讨、线上成果展示、线上知识竞赛、线上专家讲座等形式多措并举扎实推进优良学风建设，切实做到“停课不停教”“停课不停学”，为班级同学成长成才提供全面而周到的服务，全力保障和提升同学在线学习能力与质量。

## 一、案例背景

面对突如其来的新冠疫情，如何以班级为基本单位扎实做好疫情防控常态化下的学风建设工作，营造良好学习氛围，是班级建设的重要环节。在疫情防控期间，通过超星学习通、钉钉等平台开展在线学习给学生学习带来了新机遇，同时也给班级学风建设工作提出了新挑战。因此，以班级为基本单位做好线上学风建设，对制定明确的学习目标，进行科学的时间管理，实现班级同学的自我约束和发展，养成良好学习习惯具有重要意义。

## 二、设计思路

2017 级食品科学与工程班结合班级实际情况，通过“规范制度”抓学风、“良师益友”话学风、“最美笔记”助学风、“云端班会”建学风、“文献研读”谈学风、“疫情事件”思学风、“知识竞赛”促学风、“师生协同”谋学风、“科普宣传”强学风和“学术讲座”扬学风等 10 个系列活动开展学风建设，该线上学风建设活动协同了校友、行业导师、专业教师、辅导员、高年级研究生等育人资源，以线上互动的方式展开，图文并茂，调动了班级同学积极性，增强了班级凝聚力。

## 三、实施过程

1.“规范制度”抓学风

在学院的指导下，班级通过“导师带学生学术创新、班主任管学生学业课程、辅导员抓学生思想教育与日常管理”，逐步形成全员育人格局。通过“新生加强专业认知教育、中年级围绕科研创新教育、高年级聚焦生涯发展教育”，逐步形成全过程育人格局；通过“第一课堂专业学习、企业行业平台实践、国际交流项目访学”逐步形成全方位育人格局。

2.“良师益友”话学风

开展了以考研和就业方面为主要内容的就业指导和生涯规划教育，以本科生科研训练为主要内容的创新创业教育，以食品和制药专业发展为主要内容的专业思想教育。邀请了博士毕业于加州大学圣地亚哥分校、中国科学院营养所、中国科学院药物所、北京大学交叉研究院、北京大学生科院、复旦大学、上海交通大学、南医大附属逸夫医院、恒瑞医药、泸州老窖等共计

14 个高校 15 位校友或嘉宾线上共话学风建设。

3. “最美笔记”助学风

为加强学风建设，营造勤于学习、善于思考的学习氛围，帮助同学们培养良好的学习习惯，提高学习效率，开展“最美笔记”评选展示活动。包括课堂笔记：记录有关课堂学习的笔记；读书笔记：阅读课外书籍所写的笔记或摘录；作业笔记：一份或多份作业中做的笔记，包括错题集，或者一份有创意、纪念意义且美观整洁的作业。通过此次最美笔记评选展示活动，同学们对读书及学习笔记有了更好的认识，为培养良好学习习惯奠定了基础。

4. “云端班会”建学风

利用线上的方式开展班会，推动班级的学风建设，提升各个班级的凝聚力。班级以“学风建设”“学习规划”“疫情下的专业思考”等为主题，探讨在本次特殊的疫情期间，如何做好线上高效学习，如何做好学习规划。

5. “文献研读”谈学风

为倡导同学们进行学术交流，丰富自身的科学素养，组织开展“专业文献研读分享”活动。同学积极投稿，内容包括同学们对文献的独立思考以及专业知识的应用，学会利用 Wiley 和 Springer 等知名数据库查阅文献，使大家在疫情期间也能时刻保持科研学习的紧迫感和阅读文献的节奏感。

6. “疫情事件”思学风

班级每位同学对疫情的发生以及相应事件进展做出专业思考，在本次疫情中，食品和药品等研究领域展现出极大魅力，亟须青年加入食品安全、药品安全和生物安全的战略引导和技术攻关。通过开展“疫情下的专业思考”主题征文，引导班级同学做好未来的职业规划和方向。

7. “知识竞赛”促学风

联合同年级其他班级举办“食品·药品·生物”安全科普知识竞赛，开展新冠疫情综述大赛活动，举办新冠疫情防控知识竞赛，开展新冠疫情防控知识专题考试。

8. “师生协同”谋学风

邀请班级任课教师，与学生畅谈学业发展与学风建设，线上分享科研经历、科研方向、科研进展、科研感悟等，宣讲活动使同学们对于考学和就业有了更加清晰的规划。同时，为了帮助同学们在疫情期间查漏补缺，增加各种技能方面的知识，班级举行了“能量+”小导师活动。

9. “科普宣传”强学风

班级同学结合专业优势，在疫情发生期间积极开展线上科普活动，内容从疫情介绍到疫情防控、食品安全，帮助同学们粉碎新冠疫情的谣言，清晰了解疫情，科学防疫，为创建和谐校园、安全校园贡献力量。举办主题为“合理膳食，免疫基石——走近益生菌”全民营养周的线上主题宣教活动，服务全校师生，提高学生专业认知，促进学生形成良好的学习氛围。

10. “学术讲座”扬学风

为倡导勤奋严谨、求实创新的学风，弘扬求真、探索、协作、创新的科学精神，营造风清气正、诚信严谨的学术氛围。举办以“弘扬学术风尚，凝聚科研精神”为主题的科技活动。讲座类型包括学术前沿类、科研方向类、学术生涯规划类、科学精神与学术道德类、文化素质类等。

## 四、工作成效

线上学风建设活动中，打通网络学习空间、朋辈帮扶空间和线上活动空间。2017 级食品科学与工程班话学长风采、商科技竞赛、晒学习笔记、讲班级故事，逐步跟上在线教学步伐、稳步推进自学规划，各就其位，井然有序。在班级每一名同学的共同努力下，线上学习“不打折”，线上交流“不松懈”，线上活动“不寻常”。班级整体成绩名列同年级前茅，在各门课程中均取得良好的成绩并且课程通过率超过 95%，英语四级通过率达到 97%、六级通过率达到 70%。在科研提升方面，参加大创覆盖率 100%，国家级项目1项，省级项目2项；发表SCI核心期刊论文7篇，4人获得全国生命科学竞赛一等奖。

## 五、经验启示

该项目基于网络空间，开展在线学风建设活动，形式多样、内涵丰富、图文并茂，有讨论、有交流、有展示，可以彰显青年学生的个性，满足青年学生的期待，契合青年学生的需求；项目基于协同育人，由于不受空间限制，积极调动了校友、教师、家长以及同伴的力量，为工作开展提供了人力资源优势。

# 云端助学：线上学风三维共建树新风

以往的学风建设、班风建设主要依靠线下活动和管理，但受新冠疫情反复的影响，班级同学线下聚集受到很多的限制，正常的学习节奏被打乱。为此，2020 级应用心理学班开创班级建设新模式，开展“三维共建树新风”计划，在充分尊重每一个学生自身学习特点的同时，充分发挥优秀同学的个体能动性，多管齐下助力班风、学风建设，形成了一套完备有效的学习体系。通过共建学习平台、共议学习进程、共享学习成果三个维度线上交流分享活动的开展，促进了同学间、师生间的互动交流。活动也激发了同学们的学习热情，提升了班级同学的学习效率，在全班范围内树立起勤奋好学的良好学风。

## 一、案例背景

时值新冠疫情形势严峻，正常的开学返校、教学活动受到影响，同学们不得不开始线上学习。由于线上授课的局限性，同学们遇到了和老师交流讨论困难、相互间信息交流受阻、自主学习效率较低等问题。此外，进入大二后，课业压力增大，同学们的焦虑水平显著提高，学习热情减弱。学期初，班委通过调研了解和掌握了同学们的学习“痛点”和现实需要。为解决相关问题，2020级应用心理学班开展了为期一学期的“三维共建树新风”计划，旨在提升全体同学的学习效率，夯实学习成果。

## 二、设计思路

为营造快乐学习、共同进步的学习氛围，激发班级同学的学习热情，班级开展“三维共建树新风”计划，以此提高整体学习效率和学习成绩。通过借助线上平台建立共享学习网盘、“番茄”自习室。借助在线共享文件夹，解决同学们居家学习无教材、无资料、无参考书目的问题。以云自习的形式增加同学们的自律性和学习效率。为便于师生共议学习进程：由学委牵头，形成了积极的师生反馈制度，师生共议讲课进度、内容调整、课程教学形式等学习问题。开展班级特色活动，鼓励同学们参与线上打卡活动，展示学习成果。

## 三、实施过程

1. 构建学习文件夹

构建了“NNU 20应用心理学”百度网盘共享文件夹，先后有18位同学上传了包括发展心理学、人格心理学、教育概论等9门课程的教材及推荐书目，共享文件为同学们的线上学习提供了极大的便利。

2. 加强与任课教师的沟通

学委定期向同学们搜集网课所遇到的问题，积极向任课老师反映，并在课外邀请老师共议更高效率的学习方式，及时解决同学们学习中遇到的困惑。

3. 创立云自习室

创建“番茄”ToDo 云自习室，用班级集体的自律态度来引导和加强学生个体的自律能力，促进班级同学积极主动学习，形成良好的学习氛围。

4. 开展了班级特色活动“Flag 大作战”

鼓励班级同学线上打卡，分享学习过程，同学们打卡日常阅读、背单词、写作文，积极备战英语四六级和期中期末考试。

## 四、工作成效

本次“三维共建树新风”计划取得了丰富成果。同学们反响热烈，参与率达到 100%，同学满意度达到 94.74%。多数同学认为这一系列的活动有助于督促自己高效学习、增加了学习过程中的参与感和趣味性，91%左右的同学认为这一系列活动能够有效降低焦虑水平，缓解心理压力。“三维共建树新风”计划有效激发了同学的学习热情，树立了良好班风。

## 五、经验启示

以往学风建设往往通过班会课的形式展开，内容往往流于形式，无法给同学们真正带来触动。2020 级应用心理学班制定的“三维共建树新风”计划一改以往活动的弊病，从时间和形式两个方面做出了创新。首先，通过为期一学期的活动，让同学们每月都有新活动，每月都有新进步。其次，从线上资源库到线上打卡活动，不仅切实解决了同学们提出的学习资源少、学习效率低、学习热情减弱等问题，还兼顾活动的学术性和趣味性，激发了学习热情。

# 学术互动：着力打造科研模范优秀班级

2015 级生物科学国家理科基地班的同学具有扎实的专业实力，且具有远大的科学理想。为更好助力每一个同学更加优秀成长，传承基地优良学风，营造班级成员共同进步的氛围，班级共同努力、共谋发展，着力完善各项制度，多措并举推动学风建设，取得了良好效果。

## 一、案例背景

从国情分析，新时代我国生物科学进入高速发展时期，学科的综合性及研究性对相关人员的知识广博度和科学素养提出了更高要求；从班情分析，2015 级生物科学国家理科基地班每位同学都十分优秀，有着极高的自主学习性，并且重视科研发展。为贴合国家理科基地对同学专业能力的高要求，并提高班级同学在未来道路上深造的竞争力，班级亟须开展相关制度和学风活动建设。为此，班级着眼构建班级学术互动平台，着力打造科研模范班级。

## 二、设计思路

制度的落实，是形成良好学风的前提。班委会领头建设一套合理的制度，以制度保证班级同学的权益、规范同学的义务，为形成一个以勤奋为己任、以优秀为习惯的集体奠定基础。分组学习可调动学习的自主能动性，组内有共同目标、能优势互补，组间可相互学习、成良性竞争。老师的指导，是班级发展的重要保障。学院为班级提供了强大的教师资源，班级同学可积极、有效利用这种优势，助力学风和班风建设。以“传承、积淀、飞跃”为主题，营造相互促进、良性竞争、共同进步的班集体氛围，打造优秀班集体。

## 三、实施过程

1. 建立、完善制度

（1）细化导师制：学院在班级实行“一人一导师”制度。为更好落实导师制，班级自主修订完善了班级同学在导师制制度下的一些要求，即每一位同学自主选择专业方向后，应主动与导师保持密切联系，跟随导师深入了解专业前景、培养专业兴趣，充分利用导师提供实验基础技能培训增强自身的实验能力，要求每人至少跟随导师参与一次课题项目研究。

（2）建立小组合作制：班级同学自行分组，自主选择课题，从零开始设计实验，促进实验能力的提升和团队精神的形成；同时，将书本知识划为模块，各组根据学习进度及需要，针对性地开展学习与实验。各组实验结果面向全班展示，交流经验，推动知识班级内循环增长，最大效率地提升全体同学的科研能力。

（3）完善日常学习制度：强化英语学习，建立“每日英语单词打卡”制度，班级同学互相督促、激励，为未来班级同学的国际化交流和学术文献阅读打下深厚的英语基础；定期举办国际论文沙龙活动，介绍各自研读的前沿论文，在自由问答中开拓科研思维，提升科研眼界；实行实验室轮班值日制，共同建设并维护优良的实验环境。

2. 开展一些特色学习科研活动

（1）发布留学信息：立足于生物科学这门前沿学科的国际化特点，班委实时发布相关留学、交换信息，助力班级同学走向国际，促进不同文化背景下的学科知识碰撞。

（2）创新专业学习模式：班级同学在老师的引导下，打破固有科研教学思维，线上利用毕博平台完成基础知识学习，线下利用专用实验室进行科研探索，提升班级同学的自主实验能力和数据分析处理能力；同时，理论和实验的全面结合，也提高了班级同学的时间利用率。最后进行的结题汇报，由老师点评、同学提问，针对性强化班级同学的汇报材料制作处理能力和口头表达能力。

（3）开展专业社会实践：在实践中感受科学，在实践中运用知识，班委组织举办“校园植物挂牌”“鱼嘴公园江豚观测”等活动，这些活动不仅是对同学们所学知识的考量和实践，也是对同学们环保责任意识的加强和环保知识的普及。而班级成员齐心协力完成活动的过程，也是班级凝聚力显著增强的过程。

## 四、工作成效

2015级生物科学国家理科基地班学风氛围浓厚。班级同学大创参与率100%，一共立项24项，其中国家级4项、省级7项、校级13项。单词打卡组成员每日打卡率100%。学术沙龙活动得到辅导员及老师大力支持，参与人员好评率100%。专业实践受欢迎，结合专业知识的社会实践活动成果丰硕，社会活动参与率高达90%，班级成员满意度100%，有力地促进了理论与实践相结合，让班级同学深刻感受到了专业对社会的有用性。

## 五、经验启示

班级氛围的营造对于班级建设和个体发展都十分重要。从案例中看出，个人的学习生活或许是枯燥的，但当有一群志同道合者一起奋斗时，学习生活是有趣的、充实的。在集体的融合过程中，同学们的合作沟通能力、学习效率得以提升，并减弱了竞争所带来的压力，形成良性竞争的轻松氛围，也形成互帮互助的团结氛围；而理论与实践相结合的学习路径，也大大提升了科研“实战”能力。

# 第三篇

# 文化建设篇

2016年12月，习近平总书记在全国高校思想政治工作会议上就校园文化建设作出重要指示，强调要更加注重以文化人以文育人，广泛开展文明校园建设，开展形式多样、健康向上、格调高雅的校园文化活动，广泛开展各类社会实践。高校班级作为深入推进高校校园文化建设的基本单元，在高校班级组织管理中占据着大有可观的战略地位，是对于班级集体形象、班级精神品质和先进班级管理评价制度等班级文化相关词汇的系统总结，能够体现高校的整体作风和软实力。需要充分思考如何加强班级文化建设，形成灵活多样、积极阳光、健康向上的班级文化氛围，在高校立德树人的教育实践中最大化发挥班级文化建设的桥梁纽带作用。

班级文化建设作为一项系统工程，不仅要按照基本的原则，遵循应有的流程，还要通过不同途径，突出重点，增添亮点，建立各具特色的校园文化。较高的班级文化建设要求与不平衡不充分的班级文化发展间具有一定矛盾，当前众多高校班级文化建设还存在着以下问题：

一是班级文化建设理念淡薄、定位不清。在校园建设的管理模式中，通常着重对具体个例的控制，而对无形的文化教育内涵塑造缺乏关注。对学生文化层面的塑造和教育还没有打破传统的教学思维模式，与实际教学和实际学习情况出现严重的差距，既不能很好地传道授业，也不能真正地替学生解惑，教育大学生往往还只停留在灌输基本理论知识概念的层面。二是班级文化发展主体意识不强、队伍松散。个人自由主义、精致个人主义、享乐主义等不科学的观念冲击并直接左右了学生的三观，会使得大学师生缺乏文化建设的主体意识，整体思想淡漠。部分高校可能还存在教师教学学生数量过大、教育工作烦琐任务多、自身内部成员队伍的流动性较大等缺漏。三是班级文化建设内容不成体系、流于形式。班级文化具体内容的构建一般比较肤浅，在进行具体内容建设活动过程实践中常常存在一些重组织形式轻组织内容、重文化物质轻活动精神、重管理行政轻文化教育内容等问题。即使小部分班级的确有着他们自己丰富的集体文化阵地建设工作内容，但文化内容阵地建设又往往仅浮限于其表面，文化内涵建设往往不能全面深入人心，缺乏较为多维度且完整的班级文化内涵建设体系。

班级文化包括物质文化、制度文化和精神文化。物质文化是班级文化的重要体现，是学校的“硬文化”，是大学生可视、可触的东西。制度文化是班级文化的第二层面，分为正式制度和非正式制度，是班级高效运转的主要保证。精神文化则主要涉及班级的价值观、文化网络建设以及学生精神面貌。新时代背景下，加强班级文化建设，需要从物质、制度和精神三个方面入手，以“润物细无声”的方式实现班级文化教育对大学生的“全覆盖”。具体表现为：一是筑牢班级文化物质建设之基。班级物质文化建设一般是指学生日常学习文化与课外生活环境的建设的工程。高校需要让班级的物质形态文化以教学氛围、课堂板报、班级服装等方式成为教育实现的主要载体，从而实现熏陶育人、创新育人、凝聚育人的目的。如教室环境始终是以学校师生群体间进行情感交流活动和以引导广大学生自觉主动地学习生活为主调的主要教学活动环境，其在各种情境教学过程中对教室进行科学合理的设计，能有效帮助学校教师及学生缓解工作环境带来的心理紧张，帮助情绪的释放以及建立班级师生、同学之间良好人际关系。二是构建班级制度文化建设之纲。传统上的学校班级制度文化内涵更偏重如学校班级管理机构、奖惩激励制度文化内容等，当下教育学生文化更需要关注的应是怎么将当代教育管理科学的精神内涵真正地运用与融入到教育文化制度文化内容建设体系中。学生个性多元、自主学习协调、自主发展等理念，是有效推进班级文化制度内容建设和提升创新实践工作至关重要的保障。班级制度建设可以通过尝试借用公司的运作体系，通过学生自己组织建立一支可以项目化操作的班级管理的团队，尝试慢慢地建立和完善班级教育工作制度，提升每个学生对自身学校的班级德育建设主体意识，逐渐形成班级文化建设制度体系。三是引航班级精神文化建设之风。新时期班级文化建设的核心内涵就是精神文明建设，精神文明建设能够帮助大学生建立共同的价值观念、文明价值观和生活观念。班级精神文化建设要通过突出和弘扬中华优秀传统文化，坚守并捍卫中华优秀历史文化立场，传承并创新中华先进精神文化基因，切实做到增强班级全体学生的历史自信感和民族荣誉感。还要结合高校特色，结合各学科教育特色，以真正形成大学生自主认同的教育模式，努力强调学生能处理好小我与大我的关系，从而提高其社会责任感，凝练班级价值观。此外，还要积极准确把握当今重要时代契机，建立有利于发展学生群体间自主交流学习及能力培养的一种社会教育自我发展机制和具体教学行为准则。

班级文化建设作为学生成长成才的一项重大课题和系统工程，具有实现立德树人、培育团队协作、践行社会主义核心价值观等重要功能。在班级文化建设过程中，要进一步通过思想政治教育引导班集体成员，鼓励班集体成员以主人翁的姿态构建班集体文化，以更积极、更适应时代发展潮流的眼光建设班集体文化，切实发挥班级文化的教育内涵，着力引导管理好每位班级成员，通过促进班集体文化的构建更好地彰显社会主义核心价值观，紧随党和时代的脚步，真正充分地发挥好班级文化的教育功效，培养新时代合格的社会主义接班人。

# 寒冬不冷，小家大爱：不一样的“生日 PARTY”

如何提供一个契机让同班同学尽快融入班级集体生活，尽快和新同学熟悉了解，结交到知心朋友，并且在班级中能感觉到家一般的温暖，减少离家的孤单感受，是大一班级急需解决的问题。为此，2018 级法学班班委通过谋划，精心设计开展了两个活动：第一个活动是季节性的限定活动“暖冬·最美新年礼物”，第二个活动是属于长期性生日祝福活动“你好哇！××岁的×××”。两个活动的举办，打破了人际关系壁垒，拓宽了同学交际范围，为同学带来了关怀与温暖，增强了班级的凝聚力和战斗力。两个活动虽小，但带给同学的关爱却很多，在“小”活动中品味出“大”意义，是班级建设中一个值得推广的案例。

## 一、案例背景

大学走班式的流动教学减少了同学之间的接触，通过调查发现，部分同学的交际范围仅限于同宿舍的四个人，除了上课，课余时间和班级其他同学的交流不够频繁，甚至有极个别的同学参与班级活动积极性不高，沉迷于游戏，热衷于班级之外的活动交往，在毕业之时甚至记不住班上一半同学的名字。同时，2018级法学班的48位同学来自五湖四海，加上新一代大学生比较独立自主，彼此不同的生活习惯和个人性格特点也增大了交友的难度。此外，大学的集体式住宿甚至是很多同学的第一次离家生活体验，不少同学长期习惯了父母体贴入微的照顾，乍一离开父母的怀抱，难免会有一定的思乡情绪，甚至会影响个人的生活学习。

## 二、设计思路

考虑到上述问题，班级班委通过开会商量，认为需要从两个方面入手。一方面要根据当代青年的特点，利用节日契机，以同学们喜闻乐见的形式开展活动，另一方面要将长期性活动和短期性活动相结合，既要感受到关心的“惊喜”，也要感受到关爱的“长期”。为此，班级班委专门策划了两个活动。第一个活动是“暖冬·最美新年礼物”活动，属于短期活动。主要是考虑到元旦新年为同学们所周知熟悉，而且年轻人很乐意参加跨年活动。活动的具体形式为互送新年礼物，但是方式有所变化，即用青年喜欢的“盲盒”方式，由班长在班会时随机抽选互送礼物的同学名单，被抽到的同学根据个人的经济状况量力而行准备简单的小礼物，由班委协调后在新年前后送至同学手上，带给同学“惊喜”。第二个活动是“你好哇！××岁的×××”活动，属于长期活动。由班委统计好同学生日日期，结合对同学个人情况的了解，征集同学祝福，利用班级媒体平台，完成生日祝福文案。于同学生日当天进行推送，让同学感受到班集体的温暖。

## 三、实施过程

### 1. 前期准备

由班长召集班委开会进行头脑风暴，征求班委意见，商讨具体活动形式和细节，撰写活动策划书，明确班委具体分工。

2. 具体实施

班长利用开班会的机会，向同学介绍“暖冬·最美新年礼物”，调动同学参与积极性。班长现场随机抽取互送礼物同学名单，告知同学可发挥创造力，量力而行准备礼物。活动开始前三天，同学将准备好的礼物交给班长。新年前，由班委将礼物送至被抽到的同学手上，班委负责拍照摄像。现场由同学亲手拆开“盲盒”，感受“惊喜”。同学还可自行猜测送礼物同学是谁，也可以向班委询问送礼物同学姓名。同学之间可以互相致谢，进而增强熟悉程度，增进同学友谊。“你好哇！××岁的×××”活动则由班级生活委员根据班级花名册上的同学生日信息，提前两周进行准备。在过生日同学不知情的情况下，通过征集辅导员、班主任、任课教师、同宿舍同学、班级同学对过生日同学的祝福语和祝福视频，搭配过生日同学的照片、视频和同学喜欢的音乐等，精心制作文案，在同学生日当天利用班级媒体平台进行推送，让同学过一个不一样的“生日PARTY”。

3. 活动总结

活动开展当天进行全场拍照、录像，留存影音资料，同时对同学进行采

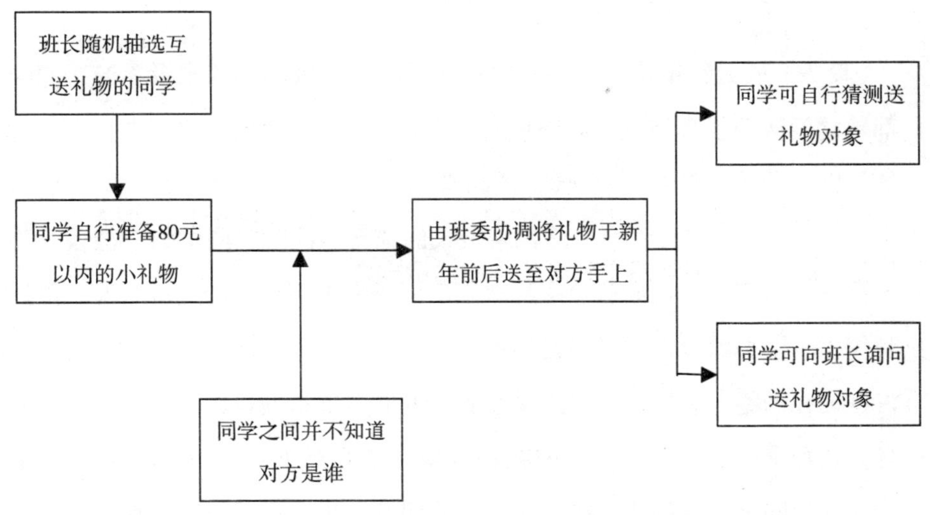


“暖冬·最美新年礼物”活动

访和发放调研问卷，尤其注重征集同学个人感受和对班级开展此次活动的看法和意见，便于接下来进一步对活动流程和细节的改进。整个活动的方案和影音资料进行留存，便于毕业时制作毕业晚会视频，让同学们留下难忘的青春回忆。

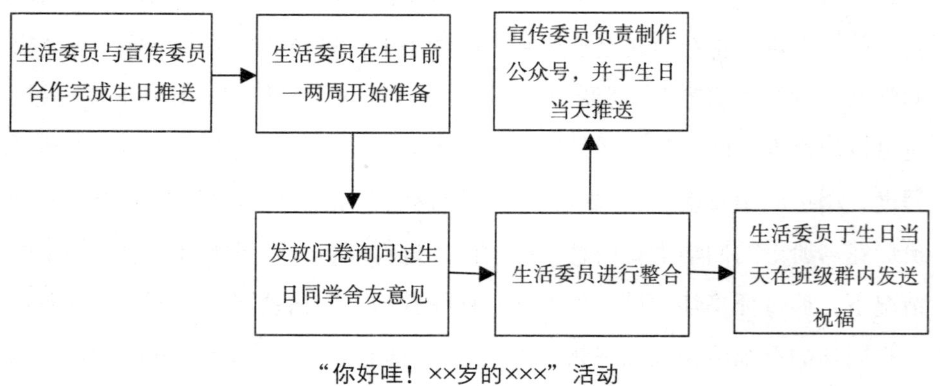


“你好哇！××岁的×××”活动

## 四、工作成效

“暖冬·最美新年礼物”活动的开展得到了班级同学的积极参与，同学们都感觉到活动很有创意，对增强同学之间交流和增进同学之间友谊有非常大的帮助，活动参与率为100%，活动得到了同学们的一致好评。同学们纷纷表示，“盲盒”式礼物给自己带来很大的惊喜。同时，同学们在准备礼物时，都发挥了创意，比如有位家庭贫困的同学考虑到自己的经济状况，虽然只制作了一个书签，但却是自己纯手工绘制，还发挥自己的书法特长写了一首古诗词在书签上。还有的男同学收到了女同学准备的口红，也算是意外的惊喜。礼轻情意重，不少同学的礼物都饱含了自己的小创意和对同学的情谊，大部分同学在这次活动中交到了知心朋友，也认识了一些兴趣相投的同学，是一次比较成功的破冰之旅。“你好哇！××岁的×××”活动则是由班委具体负责的活动，但是在制作生日祝福文案的过程中广泛征求师生的祝福，既是师生熟悉了解过生日同学的活动，也是一个展现过生日同学个人风采的活动。班级新媒体不仅只是一个纯粹发送通知的地方，同时也是成为一个有人情味的地方，生日祝福文案可以让过生日的小伙伴快乐一整天，久久不能忘怀。

## 五、经验启示

2018 级法学班举办的“暖冬 · 最美新年礼物”活动在学院“奇迹暖暖”活动结束后进行，将范围缩小到班级内部，响应了“新生破冰”的主题，让冬天不再寒冷，让同学之间相处得更加融洽，同时结识了新朋友，是一个较为成功的活动。然而也存在一些不足，比如同学分布的宿舍楼不同，一些班委只需要负责五六份礼物，但一些班委需要负责二三十份礼物，需要调整改动送礼物的方式，比如直接通过快递，让“惊喜”加倍。“你好哇！××岁的×××”活动让同学们感受到了班级温暖如家的氛围，也能感受到班级老师和同学平时对其的关注和关怀。考虑到班委能力水平有限和精力有限，生日文案有时过于单调，本应是生日当天发送的公众号却由于部分同学生日集中出现了发送不及时或者发送在同一个公众号的问题，也有部分同学认为没有受到重视而有失落情绪，是否可以让过生日同学的舍友一起加入公众号的制作，缓解班委压力也是一个需要考虑的问题。尽管活动微有瑕疵，整体活动还是比较顺畅，效果还是非常好的，值得继续做下去。

# 美景不断，春日打卡：“谁不说咱家乡好”家乡美景展

2020 年于同学们而言，是特殊的一年。新冠疫情突然暴发，使得部分同学居家隔离，不能返回校园过上熟悉的大学生活，感受校园的春光明媚。为了缓解由新冠疫情带来的紧张感、焦虑感，鼓励同学们在家也不忘出门走一走、动一动，感受来自祖国大好河山的美好，提高艺术审美能力，增强摄影能力。2018 级汉语国际教育班举办了“谁不说咱家乡好”家乡美景展活动，通过线上线下相结合的方式开展班级文化建设活动，更好地拉近同学距离，增强了班级凝聚力，提升了班级文化活力，取得了很好的成效。

## 一、案例背景

2019 年的春天，2018 级汉语国际教育班全体同学在中山陵梅花山举行了“新学期踏春采景”主题春游活动，在活动中同学们增进了彼此之间的了解，加深了同学之情，取得很好的效果，同学们相约 2020 年再次聚首梅花山。而 2020 年突如其来的疫情使得返校同学因为疫情防控原因不能走出校门，部分不能返校的同学只能居家学习，无法完成彼此之间的约定。同

时，上课课程全部采用网课的形式，除了上课时间的短暂交流外，同学之间的联系不似往日那般密切和方便。因为远隔千里，部分同学放松了对自己的要求，学习热情有所衰退，失去了往日的学习动力。还有部分同学因为长期居家学习，出现情绪不高甚至烦躁的情况。

## 二、设计思路

综合上述问题，班长召集班委开会，商讨解决问题的方案。班级生活委员提议，考虑到之前学校曾开设过摄影审美艺术这门博雅课，很多同学曾在课堂上学习过摄影技术，也有过相关经历，可否通过拍摄美景的方式，校内外同学互动，既能让校内同学动起来，拍摄校园美景，慰藉不能返校的同学，同时组织居家学习的同学拍摄家乡美景，展示家乡风采，形成良性互动，提升班级文化建设活力。经讨论，班委决定开展"谁不说咱家乡好"家乡美景展。同时，结合生活委员的提议，对活动形式进行完善，增加同学展示家乡风采内容，将家乡文化、家乡风俗、家乡特色也融入进来，丰富展示内容。此外，还组织同学介绍家乡风采的同时，由同学现身说法，介绍照片背景，进行今昔对比，感受到家乡全面建成小康社会的变化，在实践中懂得全面建成小康社会的真正内涵。最后将所有拍摄图片视频由班委进行汇总整理，剪辑后放在班级群内共享，留下珍贵回忆。

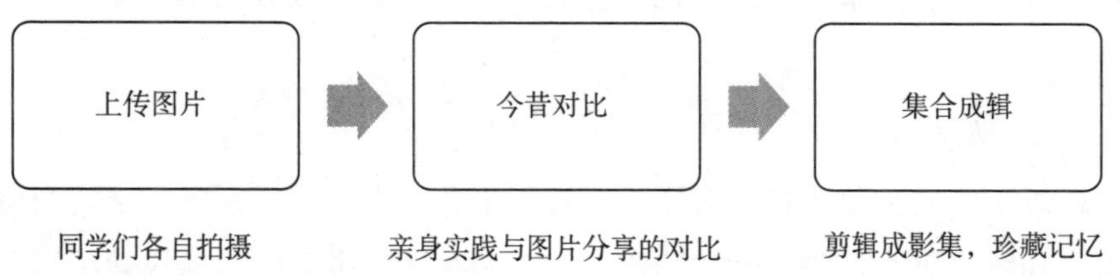

## 三、实施过程

1. 前期准备

由班长召集班委开会商讨具体活动形式和细节，明确班委具体分工。班级生活委员撰写活动策划书，统计在校同学和在家同学名单，汇总班级同学家庭籍贯信息并按照地区进行初步归类，在班级群内进行发布，明确拍摄内容和格式要求等。

2. 具体实施

通知一经发出，立即得到了同学们的积极响应。在校的同学纷纷走出宿舍，远离游戏，在阳光明媚的校园内四处踩点，拍摄校园春景。还联系家人，将家乡的美食、美景进行宣传推广。没能返校的同学则在做好疫情防控的前提下，走出家门，或在小区内，或就近取景，拍摄家乡的山水风景。居家学习的同学则利用居家时间，或是介绍家乡美食的制作方法，或是介绍家乡的风俗习惯。同学们利用自己在摄影审美艺术这门博雅课上学到的知识技术，举起专业相机或手机，频频发布。短短一周时间，圈子收到了来自江苏无锡、江苏南通、江苏镇江、江苏苏州、江苏泰州、贵州等地的数百张春日照片，照片内容有漫山遍野的油菜花、自家院子盛放的绣球花、鼋头渚暖阳下的樱花、山间绿树抽新云雾缭绕，路边偶遇的刺猬、戴着柳枝帽的小狗等。在分享家乡美景的同时，也仿佛能够感受到身在远方的挚友相互牵挂的心情。

3. 活动总结

班级生活委员负责将所有图片和视频集合成辑，形成视频，上传至班级群内。同时，班会进行总结，认为还存在着具体要求不够明确导致拍摄照片不够清晰、部分视频有模糊抖动的问题，个别同学拍摄照片内容不够丰满比较单一的问题。班长认为宣传途径不够广，仅局限于班级群内，还可以精心制作文案，后期整理资料参评校级文化活动评选等。以上问题可以在下一次活动中解决。

## 四、工作成效

活动得到班级同学的积极参与，全班 40 位同学都参加了活动，参与率 100%，活动还通过同学朋友圈进行了分享，带动了年级同学、班级同学、学院教师、学生家长的积极参与点赞，辐射面较广，受到了很高的评价。大学聚集了来自天南海北的同学，平时同学们所能接触到的只是空泛的地名，并不能真正感知到每个同学的家乡美景文化。同学们通过活动的参与，展示了家乡风采，激发了同学热爱家乡、热爱祖国的热情。此外，疫情期间举办此次活动，让同学们感受到疫情隔开的是地理位置上的距离，但小伙伴们之间的分享与记挂并不会因此而减少，同学们也时刻谨记着班级是一个整体，是一个大家庭。这份影集是独属于 2018 级汉语国际教育班同学们的珍贵记忆，成为日后对于青葱岁月的大学生活的回忆，也是这场疫情下，人与人之间的情感愈发炙热的证明。

## 五、经验启示

疫情期间学校封闭管理是高校按照统一部署安排做出的具体举措，考虑到当代青年活泼好动的特点，班级在封闭管理期间也需从具体实际出发，在做好疫情防控工作前提下，积极利用新媒体，创新方式方法，多种途径解决同学因封闭管理带来的生理上和心理上遇到的问题。班级文化建设更需要以此为契机，通过突出和弘扬中华优秀传统文化，坚守并捍卫中华优秀历史文化立场，传承并创新中华先进精神文化基因，切实增强班级全体同学的历史自信感和民族荣誉感。

# 乐活志愿，专业奉献：让青春在志愿服务中熠熠生辉

班级文化，是校园文化的重要组成部分，也是形成班集体凝聚力和良好班风的必备条件。以“奉献、友爱、互助、进步”为主要内容的志愿服务精神是2017级英语（师范）班班级文化的重要组成部分，开展志愿服务活动是加强班级文化建设的重要载体。以班级为单位组织大学生开展志愿服务活动，服务于社会的需要，在奉献中展现才华，磨砺意志，提升自我价值，完善个体人格，铭感社会责任，实现了志愿者社会价值和自我价值的统一，促进了当代大学生的全面发展，已经成为大学生价值教育的实践渠道和重要载体。

## 一、案例背景

志愿服务活动的开展，对教育人、熏陶人、培养人、发展人具有重要的作用。长期以来，2017级英语（师范）班同学积极参与各类各级志愿服务活动，在服务社会、帮助他人的过程中，大学生学以致用，在志愿服务过程中提升了学习技能，同时精神境界也得到了升华，已经形成了浓厚的志愿服务氛围和优良传统。但是也有同学反映，一方面感觉很多班级志愿服务活动

还停留在简单的如捡垃圾、排自行车等层次，和本专业关联不大，成就感比较低，另外一些志愿服务活动组织方式比较简单粗暴，宣传力度不够，形式不够新颖，挫伤了同学参与志愿服务活动的积极性。

## 二、设计思路

同学反映的志愿服务问题，2017 级英语（师范）班班长非常重视，召集班委针对同学提出的意见，商定解决方案。学习委员提出，志愿服务活动形式必须新颖，能够调动同学积极性。生活委员提出，志愿服务层次要提高，更多能够发挥同学们专业特长。经商讨，班委决定开展以“乐活志愿，专业奉献”为主题的志愿服务专项活动，希望将英语师范专业所学融入志愿服务中，调动学生积极性，快乐参与志愿服务活动。活动内容主要包括：通过宣传介绍校级、院级等实践活动，打造与英语师范专业相关的服务小组、平台，鼓励、组织同学们参加各种已经比较成熟的志愿服务活动；鼓励同学们在志愿服务过程中及时记录自己的所见所得所感，留作分享的素材；开展班级交流会，为同学们提供交流分享的平台，让同学们在交流会上学习他人经验，总结并提高自己的实践能力；号召同学们将经历与心得写成新闻

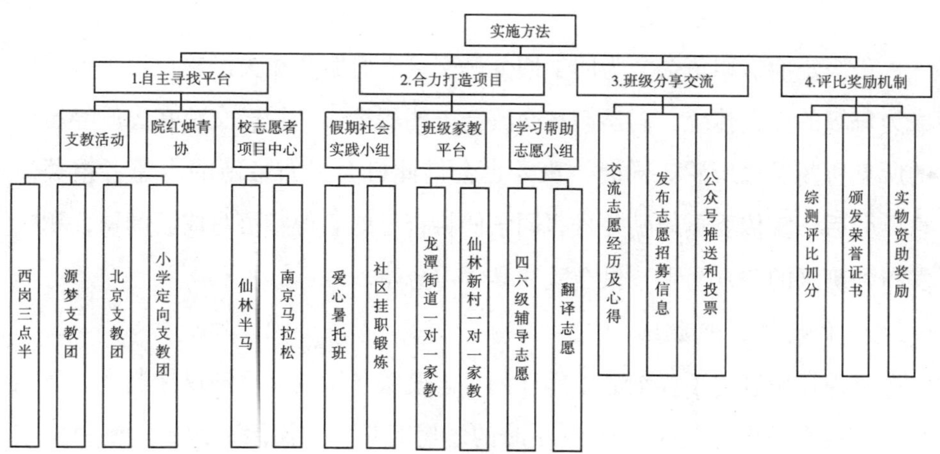

稿并推送到班级的公众号，供同学们学习、分享、交流；利用班费，为同学们制作荣誉证书、购买礼品等，对同学们进行表彰奖励，以促进同学们更好地投入志愿活动。

## 三、实施过程

1. 你开拓，我探索

从大一上学期开始，组织同学积极参加教师教育学院红烛青协组织的各类支教志愿服务活动，包括源梦支教团（青海支教）、北京支教、健康中国支教、西岗三点半课堂、凤凰书城红烛课堂、社区定向一对一家教、图书馆小图钉、教师教育学院啦啦队、各类英语竞赛志愿服务项目等，积累了丰富的志愿服务经验。同时，主动出击，自行开发了一系列富有英语示范特色的校外基地与项目，为同学们打造平台。同学们组建家教小组，利用课余时间，前往社区和学校进行一对一家教服务。同学们利用寒暑假期，志趣相投的同学联合开展假期家教机构志愿服务活动，既丰富了志愿经历，又提高了师范技能。不仅如此，同学们充分利用本专业学科优势，形成英语学习帮助志愿，辅导其他学院同学的英语备考。

2. 你一言，我一语

班级定期组织班会，为同学们分享交流志愿服务相关经验提供平台，已成为班级的优良传统。同学们在交流会上畅所欲言，积极交流在志愿经历中的所见所闻所思所感。同时，班委也会借此机会发布最新的志愿者招募信息。会后，宣传委员鼓励并号召同学们将自己的心得感悟写成新闻稿，积极发布到班级的公众号上，供全院同学学习分享。

3. 你反馈，我激励

班委特别制定了详细的工作计划、志愿服务激励制度和反馈制度。学期初步目标为平均每人每学期 30 小时的志愿时长，志愿服务次数达到每学期人均 10 次。要求每次服务质量须得到服务对象认可。同时，对志愿服务达一定时长的志愿者予以综合测评相应加分。通过定期召开志愿服务分享交流会，进行志愿服务的反馈工作和优秀志愿者的评比。对于持有服务对象签开具的优秀证明或表扬信的志愿者颁发荣誉证书，还动用班费予以适当的物质奖励。

## 四、工作成效

自 2017 年 9 月入学以来，班级全体同学积极弘扬“奉献、友爱、互助、进步”的志愿服务精神，积极投身社会志愿服务事业。同学们在服务学校周边社区、服务本校学生、关注弱势群体、敬老爱幼、科学知识宣传普及等方面开展了大量卓有成效的工作，得到了校内外人士的一致好评。参与了包括爱暮欧葆庭仙林国际颐养中心、常州武进夕阳红康复中心、西岗三点半课堂、南师附小、六合龙袍新桥小学、市第一医院、江苏省中医院、明孝陵梅花节、古生物博物馆、马拉松志愿者等多层次、多领域的志愿活动。此外，同学们还开展了多项专业特色志愿服务，如 TPM 紫麓空间翻译志愿项目、青海门源支教、健康中国支教、线上支教 2.0 等。班级成员累计志愿服务时长达 8505 小时，单人最长志愿服务时间长达 357 小时，人均志愿服务时间达 115 小时。累计志愿服务次数为 1367 次，人均 18.48 次。

## 五、经验启示

2017 级英语（师范）班同学们通过参与志愿服务活动，丰富了自己的知识面，拓宽了自己的眼界，加深了对“奉献、友爱、互助、进步”的志愿服务精神的理解，树立了包容开放的思想。更重要的是，丰富的志愿服务活动增强了班级的凝聚力，营造了友爱互助的班风，加强了班级文化建设。同时，班级志愿服务活动还存在着一些尚须改进的地方，像如何保持同学参与的长期性，如何打造班级特色的志愿服务活动品牌，如何构建志愿服务长效机制，等等。总的来说，大学生志愿服务活动是加强班级文化建设的重要载体，通过组织广大同学加入这种公益性的道德实践，树立“人人为我，我为人人”的基本道德观念，并不断发展和完善人格修养，成为“学以致用”的综合素质人才，从而更好地作用于班级建设中。在这样的良性互动循环中，“教育因素”与“非教育因素”能够通过志愿服务达到有效结合，发挥其实际效用，一旦两者协调平衡时，和谐班级的整体效应就能充分发挥结合，美好愿景就在具体的志愿服务中步步靠近。

# 浸润阅读，共享书香：构建班级全民“悦”读平台

腹有诗书气自华，最是书香能致远。大学里，花开正盛，春和景明，恰是读书好时节。阅读，是获取知识、增长智慧的重要方式，更是传承文明、提高大学生文化素养的重要途径。2016 级小学教育班积极响应“全民阅读”的号召，组织同学阅读，注重不断创新模式，打造方便、快捷、形式多样的阅读平台，开展接地气、同学喜闻乐见的阅读活动，寓教于乐，让全民阅读变全民“悦”读，让同学们远离手机，书香为伴，友情相依，其乐融融。

## 一、案例背景

教育科学学院长期开展“书香班级”建设活动，形成了“爱读书、读好书”的优良传统，营造了非常浓厚的阅读氛围。2016 级小学教育班继承优良传统，积极开展各类阅读活动，受到同学们的欢迎。但是也有一部分同学没有积极参与阅读活动，沉迷于手机游戏。同时，运用多媒体进行阅读，也影响了纸质书籍阅读活动开展的效果。此外，由于班级人数多、平台的延时性、时间的局限性等原因，书香班级建设过程中的师生交流和生生交流制度还不够完善。一些读书活动开展以后，同学们很少能进行主动的反思，也缺乏专业老师进行指导。

## 二、设计思路

根据上述问题，班长召集班委进行讨论，一致认为，应该延续老师“生动课堂”教育理念，以专业课程资源为平台，开展系列班级阅读特色活动，提升专业核心素养，陶冶文学艺术情操。也应积极增进社会学术内容的了解，不囿于单一的学术研究层面，更多走进儿童、走进生活去探究阅读。要积极结合“语言与文学”“儿童文学”“教育文学鉴赏”等课程特点，自主发起班级各种形式的“文学交流”活动，有意识地发展和培养自身文学素养。为将来真正做到课程资源的“开发者”，教育教学的“研究者”，课程教材的“解读者”，学生学习的“启发者”打好基础。

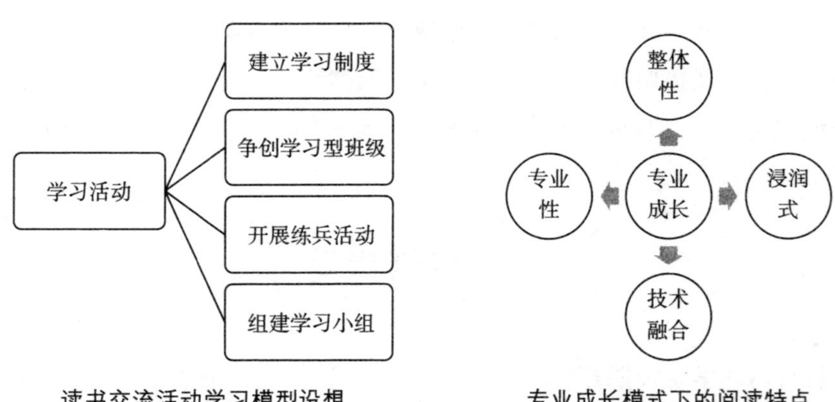


读书交流活动学习模型设想　　专业成长模式下的阅读特点

## 三、实施过程

1. 加强专业性阅读指导

在书目选择方面，根据专业课老师的阅读推荐书目、同学们专业发展的自我需求及兴趣取向，合理向同学们推荐每学期的重点阅读书目，分为“必读书目”和“选读书目”，制定班级阅读书单。班级书单由教师与同学共同商议，经“筛选—引导—阅读”三步最终确定，并结合实际情况不断增加。从古到今，从中到西，从社会学到儿童文学，从文学著作到微信公众号……不断拓展阅读内容，开发阅读资源，发展多样阅读方式，让同学们体会阅读的乐趣与意义。

2. 组织浸润式读书活动

每周专业课上，任课教师主动为同学们推荐专业课程相关阅读书目，帮助同学们发掘读物中的教育视野，体会人物的教育思想、教育方法等，引导同学们以教育学者的眼光品读书籍，从文字中感悟教育的魅力。每周举办优秀文学作品小组分享活动，如“走进儿童世界”“品味孔子教育”等28期主题读书交流会。组织同学每天自觉开展“为你读诗”——宿舍睡前诗会，不定期开展儿童诗创作评比大赛、朗诵比赛等活动；提倡班级同学撰写读书心得收录成册，并在微信公众号、微博等推文，供进一步交流分享。同时，老师也会对同学们交流会的内容做出评析并提出方向性的建议，启示同学们联系自身专业学识，以更好的角度与姿态挖掘书中的宝藏与内涵。

3. 提供优质阅读肥沃土壤

建立学习日制度，每周一为“个人自学日”，每周五进行评比分享，确保学习效果。开展争创学习型班级活动，选拔读书学习的个人先进典型，以点促面。将读书活动列入课程与班级考核体系，确立相关鼓励机制。开展多样练兵活动，如“儿童诗创作朗读会”“人工智能合作写诗”等子活动，辅助提高班级整体读书水平。组建专业学习小组，围绕重难点问题进行针对性读书，互帮互助、共同成长。通过整体性的视角、专业性的阅读、浸润式的组织形式、技术融合的成果展示平台致力于班级同学的专业成长。

## 四、工作成效

该项工作开展以来，成效明显：第一，文学课程成绩稳步提升。随着阅读体系的不断完善，文学素养的不断积累，活动开展成果首先最为直观地反映在班级同学系列文学课程成绩的稳步提升。第二，班风学风齐头并进。整体式、结构式的阅读制度将每个班级个体“并联”成有机整体，并促使其“发光发亮”，潜移默化地提升班级凝聚力，形成团结协作的良好班风。如对文学理解存在一定困难的少数民族同学在学习小组的帮助下，不断进步。同时，100%的活动参与率与“睡前诗会”“儿童诗朗读创造”“阅读课程开发”等多元子活动，促进良好学习习惯养成，营造班级“乐学”“善学”的积极氛围。第三，文化建设成果显著。班级积极使用网络新媒体弘扬班级特色文化制度，微信公众号、微博、班级群等宣传主阵地发布相关文章、信息30余条。班级优秀学生代表借助学校阳光网、学院官方公众号、院级刊物汇刊等平台扩大院校影响力。同时，班级将活动成果汇编成册展开宣传，目前已推出《儿童诗歌文集》《读书心得文集》2册作品集。

## 五、经验启示

该项活动以“阅读”为起点，促使同学们不断“输入”新知，并使之在“头脑仓库”中与专业理论进行“同化”“建构”，形成能够“输出”的、具有专业特性的教育文学见解。在深入教育教学一线时，将其用于小学课程日常教学，同时积极探索阅读课程资源开发，切实提升自身实践技能。如班级同学设计的二年级《了不起的狐狸爸爸》阅读指导课，获得指导老师高度赞许。此后，2016 级小学教育班还需以系统化阅读推广为手段，借助班内外联动平台的基点、图书馆多种资源的保障、课堂阅读教育创新的举措，培养同学们的阅读兴趣和阅读能力，建立和养成同学们阅读习惯和阅读品位，促进同学们各方面素养的综合提升。

# 彩绘童心，奇思妙想：提升大学生专业创新实践能力

2017 级学前教育班以专业课程资源为平台，以儿童绘本为基点，帮助班级同学更好地融通专业课程、走进儿童世界、提升专业核心素养。同时，通过研读绘本、创作绘本、分享绘本，开展系列衍生创新实践特色活动，提升同学文献查阅与识别能力、绘本创作与想象能力、小组探究与交流能力在学习过程中得以展现与提升，真正做到守护童心、促进专业发展，进而提升大学生专业创新实践能力。

## 一、案例背景

2017 级学前教育班培养的是未来的幼儿教育家，同学专业功底非常扎实。儿童绘本在幼儿教育阶段有着重要的意义，对于启发幼儿心智、帮助幼儿了解世界有着积极的作用。在校学习期间，幼儿绘本是要求同学掌握的重要内容。但是由于同学本身在求学阶段，还没有进入到正式实习见习阶段，学习理论还没有真正应用于实践中。专业绘本资源室中的绘本未得到充分利用，班级同学的绘本了解渠道狭窄，在绘本教学法中的空白较多，导致同学产生困惑。

## 二、设计思路

班委经讨论，认为需将理论与实践相结合，将理论应用于实践中，进而提升理论学习。班委决定开展“彩绘童心，奇思妙想”提升大学生专业创新实践能力活动，以守护童心为初心，以儿童绘本为载体，自发开展研读、创作、共享绘本的特色活动。通过“读—创—享”三阶模型，提升同学专业素养，增强同学专业创新实践能力，为成为具有教育信念、综合教育力、研究辐射力、合作革新力的学前人打好基础。

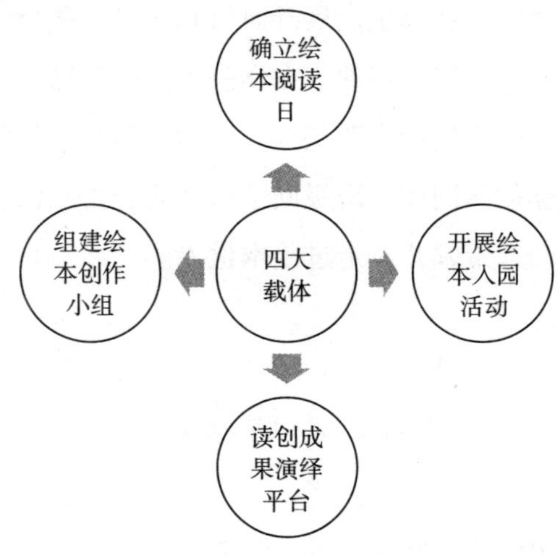


## 三、实施过程

1. 研读绘本

班级集体决定安排每月单周周日为班级绘本阅读日，并对绘本室进行轮班制规范化管理，对绘本进行分类整理、编码，创造整洁有序的阅读环境。

班级同学广泛阅读绘本，将思维提升至学术理论研究层面，研究儿童阅读偏好、图书角绘本投放等专业问题，展开文献查阅、研究设计等工作，定期开展研讨会。

2. 创作绘本

班级同学站在儿童视角，创造新颖的故事，经“脚本—草图—绘色”三步自编自创绘本，构想有趣的形象“草图”，运用美术知识，描绘富有美感的图画。组织演绎绘本活动，将原创绘本以多种形式展现，将平面的绘本立体化、形象化。老师做出反馈，建立“反馈—演绎”双向互动机制。

3. 分享绘本

班级同学创编绘本，在小组内展开研讨和分享。邀请学院专业老师给予指导，维持师生双向交流渠道畅通。在学院团委的帮助下，积极联系学校周边幼儿园，挂牌建立班级创新实践基地。主动与幼儿园教师联合，挖掘教育生发点，构建绘本读创共同体。班级同学给幼儿送去原创绘本、读绘本，同时开展实习见习活动，带领儿童走进绘本世界。

## 四、工作成效

班级同学学习积极性被激发，成立绘本学习小组 5 个。同学发挥主观能动性，开动脑筋创新绘本，文本设计、绘本装帧、“小机关”都极具匠心。最终出品 20 余本绘本，陈列于学前绘本室内。其中，《南瓜，南瓜》作品获得微创意大赛一等奖。极具巧思匠心的绘本提升班级同学的文学素养、想象力创造力、美术欣赏表达能力，同时坚定儿童本位的专业信念。同学们走进幼儿园创新实践基地，将创编绘本带入园内，与幼儿同读绘本，开展实习见习活动，既提升了同学们专业学习能力，还为幼儿园带去先进的幼儿教育理念和方法，实现多方共赢。

## 五、经验启示

大学生创新实践能力的培养是时代需求，也是当代大学生自身发展的需要。大学生创新实践能力培养是高等学校教育的重要环节，除了基础理论学习外，必须加强和提升实践教学。实践动手能力是解决实际问题的关键所在，是创新活动得以实现的方式和步骤，直接影响着创新活动的结果。实践教学环节不应只是理论学习的附庸，更重要的是培养大学生学习和掌握本学科有关的实践方法和技能，以及科研创新、动手能力等。2017 级学前教育班班委能够认识到这一点，主动组织开展“彩绘童心，奇思妙想”提升大学生专业创新实践能力活动，尽管在具体细节上还存在瑕疵，活动组织覆盖面还不够，利用新媒体力度还有所欠缺，但是能够将专业学习与实践活动相结合，通过实践活动的开展提升班级同学的专业创新实践能力，加强班级同学的交流和互动，不失为一次成功的班级文化建设探索。

# “五位一体”，总体布局：红色班级建设彰显思政底蕴

在国家全面贯彻“五位一体”总体布局的社会背景下，如何更好地增强班级思想建设力量、探索大学红色班级思政建设“新模式”？2020级思想政治教育班受到“五位一体”总体布局的启发，围绕“经济、政治、文化、社会、生态文明”五个方面，开展全方位、多样态、形式灵活的各类思想政治教育活动。紧扣时代脉动，契合新时代对大学生全面发展的总体要求，班级体结合学校和班级工作的实际，尝试建立“五位一体”的大学红色班级。充分体现以学生为主体的管理特色，彰显以思政为底蕴的专业特色，为熔铸团结向上、互帮互学、充满活力的班级精神创造了有利的条件。

## 一、案例背景

积极开展大学生理想信念教育，是不断推动高校思政工作高质量发展的有效途径，正成为当今高校建设的重要议题。各项调查数据显示，大学班级思政教育一直存在着诸多难以解决的问题，如活动主题固化，理念空泛，形式单一；实践活动寥寥无几、成员略感理论疲劳；活动设计个性化缺失、成员多持淡漠态度。2020级思想政治教育班自成立以来，一直致力于推进

“红色班级”建设，旨在建立一个以大学班级为单位的、系统化的“五位一体”大学红色班级。

## 二、设计思路

首先，在目标上，要使学生们从“经济、政治、文化、社会、生态文明”五个方面全方位了解中国实际与国内外时事热点，拓宽学生们的视野与格局，培养学生们的爱国情怀。坚持理论联系实际，期望同学们在掌握理论知识的同时提高社会实践能力，感受实实在在的社会生活，投身社会实践，发挥自身所学传递社会正能量。其次，在内容上，本案例在思路上借鉴了国家的“五位一体”总体布局，结合专业特色、寓教于乐、覆盖广度、思维深度，在“经济、政治、文化、社会、生态文明”五个方面皆开展了许多适宜以大学班级为单位的特色活动。最后，在载体上，本案例确立了四种类型的活动载体，即正德讲坛、主题班会、主题团日活动、社会实践系列活动。通过正德讲坛、主题班会，学生拓宽国际视野、提升思维能力，增强了班级同学的理论水平；通过主题团日活动、社会实践系列活动，学生们理论结合实际，感受到了实实在在的社会生活，提高了班级同学的实践能力。

## 三、实施过程

### 1. 前期准备

班级通过开展爱国主义教育班会、党的十九届五中全会精神学习团日活动、正德讲坛对班级学生进行全方位的政治素养教育，促进学生了解国内外形势，深刻体会中国的大国担当，增强文化自信，厚植爱国情怀。

2. 具体实施

班级班委号召学生于寒假围绕"'四史'学习""关爱幼老""亲情·师生情""我的中国年""传承家乡红色基因"五个主题开展了形式多样的社会实践活动，学生们积极参与、反响热烈。班级成员也身体力行"理论联系实际"的实践观，传递社会正能量。同时，班级开展了"理论结合实践"绿色生态教育，理论方面主要讲解了"习近平生态文明思想"的主要内容，实践方面开展了"勤俭节约"主题团日活动，充分调动学生们关注绿色生态、过低碳生活、勤俭节约的积极性。特别值得一提的是，班级开展的主题班会为学生们打开了运用政治经济学看待全球社会的视角，通过分析"996""支持民族企业""资本主义环保骗局"等社会热点，引导学生们主动运用政治经济学思维看待世界、认识时局，对学生进行了充分的"经济思维教育"。

3. 活动总结

目前，班级共召开过三次学风建设主题班会，主要以"建设良好学风""弘扬学术诚信"为主题，倡导学生葆有对学术的敬畏之心。恰逢建党百年，班级开展了"诵光辉党史，唱伟大时代"主题团日活动，创造性地组

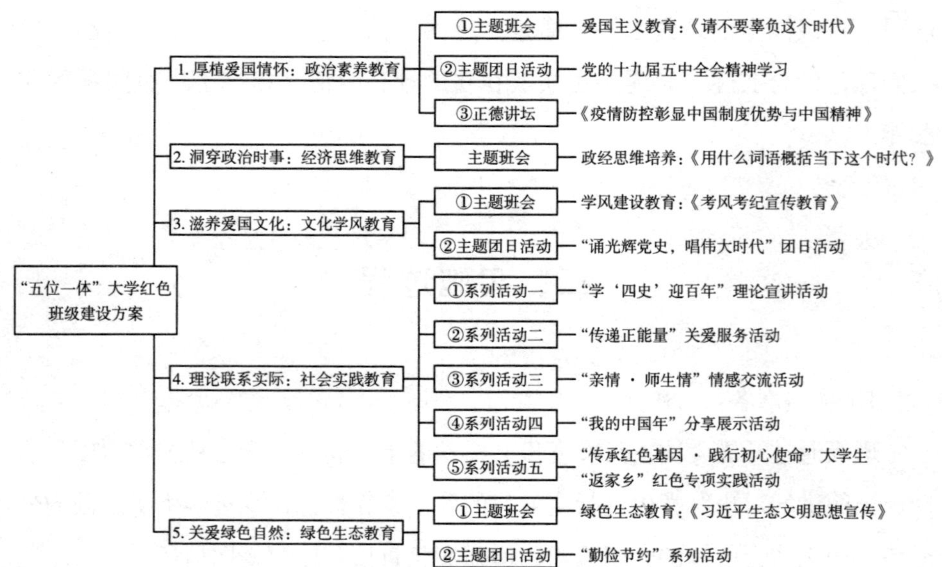

织了“学思想·诵党史·唱时代”主题朗诵演唱活动，得到了学生们的积极参与。

## 四、工作成效

通过开展以“五位一体”为主题的各项班级思政教育活动，学生们思政素养和学习能力得到有效提高，培养了学生们知行合一、勇于创新的实践精神。同时，建立起了全方位、多样态、形式灵活的“五位一体”大学红色班级思政建设案例，让思政教育充分融入学生生活，获得了学院领导和老师们的肯定与认可。通过学院、班级等网络平台的宣传，活动影响力进一步扩大，学生们的凝聚力和向心力明显增强。

## 五、经验启示

本案例思路清晰、目的明确、设计科学，通过本案例长达 15 个月的实施，2020 级思想政治教育班已经初步建立起这样一个“五位一体”大学红色班级，充分调动了班级学生参与思政教育的积极性，并有效地帮助学生们从“政治、经济、文化、社会、生态文明”五个方面了解国内国际情况并将所学理论充分运用于实践当中。不过，本案例也有一定的局限性，一些涉及专业知识的内容在没有系统学习过马克思理论知识的学院将难以展开，例如班级开展的“经济思维教育”就是充分结合了马克思主义政治经济学的理论知识，洞悉时事政治和国际态势，其他专业班级也可以尝试将自己的学科与经济社会发展相联系，探索本学科的专业与思政融合之道。

# 思想为引，责任之基：在祖国大地上做社会实践先行者

2016 年 4 月，在知识分子、劳动模范、青年代表座谈会上，习近平总书记寄语青年：“坚持知行合一，注重在实践中学真知、悟真谛，加强磨炼，增长本领。”如何深刻领会社会实践凝练思想修养、强化责任担当意识，是 2019 级能源与环境系统工程班同学自入学以来亟待探明的问题。为此，班级班委精心策划，设计了以“发挥思想引领”“提升责任担当”为主题的系列活动，充分利用寒暑假及日常闲暇开展班级学生红色教育理论普及、抗疫志愿服务、科学知识宣传教育、暑期社会实践等活动。该类活动的开展明确了思想引领的作用，达到了鼓励学生从实践中获取知识、培养才干，提高班级学生的责任担当意识，实现社会实践的时代性、创新性、实效性的优良效果，为推进班级文化实践活动的开展提供了良好的范本。

## 一、案例背景

社会实践作为大学生活的重要组成部分，在思想培养、意志磨炼、教育熏陶、品格砥砺、技能培训、创新激发等方面具有其他活动无法替代的作用。在新时代中国特色社会主义体系下，对于大学生思想政治教育活动的要

求也逐渐提高。同时，作为工科学院，发挥专业特色，培养创新能力，提升社会责任感也迫在眉睫。2019 级能源与环境系统工程班以提升思想修养、强化责任担当意识为宗旨，通过对大学生基础能力与科技创新方法的探讨研究，采用学校搭建平台、班级制度鼓励、学生自主组织的形式，紧跟国家大事，创设了学以致用、知行合一的班级特色社会实践文化发展体系。

## 二、设计思路

考虑到上述情况，班级班委通过开会商量，认为需要从以下四个方面入手。第一，在社会实践总体要求上建立整体化社会实践运作方式，全面系统地完成社会实践的逻辑布局。第二，在原有班级班委架构基础上建立健全社

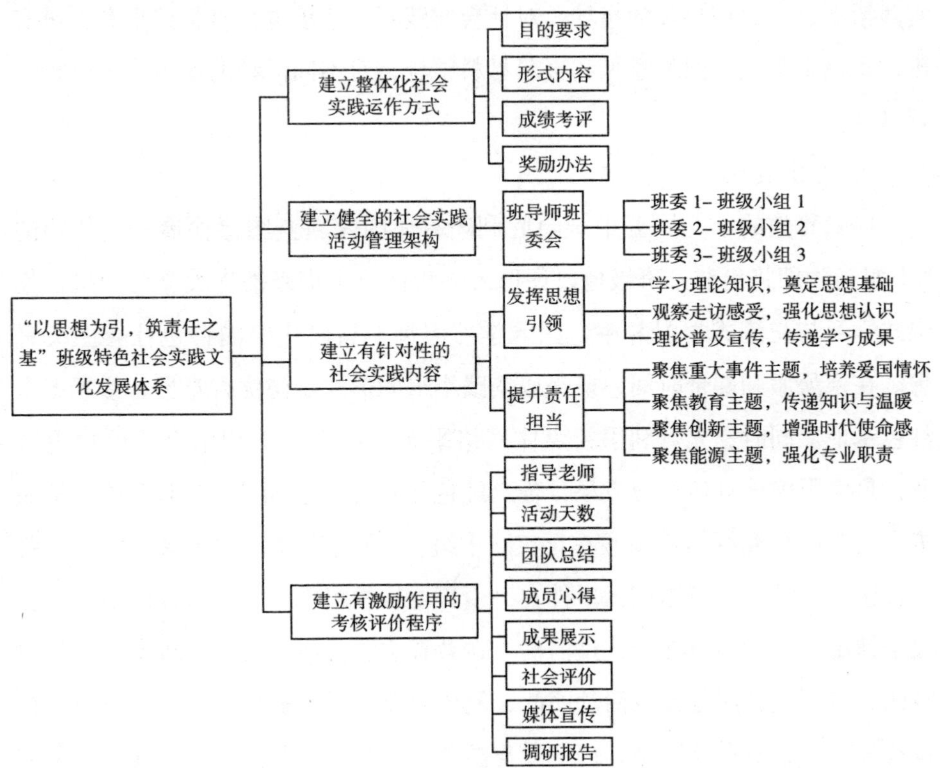

会实践活动管理架构，即充分发挥班导师与班委会的作用。通过一个班委带一个班级小组的管理模式共同讨论确定班级实践活动核心内容。第三，依据文化发展体系宗旨建设有针对性的社会实践内容。从发挥思想引领与提升责任担当两方面着手，将学习与实践深入融合。第四，依据院校实践成果要求建立有激励作用的考核评价程序：从指导老师、成果展示、社会评价、媒体宣传等方面对社会实践内容进行全面评估。

## 三、实施过程

1. 前期准备

班级班委精心谋划以“发挥思想引领”“提升责任担当”为主题的社会实践活动，经过班导师的指导，对社会实践系列活动进行材料搜集和人员安排，积极采纳班级同学意见和报名材料整合，对不同活动的参与人员进行培训指导。

2. 具体实施

伴随着党的十九届五中全会胜利闭幕，国家新蓝图徐徐展开，壮阔的“十四五”即将启航。班级也以评选入党积极分子班级推优大会为契机，集中式学习与交流式学习并举，深入学习习近平新时代中国特色社会主义思想。在寒暑假和课余时间，班级以实践小组的形式走访优秀党员、参观多个红色基地。同时，充分利用新媒体网络平台，线上线下相结合开展理论普及，最大限度地宣传学习成果，普及红色教育。代表团队：“不忘初心学四史，与党同行迎百年”寒假教育实践小组、“光之后浪”记录者团队。在脱贫攻坚、疫情防控等国家大事件上，由班委带领班级学生深入社区观察脱贫攻坚情况、身体力行参与抗疫活动。在教育主题方面，组织班级参与思源支教团、启明支教团等支教活动团队，利用寒暑假时间前往各个教育机构进行宣传教育，教授科学知识，传递爱与温暖。在创新主题方面，开展了传承方言、美丽乡音——“那些被新时代忽略的声音”暑期社会实践活动。在能源主题方面，班级学生结合专业所学知识，贯彻落实“碳达峰、碳中和”的目标，倡导从日常生活中的小事做起，为节能减排大局贡献力量。

3. 活动总结

该系列活动加强了班级成员的理论学习，通过最直接的交流与氛围熏陶，增强了价值感悟，强化了思想认识。同时，在志愿服务及社会实践过程中，班级同学表现出了绝佳的行动力，培养了爱国情怀。班级坚持传统文化创新理念，感受传统文化魅力，调研文化传承现状，创新文化传承形式，增强了班级学生民族自豪感和时代使命感，整体活动均得到了不错的社会反响。

## 四、工作成效

班级特色社会实践文化发展体系的构建，以点带面实现了多范围、多角度的实践宣传和影响覆盖，产生了思源支教团、启明支教团、PSEIC社区抗疫冲锋队、“美丽中国‘碳’为观止”——城乡居民碳减排知识调研与科普宣讲团队等校级优秀团队，在江苏、黑龙江、河南等10余个省市开展多项特色活动，开设13个班级实践团队宣传公众号、微博、B站等宣传账号，向中国大学生网、多彩大学生、大学生网报等多家省级媒体投稿千余篇，多渠道多形式地展现班级文化特色，取得了极大的反响。

## 五、经验启示

“以思想为引，筑责任之基”班级特色社会实践文化发展体系以规范化、特色化姿态，全方面提升了2019级能源与环境系统工程班班级整体社会实践水平。通过理论知识学习、走访优秀党员、参观红色基地、宣传红色文化、防疫、支教、调研等多种活动形式，使同学们在学习态度、自我认识、协作能力和社交能力等方面得到良好的锻炼，提升了思想文化素养，增强了班级凝聚力和集体荣誉感，综合素质得到明显提升。然而活动的开展也存在一些不足。由于活动密度较大、准备时间较少、沟通协调难度加大、人员配备不到位，活动效果有所影响。但整体班级建设过程比较成功，是一个值得继续完善的优秀案例。

# 以书会友，与文相伴：在浩瀚书海中领略文化魅力

如何调动传统意义上的“理科生”参加各类活动的积极性，让天天与“理”接触的同学们徜徉“文”的海洋，实现高校人才多维度自我提升与发展，是理科班级急需解决的问题。为此，2015 级统计学班在学院的大力支持下，成功设计并举办了以“以书会友，与文相伴”为主题的读书节活动。班级班委通过谋划，精心设计了三个阶段：前期感受阅读氛围，中期集体阅读活动，后期多形式阅读会演。此次活动的举办，极大地提升了同学们的读书热情，打破了人际关系壁垒，拓宽了同学交际范围。通过不同形式开展，做到动静结合，张弛有度，是一次推进文化建设的成功主题活动，也是班级建设中一个值得推广的案例。

## 一、案例背景

泛娱乐化的信息时代，出现了大量快餐文化。在这样的社会文化背景下，2015 级统计学班对班级同学读书情况进行调查发现，除专业书籍外大家平时阅读书籍量不多、质不高。深入研究发现，同学们一方面觉得理科生没有必要读太多书籍，另一方面又被手机、游戏等娱乐方式占据了大量课余时间。为了让只关注专业学习的“理科生”感受到“文”的魅力，减少上

网娱乐时间，提高文学素养，提升综合素质，在2017年“世界读书日”到来之际，在国家“爱读书、读好书、善读书”的号召下，班级开展“与文相伴，享读书之乐；以书会友，承经典文明”读书节主题活动。

## 二、设计思路

考虑到上述问题，班级班委通过开会商量，认为需要从三个方面入手。第一，要根据同学们的现状确立活动目标，培养理科生的阅读兴趣、提高同学们的人文素养。第二，要针对数科院同学特点，以活动的方式推荐一些充满人文气息的书籍，在理性学习的同时，也感受到感性的关怀。并且采取理论与实践相结合的方式，通过书店阅读感受文字魅力，又通过唱歌、朗诵、表演等实践活动强化大家读书效果，使活动形式趋于多元化，内容丰富化，影响深远化。第三，要考虑到活动的长期性，规划好前期、中期、后期活动重点。前期准备通过一次班会，和班内同学讨论读书节的举办形式，并请同学们分享曾经阅读过的优秀作品，相互交流。在交流过后，分别前往书店、图书馆等地，寻找自己喜欢的书籍。中期实施阶段需要记录下每位同学阅读的书籍，选取合适的地点大家一起阅读，并作交流分享。此外，还需要向同学们普及图书馆各项最新设施的操作方法，为以后同学们在图书馆借阅书籍提供方便。后期汇报主要抓住“读、唱、演”三个方面，多样化地呈现自己的阅读成果。另有知识抢答环节，其内容大都来自同学们的阅读书籍。最后，邀请其他班级同学和辅导员老师参与其中，扩大活动影响力。

## 三、实施过程

### 1. 前期准备

召开有关读书月的班会，邀请每个同学依次上台介绍自己读过或者正在读的好书，然后让每一位同学选择一本自己想在接下来一个月内读的书。班委组织部分同学前往南京先锋书店五台山店，由此感受先锋书店浓厚的读书氛围，挑选合适的活动地点。

2. 具体实施

在图书馆偲怡园举行了第一次“26 人 1 小时一起读”活动，同学们都沉下心，认真阅读精心选择的书籍著作。继第一阶段的阅读之后，班级同学做了相关的民意调查，调查结果显示，95%的同学都十分喜欢本次班级活动，认为非常有意义。所以班级同学在图书馆四楼西共享空间又开展了第二次阅读活动。同学们都带来自己感兴趣的书籍集体阅读，学习氛围浓厚。阅读过后，同学们也都相互交流所读书籍的内容和体会。后期通过诗朗诵、国风歌曲演唱、经典著作表演的形式来巩固大家的读书效果，加深对阅读内容的理解，体会文学作品的内涵、情怀和精神。采用同学们喜欢的方式真正做到懂读书、读懂书。

3. 活动总结

活动历时一个月，内容层层递进，富有创意。同学们不仅没有消极退却，反而提升了读书热情。此次活动除了班级成员参加外，也吸引了其他班级同学和老师们的倾情加盟。活动举办有条不紊，活动形式多样有趣，既走出校园前往先锋书店，又有图书馆的集体阅读；既有书籍文字语言的学习，又有朗诵、表演、唱歌等多形式的实践内化。整场活动的方案、策划、流程都进行了图文留存，便于接下来对活动进行进一步改进，持续提高活动质量和影响力。

## 四、工作成效

此次读书节活动，全班同学积极参与，无论是每次相约敬文图书馆的“读书一小时”，还是读书节末尾的会演活动，同学们的参与热情始终高涨。

通过“每周读书一小时”，每位同学都至少读完一本书，在相对浮躁的今天，能够静下心来做这么一件事已经相当不容易，它引导我们发掘书本中的乐趣，不一味地沉浸于电子设备带来的虚拟满足。读书节会演让全班同学在感受经典魅力的同时，拥有了美好的校园回忆。这次活动得到了辅导员老师的称赞与支持，以及其他班级同学的热情参与，被作为优秀活动的典型进行了报道。

## 五、经验启示

“书籍是人类进步的阶梯”，“好书，像长者，谆谆教导；似导师，循循善诱；如朋友，心心相印。积累语言，丰富知识，而且能陶冶情操，受益终生”。2015 级统计学班举办的读书节活动，激发了同学们的读书热情。同学们在阅读中增长知识，树立正气，不仅活跃了校园文化，还营造了清风缕缕满校园的书香氛围。在活动中，同学们也发现了自身的问题：自从步入大学，坚持阅读的习惯已经慢慢丧失，快餐文学成为日常阅读的主要组成部分。所以这次活动，旨在引导大家亲近书本，喜爱读书，重拾书籍。通过阅读增长自身涵养，开阔眼界与心胸，进一步提高思想觉悟和文化底蕴。同时，有力地促进了和谐班集体的建设，营造了书香校园的氛围。我们也会继续本着促进同学们的综合发展，坚持弘扬传统和形式创新相结合的理念举办更多有意义的活动。此外，活动的开展也存在一些不足。由于书籍的选择取决于同学的个人兴趣，这就易造成阅读领域单一，知识视野较窄，跨学科学习能力较弱。但活动整体依然是比较成功的，是一个值得持续改进的优秀案例。

# 健康校园，运动抗“疫”：让体育精神迸发“心”力量

受新冠疫情影响，团学活动的开展也受到了限制。如何引导同学们从“居家抗‘疫’”安全顺利地过渡到“在校抗‘疫’”，成为这个特殊时期学校亟待解决的问题。在进一步做好疫情防控工作的同时，丰富同学课余生活，提高同学健康水平，走出寝室、走向操场，通过运动健身来抗击疫情成为各大高校新常态下团学工作的新方式。2019级社会体育指导与管理班按照学院工作部署，成立专项服务队，积极开展“健康校园，运动抗‘疫’”活动。此次活动的举办有效地解决了由社会层面、教育层面、个人层面带来的思想政治教育难点重点问题，缓解了因疫情防控带来的负面情绪，提高了思想政治教育的针对性与实效性，是班级建设中一个值得推广的案例。

## 一、案例背景

《中国居民慢性病与营养监测工作方案》指出，身体活动不足是慢性病患病的三大危险因素之一。我国青年发展研究中心的调研数据显示，大部分同学在疫情期间曾出现过恐惧、沮丧、失眠等明显异常生理表现和负向情绪。当前，国家全力推进“健康中国”建设，无论是社会人群还是在校师

生，无一例外地需要养成良好的运动习惯，进行合理的体育锻炼。通过参与适当的体育活动，增强身体机能、提高免疫力、塑造健康身材、舒缓负向情绪。2019级社会体育指导与管理班同学充分发挥专业人做专业事的优势，为全面健身指导、运动竞赛开展、体育组织建设等提供专业服务，带领全校师生运动抗“疫”，健康校园。

## 二、设计思路

考虑到上述情况，班级班委通过开会商量，认为需要从两个方面入手。一方面，要根据体科院学生的自身特点，充分发挥体育志愿服务的德育教育功能、人文教育功能、心理教育功能以及伦理教育功能；另一方面，要紧扣思想政治教育与体育志愿服务之间“教育对象同一性、教育目标统一性、教育路线互动性”的实际，围绕全校思想政治教育主体、主线、主调，进行一次针对性的思想政治教育理论创新与工具创新的尝试。“运动健将”钟南山院士就曾鲜明地表达了自己的观点：“体育运动要像吃饭、睡觉一样，成为生活中的一部分。”基于此，开学返校之后，班级积极组织形式多样、内容丰富的课余体育健身活动，希望同学们养成坚持体育锻炼的良好习惯、形成参与志愿服务的思维意识，让同学们感受到运动的乐趣、感受到服务的温度。

## 三、实施过程

1. 前期准备

集中开展的专项健身指导课程，依托“易班”平台进行报名，通过活动时间、地点、项目、要求、人数限制、报名链接等信息，同学在第一时间

“线上选班”。

2. 具体实施

在确保疫情防控的前提下，每期“健身班”限报30人。班级协助健将教师担任助理指导员。陆续开设了由艺术体操国际级运动健将钟莉老师授课的“有氧健身操”，跳绳国家高级教练员刘同记老师授课的“花样跳绳基础”，原国家体操队队员陈晶老师授课的“有氧运动基础训练”，原国家羽毛球队队员郭澄老师的“体育训练”，田径国家级运动健将杨凯老师的“田径体能健身课”，田径国家级运动健将许嘉楠老师的“有氧体能娱乐”等热门课程，在报名开始的短短数十秒之内名额就被一抢而空。截至目前，“易班”平台页面浏览量已达4706人次，签名墙562人次，已经开展18期“小班化教学”，近600名同学参与其中。

3. 活动总结

活动开展当天按照疫情防控要求布置场地，安排志愿者进行人员管理，做到在安全有序的条件下合理开展健身活动与赛事。活动开展当天全场拍照摄像，制作推文在网络平台推送。事后班委对班级同学的看法和建议进行了汇总，并整理成文档，便于接下来对活动流程和细节的进一步改进。

## 四、工作成效

通过对班级同学的思想政治教育现状和问题进行分析和思考，将体育志愿服务工作建设作为思想政治教育主阵地，积极构建“Sports For Society”的体育志愿服务理念。引导班级同学在进行志愿服务过程中形成“体育活动锻炼人、体育精神引领人、体育团队帮助人、体育奉献回报人”的文化气质和道德修养，潜移默化地影响着同学们的价值观念、审美趣味、思维模式和行为方式。并且可以提升体育专业同学思想政治教育实效性，形成一批可复制、可借鉴、可推广的教育成果。大部分同学在活动过程中锻炼了身体、提升了思想，是一次成效显著的班级建设活动。

## 五、经验启示

“健康校园，运动抗‘疫’”活动增强了同学们的身体素质，提升了同学们思想政治教育的实效性。在2019级社会体育指导与管理班“参与体育志愿服务活动后对同学的思想道德评价”这一问题中，选择有较大改观和有改观的教师总人数达99.6%。同学们普遍能够对思想政治教育的理念与做法有一定程度的认知，他们在现实生活中的实际表现良好，无违纪违规发生。他们能够将个人前途与国家发展结合起来，坚定理想信念，励志刻苦学习，积极投身实践，不断激发他们投身公共服务事业的巨大热情，是一个比较成功的活动。然而也存在一些不足，各个健身活动自成体系，相互之间缺少有效的高质量的链接，难以形成可复制可推广的健身模式。尽管活动微有瑕疵，但是整体活动安排高效有序、健身内容多样丰富，值得继续推广下去。

# 热论方言，自信文化：用方言探寻历史根脉

如何让来自不同省份的同学更充分全面地了解南京方言、感受南京文化、领略南京魅力，是班级文化建设的一个重点内容。为此，2018 级汉语言班班委通过谋划，精心设计开展了本次“热论方言，自信文化”活动。班级同学在对南京方言初步了解的基础上，由方言学授课老师宋益丹带领，集体拜访参观了南京方言工作室。此次活动的举办让同学们和南京方言发音人陈宗霞老师深度沟通交流，近距离体会南京方言的魅力。在拜访后，同学们用时一周从语音、语法和词汇三个方面对南京方言进行归纳总结，并在汉语方言学的课堂上分组进行了详细汇报。活动规模虽然不大，但是活动深度和底蕴悠长，是班级建设中一个值得推广的案例。

## 一、案例背景

班级同学接受了大量语音学方面的理论知识学习，但是缺少实践经验。语音研究尤其是方言研究需要进行实地考察，接触发音人，得到真实的语言材料，才能使同学们对于理论有更深的理解。同时，由于疫情原因，班级有较长一段时间未举行学术相关的交流活动，借此机会，同学们可以相聚一

堂，各抒己见，交流想法，以此让同学们得到更多的学术知识学习和思维锻炼，同时也增强了同学间的友谊，促进班级团结。

## 二、设计思路

考虑到上述情况，班级班委通过开会商量，认为需要从两个方面入手。一方面本次活动旨在鼓励同学们“深入体会方言，增长文化自信”。普通话的大面积普及在一定程度上挤压了各地方言的生存空间，“家乡方言怎么说”难住了一部分新时代青年。感受辽阔国土上各种语言魅力，让“说方言”亮起来成为彰显“文化自信”新风向。在亲身感受南京方言的魅力之后再进行消化，让同学们爱上方言、爱上方言研究，正是此次方言实践活动的目的所在。另一方面，要通过此次活动激发同学们对于方言实践的兴趣，领会实践的价值。南京方言调研活动，从前期准备到汇报结束，历时三周。以发音人的方言和文献资料为载体，激发了同学们主动探索方言、研究方言的兴趣，让同学们“在实践中学习，在交流中成长”。同时，将个人思考与团队互助相结合，最大程度上实现个人价值和团队价值，个体间互相启发、彼此触动，让全班同学共同成长。

## 三、实施过程

1. 前期准备

同学们就南京方言的语音、词汇、语法特点三方面分组，在这三个方面准备自己感兴趣的问题。

2. 具体实施

由方言工作室的陈宗霞老师就自己多年来整理出来的南京方言特点向同

学们做了详细的介绍。从锅碗瓢盆到身体五官、从民间游戏到坊间吆喝叫卖、从歇后语到尖团音，陈老师的详细介绍将同学们带入南京方言的绮丽世界。在介绍南京方言的趣味发音时，陈老师讲道："这是什么？哦摩托车，但是南京方言里面它可不叫摩托车，我们叫它放屁虫！"绘声绘色的讲解时不时勾出来同学们的笑声，席间"磨剪子嘞戗菜刀"的吆喝更是把气氛推向高潮。同学们向陈宗霞老师提出自己对南京方言中感兴趣的地方，由陈老师做详细解答。语音组的同学们准备了尖团音词表，词汇组的同学们准备了在南京方言中有特色称呼的事物的图片，语法组的同学们在和陈老师的聊天过程中捕捉到了许多南京话中的特色问法。汇报中同学们结合专业书籍和论文，分析活动中得到的方言读音，就方言中的尖团音、连续变调、以"儿"结尾和以"子"结尾的词语的差异、疑问词"啊"和"阿"等内容进行了详细探讨，随后，宋益丹老师还对同学们汇报的内容进行了补充和专业层面的讲解。

*3. 活动总结*

活动开展全程按照疫情防控要求申请和报备，做到在安全有序的条件下合理开展实践活动。活动开展当天进行全场拍照，制作推文在网络平台推送。事后班级同学进行汇报，相互分享心得感受，给同学们留下了难忘的青春回忆。

## 四、工作成效

此次活动中，班级同学的参与率为100%。在活动结束后的汇报环节，同学们纷纷表示，受益匪浅。"本次调研让我们对老南京话有了更具象、具体的了解，也感受到了老南京话的趣味魅力所在。南京方言的发展受朝代更替的影响，不仅具有南方方言的特色，在词汇上也与北方方言存在相似之处。老南京话中的儿化音（如盆、碟、碗、筷等词）数量之多是我没想到的，询问当地朋友后她也表示自己并没有这样用过，可见新老南京话的儿化差异很大。”同学们在课堂交流时如是说。此次方言实践活动于 11 月 22 日由南京电视台教科频道金色年代采访报道，同时登上南师大文学院官方网站“学院要闻”板块。活动参与师生反响热烈，纷纷表示，这种课外实践是深入了解专业知识的强大助力。通过此次调研，同学们感受到了南京方言的魅力和绮丽，也感受到了方言研究的细腻和深度，对同学们的专业课学习和专业素质培养有很大的帮助。

## 五、经验启示

感受辽阔国土上各种语言魅力，让“说方言”亮起来，是语言学专业同学义不容辞的责任。此次活动在一定程度上让更多的同学和社会人士感受到了南京方言的特色和魅力，为语言保护工作贡献了绵薄的力量。充分发挥专业特质保护传统文化和语言宝藏，是文学院学子勇于承担社会责任的体现。活动过程中，2018 级汉语言班各个小组的同学相互学习问题设计经验、交流不同专业方向的思考，协同进步，让班集体更具有凝聚力，班级的学风建设也产生了积极的影响。同时也让同学情更暖，师生情更浓。但是此次活动仍然存在一定的不足。在向陈宗霞老师提出问题时，未能充分考虑方言工作者过度矫正的情况，提供词表请陈老师发音，与陈老师在日常生活中的发音仍然存在一定的差异。今后设计类似活动时要充分考虑民间方言保护者的特点，避免专业词汇对调研的影响。尽管活动没有做到十全十美，但是瑕不掩瑜，效果还是非常显著，值得继续做下去。

# 研文献礼，知行合一：在文行忠信中砥砺前行

“子以四教：文、行、忠、信。”如何结合古典文献学专业特色，寻得一个“转译器”，以文献原典研读记诵为基础，引导班级同学在“知”与“行”的有机统一中涵养人生，厚实底蕴，成为当下每一个新时代文学者亟待解决的问题。为此，班级班委通过筹划，精心设计开展了四个活动：第一个活动是君子博学于“文”——读书交流分享会；第二个活动是笃“行”以达其道——镇江研学考察；第三个活动是无“信”不立不用——“与君同坐”系列班会；第四个活动是“忠”恕违道不远——“请党放心，强国有我”主题团日活动。四个活动的举办，让 2020 级古典文献学班的同学们兼顾文行忠信，内修外养，同时增强班级凝聚力。同学们在中华优秀传统文化中树立新时代青年远大志向，在“知”与“行”躬身实践中弘扬新时代青年高尚品德，是班级建设中一个值得推广的案例。

## 一、案例背景

由于古典文献学自身的专业特色，同学们在学习过程中容易出现理论和实践脱节的现象。通过调查发现，2020 级古典文献学班部分同学难以将专

业知识的学习和新时代班级建设的开展有机统一。而班级是学校的最基础单位，班级建设也是学校人才培养工作的重要组成部分。建设一个文化氛围浓厚、凝聚力强的班级，才能进一步为学校的事业发展以及同学们个人的成才成长做好充分保障。班级文化建设的积极开展，有助于激发班级同学的学习动力和专业志趣，形成积极向上的学习氛围，为培养具有开阔人文视野的古文献专业人才助力。同时，班级实践活动的组织，在拓宽班级同学学科视野、提升综合能力方面发挥重要作用。

## 二、设计思路

考虑到上述情况，班级班委通过开会商量，认为需要从两个方面入手，一方面要根据当下时代特点，围绕专业特色开展班级建设，把握时代脉搏。致力于阐述古籍文献积淀千年的丰富内涵，也要致力于在实践中弘扬中华古典文化，力求为国家输送古典文献整理与研究的专门人才。另一方面，打通“线上+线下”双平台建设，依托多平台，从班风建设、学风建设、文化建设、制度建设、网络班级建设等方面展开活动。由于传播媒介的迭代，古籍文献的了解方式也发生了翻天覆地的变化，同学们更乐于倾向使用互联网，更快捷地检索、了解、吸收、消化有关资源，而线下平台的开展则是对可能出现的“碎片化”进行预警，对有关古籍信息的再巩固。对此，我们设计了四个活动“君子博学于‘文’”“笃‘行’以达其道”“无‘信’不立不用”“‘忠’恕违道不远”，以提升同学们的参与度，促进研文献礼的认可度。

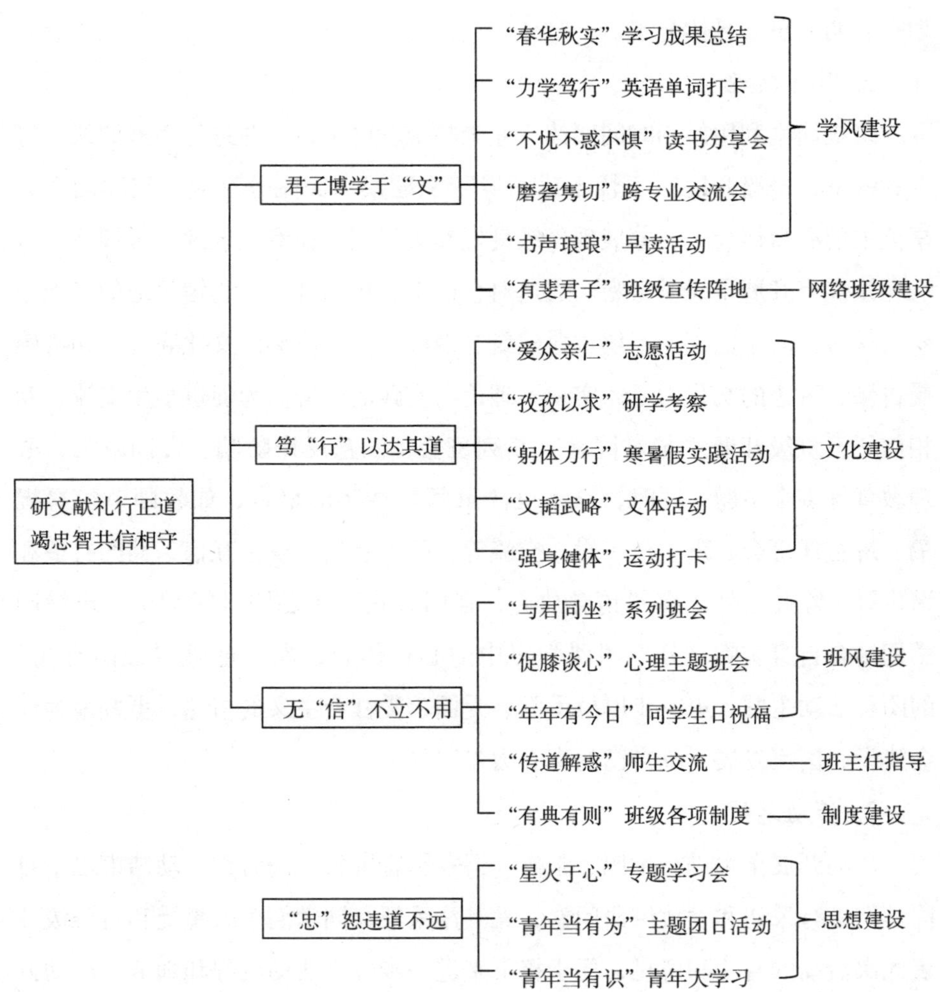


# 三、实施过程

1. 前期准备

班级班委通过请教专业课老师，并于班级内部开展投票，制定了读书分享交流会的书目。与镇江市金山寺、焦山碑刻博物馆等地提前联系，沟通并制定实地调研计划。班委通过讨论制定了班会活动策划书和主题团日活动策划书，明确班委具体分工。

2. 具体实施

班级同学利用假期时间阅读专业老师推荐的书目，并进行摘抄的线上打卡；线下，班级开展“不忧不惑不惧”主题读书交流分享会，鼓励同学分享读书的心得体会，充分展现班级良好阅读氛围。在专业老师的带领下，班级在镇江市开展了研学考察。通过对金山寺、焦山碑刻博物馆等地的实地考察与学习，同学们深刻了解古典建筑、碑刻、摩崖石刻的文化底蕴，切身感受古籍、古迹的文化力量，实现了理论与实践的交融。为促进学生交流，互相信任，班级开展“与君同坐”系列班会，涵盖反诈防骗、资助政策、心理教育等多个主题。同时，班级也注重师生情感的培育，如教师节惊喜祝福、班主任班会、班主任一对一交流等。师生互信、学生互信，共同打造和谐班级。除此之外，在“请党放心，强国有我”主题团日活动中，班级同学们结合自身实际，分享团课学习中的心得体会，深入理解“强国有我”的团日活动主题，进一步厚植爱党、爱国、爱社会主义的情感，更好地为社会建设、国家发展贡献自己的青春力量。

3. 活动总结

活动开展全程进行拍照、录像，留存影音资料，同时在活动结束之余对同学们进行采访和发放调研问卷，尤其注重征集同学们个人感受和对班级开展此次活动的看法和意见，便于接下来进一步改进活动流程和细节。活动方案和影音资料的留存，便于在日后的活动中同学们能够直观地发现自己的进步，给同学们留下不一样的活动体验。

## 四、工作成效

班级在过去的班级活动中参与率达 100%；班级志愿服务总时长高达 3429 小时，人均志愿服务时长 100 小时以上，个人志愿服务时长最高达

248.5小时；班级公众号“有斐君子·廿柒”共发原创推送43篇，用户总数达109个，公众号总阅读量达3287次，“一朝沐杏雨，终身念师恩”单篇阅读量达621次、“四方食事，烟火南师”阅读量达422次。过去举办的各个班级集体活动在师生中反响强烈，班主任、辅导员及专业老师都给予高度评价，对班级将专业特点与活动紧密结合的做法给予了充分肯定。

## 五、经验启示

四个活动从多维度奠定了2020级古典文献学班班级文化建设的活动成效。通过多线程的读书分享活动、实地调研活动、主题班会和团日活动，同学们深入了解，在共同努力下构建了严明的班级制度、班委管理制度、考勤制度、财务制度、选举制度和会议制度，从而打造出了规则明确、纪律严明的班集体，提高了活动的工作效率及完成度。强调师生间的交流与互动，鼓励同学们与班主任、辅导员及专业老师进行深入交流。虽然班级建设成效显著，然而还有一些可以改进的地方。比如，可通过定期召开班主任班会和辅导员班会，加强老师对班级整体学习和心理动向的把握；为帮助同学们拓宽视野，可以与中国语言文学类的同学们进行跨专业交流，并邀请古典文献学专业优秀学长学姐分享学习心得和考研经验，增进同学们对于古典文献学的了解与认知，打造更为温暖有爱、团结共进的班集体。

# 团日团辅，拉近你我：多维度助力青年学子综合素养提升

如何开展有意义有特色的团日团辅活动，在班级建设中充分发挥新闻传播专业优势，是班级建设的一个困扰。为此，2016 级新闻传播班分别以“长征”“诚信”“十九大”“两会”为主题背景，辅以视频、文件、新闻报道、讨论等多种形式开展了四场主题团日团辅系列活动：第一个活动是“弘扬长征精神，争做红色传人”；第二个活动是“诚信在身边，文明伴我行”；第三个活动是“新传人走基层，家国心新情怀”；第四个活动是“两会精神新时代，新传青年树先锋”。四个活动的开展打破了人际壁垒，利用角色扮演等环节增进同学间感情，拓宽了同学间的交际范围。团日团辅活动的开展给同学们的思想带来了极大的解放，提升了班级建设的热情，在“小”活动中品味出“大”意义，是班级建设中值得推广的案例。

## 一、案例背景

团日团辅活动是大学生思想政治教育的重点课程，而目前的团日团辅活动存在形式单一、主题单薄的发展困境。调查发现，许多同学对参加团日团辅活动的积极性不高，参加活动受益度不足。由此，将团日活动与时代主题

相结合，顺应了时下热点，也给同学们带来了不一样的活动体验与收获。2016 年正值长征胜利 80 周年，弘扬长征精神是当代大学生的时代责任和使命。诚信一直是社会广泛关注和讨论的话题，它关乎着为人处世，更与人格修养有着极为密切的联系。

## 二、设计思路

考虑到以上情况，2016 级新闻传播班班委通过开会商量，认为需要从四个方面入手。首先，开展团日活动引导大家学习长征精神，沿着明确的道路不断前进，找到属于我们这代人的长征路。活动分为外场和内场，外场是模拟采访，设置与长征精神相关的问题。内场是新闻发布会，六位发言人就“长征”发表自己的感悟。后期将两场的视频剪辑到一起，做成新闻发布会的现场直播节目。其次，表演“考试作弊”的迷你情景剧，模拟媒体发言人分享诚信新闻，观看院内同学自制的诚信新闻播报节目。随后，邀请院内暑期实践优秀团队，分别就传统文化、基层民生、国家建设和媒体媒介分享实践故事并观看视频短片。最后，以新闻发布会的形式，深入体验记者、新闻发言人等身份，深刻体会“两会”精神。

## 三、实施过程

1. 前期准备

班委会详细讨论举办活动的形式和分工问题，包括搜集资料、制作 PPT 等。提前采访教室内自习的同学和学校教授制作外场场景。

2. 具体实施

内场新闻发布会的六位主讲人，在接受提问后就长征话题进行现场分享，同时邀请辅导员进行交流指导。现场表演情景剧部分，内容主要集中在考试作弊后的改过自新、新型作弊方式等。情景剧结束后，进行诚信新闻分享会，5 名同学分别站在不同媒体发言人的角度，分享解析一则与诚信相关的近期报道，现场同学互动讨论发表看法。此外，就党的十九大涉及的四个不同方面的话题，优秀暑期社会实践团队从一张照片出发，生动讲述调查研究的故事。观看四个涉及非遗、“四个全面”、家乡变化、改革开放的短片，其中《还看今朝》是不同记者以报道的方式，诉说自己家乡的变化。“两会”主题团日活动中“新闻发言人”结合《辉煌中国》与《厉害了我的国》中的片段、“两会”文件、“两会”现场的报道，分别介绍了“两会”的主要精神和内容。记者团队站在医养融合的医院方、农民、工人等不同角度，对发言人进行提问，进一步了解“两会”精神。

3. *活动总结*

活动开展全程进行拍照、录像，留存影音资料。除此之外，通过聊天、讨论侧面收集同学个人感受和对班级此次活动的意见，便于日后活动的再改进。

## 四、工作成效

团日团辅系列活动，每一个主题团日活动的人数参与率约为 95%，平均每场有 40 人参加。全体班委参与主题团日的前期工作，团辅由两位心理委员主要负责，其他班委协助。其中，“诚信”主题团日活动，邀请了辅导员老师参加。十九大主题团日活动，邀请了院内暑期实践优秀团队的队长分享故事经验。“两会”主题团日还邀请了校团委老师参加。四次活动的开展让同学们体会了丰富多样的主题团日活动，对班级建设充满了热情。

## 五、经验启示

2016级新闻传播班四次团日活动带领班级同学关注时下热点问题，关心国家政治，树立和践行社会主义荣辱观，遵守社会公德，形成良好的品格，配合学院思想政治工作的开展。通过开展团日活动，班委们提高了工作能力，一起策划了各式各样的班级活动，加深了同学们对班级意义的理解。丰富多彩的活动内容，能有效地与同学们的兴趣爱好、个人发展相结合，在互动的过程中增进了班级同学间的凝聚力。然而活动的开展也存在一些不足。在角色扮演中，受年龄和行业经验的影响，同学们未能很好地刻画出人物的言行举止，但是整体活动安排高效有序，在一定程度上为接下来的活动开展提供活动经验。

# 百年红船，歌声飞扬：让党史精神浸润时代歌声

“建党有我，为党献礼”，时值中国共产党成立100周年之际，如何开展一项极具教育意义的红色主题教育活动，促进同学们对建党精神的深刻理解，是年轻一代所需的必修课。为此，2019级音乐学（师范）班班委积极响应学院号召，参加了由南京师范大学党委组织部（党校）、党委教师工作部以及音乐学院党委在我校新北区大礼堂联合开展的一堂意义非凡的音乐党课——“百年红船歌声扬”。本次音乐党课由南京师范大学音乐学院党委钢琴教师支部书记张昱煜教授主讲，音乐学院全体党员教师和三大学生艺术团共同参与。通过班集体不同活动的实践尝试，增强了班级的凝聚力，在实践中收获经验，在荣誉中收获感动，是班级建设中值得借鉴的案例。

## 一、案例背景

近年来，音体美教育在义务教育中不断推进，越来越受到社会的关注。音乐学院的同学们作为用音乐服务社会的新时代青年，更需要在专业建设中融入建党精神学习，让每一个人都有属于自己的角色，都绽放出自己的精彩。正值中国共产党成立100周年之际，本次音乐党课将音乐和党史有力结

合，将理论投入实践，厚植爱党爱国精神，用音乐与表演回顾历史，展望未来。

## 二、设计思路

根据“百年红船歌声扬”主题特征，2019 级音乐学（师范）班班委通过开会商量，认为需要从以下三个方面入手。首先，锻造班级凝聚力。通过组织班级成员共同参加各项活动，在平时的排练中熟悉彼此、增进友谊，增强班级的凝聚力和归属感。始终坚持用音乐走进人心、服务社会的初心。其次，发挥不同主体间的合作效力，使活动更为圆满与精彩。班级参加的活动是一堂“百年红船歌声扬”的音乐党课，其内在的肃穆性不言而喻。因此，通过一次又一次的排练以及走场彩排，将音乐和党史结合，最终给观众们带来了不一般的视听盛宴。全国高校党建组织员培训班学员、南京师范大学先锋党校和青马班全体成员共同参加学习。最后，“红船精神”是一份需要长期恪守的时代准则，以本专业的学习融合其精神意志，实现了现代与传统的跨世纪交流，这对于同学们而言是一次难能可贵的实践经历。

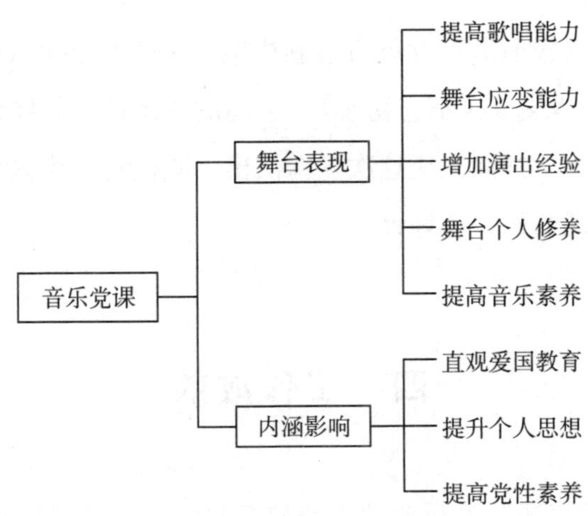

## 三、实施过程

1. 前期准备

在排练时间和次数、发车时间和地点、服化准备和统筹、曲目选择和练习、彩排安排与走位（本次党课甄选出一些具有代表性和时代特征的音乐与舞蹈作品，如《红星照我去战斗》《三大纪律八项注意》《万泉河水清又清》）等方面与相关团队进行沟通与确认，并采购活动物资，做好后勤保障。

2. 具体实施

班长通过召开班级班会向同学们介绍“百年红船歌声扬”活动，调动同学们参与积极性。在现有节目单的参考下，确定不同节目的人员配备，包括人员的站位、男女生的比例搭配等，通过同学间的互相配合，进而增强熟悉程度，增进同学友谊。另外，提供跨部门、跨学院的沟通交流机会，在增强班级凝聚力的同时，可以与青马班、先锋党校学员分享交流，他们的加入更有利于同学们对于“红船精神”的解读。

3. 活动总结

共同演出了《没有共产党就没有新中国》《三大纪律八项注意》《在太行山上》《社会主义好》《不忘初心》。三周的排练让我们团结一致拧成一股绳，大家齐心协力，共同完成这次党课演出。我们每一个人都受益匪浅，演出也得到了现场观众的一致好评。

## 四、工作成效

“百年红船歌声扬”音乐党课于我校新北区大礼堂顺利开展，班级共25

人，参演人数22人，参与率88%，辐射面广，全国高校党建组织员培训班学员、南京师范大学先锋党校以及青马班全体成员共同参加学习。通过多次集体活动，班级形成了独特的班风，给学院老师留下了深刻的印象。与此同时，相关宣传报道也登上我校音乐学院公众号，获得了一致好评。

## 五、经验启示

音乐党课开篇独唱《南湖的船——党的摇篮》讲述了中国共产党的成立，《松花江上》《在太行山上》等作品体现党带领人民抗击侵略的中华民族精神。一首又一首的红歌体现出中国共产党带领人民争取民族独立人民解放，实现国家富强的艰苦奋斗之路，是激励人民不忘历史奋勇前进的动人旋律，是进行爱国主义教育的生动教材，它集视听表演于一体，具有直观的冲击力和动人心弦的丰富内容。活动结束后，2019级音乐学（师范）班每位同学都获得巨大收获，树立了坚定的理想信念，激发出更强烈的爱国情怀，让我们更加懂得音乐绝非虚无缥缈，而是立足历史的真实反映。将音乐融入历史，将歌唱落于现实，在歌声和舞蹈中增强党性修养，提高审美能力与艺术素养。

# 助力脱贫：打造综合实践型优质班级

2018 级财务管理班是有思想、有力量、有情怀的大家庭，班级同学始终以“积极投身实践，提升综合能力，助力社会发展”为发展理念，积极投身实践，争做社会有用之人。在“疫情+脱贫”的特殊时期，班级积极鼓励同学参与各种社会实践活动，进基层、做实事，为社会解忧愁，助力民族攻坚克难。通过集体的社会实践活动，同学们提升协作、组织、操作能力，加深同学们的相互了解，提高班级凝聚力。

## 一、案例背景

2020 年是疫情防控的战“疫”之年，也是脱贫攻坚的收官之年。全国人民团结一心共抗疫情，盼望早日恢复正常生活。为弘扬学校的厚生精神，丰富同学们的大学生活，提高同学们的实践能力，培养同学们的社会责任感和民族使命感，2018 级财务管理班特成立了抗疫脱贫实践小组，为同学们创造更多的历练机会，在特殊时期为民族复兴贡献出青春的力量。

## 二、设计思路

班级组建三支实践小分队，以“一条主线·两个堡垒·三个焦点”为导向开展实践活动。一条主线：非常之年勇担当，投身实践促发展。班级全体同学跟随党的脚步，以家国命运为己任，在国家艰难时期做实事，谋发展；两个堡垒：班级党员、团员齐心协力，助力实践完美收官。在实践活动中注重“以党带团”，党员发挥先锋模范作用，带动团员投身实践；三个焦点：活动聚焦于经济发展、脱贫致富、扶农助农三个方面，切实助力社会抗疫、农民脱贫。通过实践活动提高同学们的实践能力，为社会做实事，非常之年助力脱贫，打造综合实践型班集体。

## 三、实施过程

1. 四省实践，活动丰富

活动以班级两位党员和班长为队长成立三支实践小分队，同学们根据自身情况报名参与。同时秉承“以老带新”的校院精神，吸收2019级新生加入实践团队，实现“厚生”精神的传承。三支小分队分别前往贵州、云南、四川、江苏多地开展活动。同学们利用新兴网络平台化身主播直播助农，进果园为果农直播宣传带货，购买物资关怀留守老人，为社会民众宣传疫情防控工作，为山区贫困户儿童送学习用品，为山区贫困户实现脱贫出谋划策。

2. 加大宣传，传递厚生

为扩大影响力，吸引更多有志青年加入实践活动，班级成立宣传小组，负责后期活动宣传，班级实践活动事迹被多家媒体正面报道，得到了社会和学校的高度认可。

3. 开拓基地，长期实践

实践活动接近尾声，班级同学主动联系当地政府建立班级长期实践基地，这为今后同学们扶农助农，在实践中不断提升自我能力提供了可持续发展平台。

## 四、工作成效

首先，网络直播流量高，为民宣传创收益。此次实践活动得到同学们高度认可，班级全员参与其中，果园直播助农浏览量达50万人之多，在为农创收的同时起到良好的宣传效果。其次，政府书面感谢，活动备受鼓舞。各地果农直播起到良好的宣传效果，果农们送水果表示感谢。进山区扶贫的工作得到当地居民肯定，部分政府以书面的形式对同学们的工作表示感谢。最后，媒体聚焦报道，宣扬志愿精神。此次实践活动被中国共青团网、今日头条、搜狐网、大学生在线网等多家知名网站报道，新闻浏览量接近30000余次。

## 五、经验启示

党团齐心分工明确，专业团队协同管理。在本次实践活动中，2018级财务管理班成立专业小组开展相应工作，积极发挥党员先锋模范作用，每一个环节都专人专事，分工明确以党员带动团员，坚持党团共建成为活动顺利开展的坚强后盾。弘扬“传帮带”精神，发挥朋辈教育力量。班级同学不仅注重班级自身发展，还带动新生班级共同参与，鼓励更多的班级加入“厚生”队伍，积极投身实践。班级同学热情给新生指导工作，在实践活动中大家团结一心、互帮互助，保证活动顺利开展。开拓实践教育基地，形成长效育人模式。班级同学在实践活动结束后，及时与政府达成协议。以此次活动为基础，同学们每年定期前往当地开展系列特色活动。在促进当地发展的同时，也能提升同学们的综合能力。

# 融会贯通：以“活教育”思想引领班级五大领域建设

2018 级学前教育班秉承陈鹤琴先生的“活教育”思想，结合班级实际情况，开展具有班级特色的文化创建，以“健全的身体、服务的精神、建设的才智、创造的本领、交流的能力”作为班级文化创建的目标，坚持“做中学，做中教，做中求进步”，以学前教育专业特色为班级特色，将幼儿园领域中健康、社会、科学、艺术、语言五大领域作为班级文化创建的途径，班级同学在实践中增长自身才干，培育自身品格，实现领域齐绽放，全面促成长。

## 一、案例背景

2018 级学前教育班自建立以来，致力于结合学前教育专业特色进行班级建设。在建设过程中遇到如下问题：第一，班级成立时间较晚，成员间的归属感与凝聚力尚未形成，班级整体较为松散，缺乏精神引领与建设方向；第二，理论与实践脱节，班级的社会参与性较低；第三，班级艺术文化氛围较弱，缺乏未来工作所需的基本技能；第四，同学学习缺乏科学性和自主性，形式趋于单一和被动。针对以上问题，班级全体同学共同探索解决方案，将陈鹤琴先生的“活教育”思想作为班级的精神引领，以健康、社会、科学、艺术、语言五大领域作为班级特色建设的方向。

## 二、设计思路

班级传承“活教育”思想，共建五大领域，以幼儿园领域中健康、社会、科学、艺术、语言五大领域为内容，将“活教育”思想渗透其中。以此领会“活教育”目的论的思想内涵，培养德智体美劳全面发展的未来学前教育教师。

## 三、实施过程

1. 健康领域：“健全的身体”

秉承“活教育”思想中对“健全的身体”的要求，加以实际生活中对心理健康的需要，班级实行如下工作：（1）身体健康方面：将专业知识运用到实际生活中，对自己的一日食谱及幼儿园食谱进行了专业性的评析；疫情期间，运用专业知识为开学防护出谋划策，经过分类与归纳，提出90余条建议；除形体课、舞蹈课外，积极组织集体户外体育活动。（2）心理健康方面：建立班级心理气象站，定期进行温馨提醒；打造班级心理咨询室，针对性地帮助同学排解忧虑；每逢佳节，互赠贺卡与小礼品，增加成员的归属感和认同感。

2. 社会领域：“服务的精神”

“活教育”的特色之一就是：服务社会。班级在社会领域的建设中将课程学习与社会服务相结合。（1）疫情期间，给返校的同学发放亲手绘制的防疫手册、为医护人员录制祝福音频、开展抗疫主题云演讲等。（2）组织班级社会实践活动，包括带领孩子学汉礼、组织幼儿园健康教育活动、辅导自闭症儿童画画等。

3. 科学领域：“建设的才智”

“活教育”的特点体现在“自订法则来管理自己”，班级坚持将其融入“建设的才智”中。（1）制度建设。班委共同研讨，结合全体同学的建议，制定出财务管理制度和轮流服务制度等基本班规。（2）教具创作。制作科学玩教具 42 个，将所学知识与实践相结合。

4. 艺术领域：“创造的本领”

“活教育”的特点体现在“发现内在的兴趣，获得求知的方法，训练人生的基本技能”，结合对“创造的本领”的要求，班级实行如下工作：动员班级同学积极参与文娱活动；进行艺术技能课程学习，在学习中发现艺术。

5. 语言领域：“交流的能力”

交流是生活中不可缺少的一部分，它是人与外界互动的一座桥梁。秉承对“交流的能力”的要求，班级实行如下工作：（1）开展班内交流会，邀请来自港澳台和马来西亚的同学进行交流分享。（2）鼓励班级成员参与海外游学，锻炼外语表达能力，接触多元文化；疫情期间，班级同学与美国宾州大学同学共同创作中英双语绘本，并通过线上平台给美国儿童朗读绘本。

## 四、工作成效

经过班级全体同学的共同努力，班级在建设过程中共获南京师范大学“特色团支部”称号等 11 个校级院级奖项。全体同学身心健康发展，体测通过率达 100%，心理健康率达 100%；全班同学秉承“做中学”理念，实践性得到增强，共撰写见习报告 924 篇，社会志愿服务率达 100%；班集体共同追求主动学习、科学探索的品质，课堂出勤率均为 100%。同学们逐渐培养起对技能学习的兴趣，班级艺术气息浓厚，建立线上文化平台 13 种，绘制原创绘本 15 册、集体绘本 3 卷，制作教具 46 个；班级多元化与组织化共同发展，凝聚力大大提升，集体活动参与率均达 100%，师生参与满意度达 100%。

## 五、经验启示

班级的建设不仅需要正确的精神引领和明确建设方向，更需要班级每位同学的支持配合。在对陈鹤琴先生“活教育”思想内涵的融汇下，2018 级学前教育班找到了建设的方向，并为之共同努力，把班风、学风、文化以及思政工作都融入到班级的五大领域中，以极具专业特色和班级特色的形式进行建设，取得良好的效果。

# 第四篇

# 制度建设篇

什么是制度？其实，我国古代很早就出现了制度的提法，战国时期的《商君书》就指出："凡将立国，制度不可不察也"，意思是国家的成功治理，要依靠制度。古代对于制度的理解，和现今对于制度的理解是十分接近的。从当代社会科学的角度来理解，"制度"是一个宽泛的概念，泛指以规则或运作模式，规范个体行动的一种社会结构。具体来说，就是指在特定社会范围内统一的、调节人与人之间社会关系的一系列习惯、道德、法律、戒律、规章等的总和。

没有规矩，不成方圆。制度是一种有目的性建构的存在，要求人们共同遵守相关的办事规程或行动准则，其蕴含着价值判断，影响、规范着人们的行为。制度是人类社会得以正常运转和发展的必要条件，也是任何一个组织得以正常运转和发展的必要条件。大学也不例外。捷克著名教育家夸美纽斯早在17世纪就提出了制度对于学校存在和发展的重要作用：没有制度，任何社会组织都会乱套，大学这种社会组织也一样（见《泛智学校》）。大学制度就是大学这个特定社会组织中的成员应该共同遵守的规则体系。大学制度存在的理由就是通过规则和运行模式保证大学实现培养人才、研究高深学问、服务社会、传承文化等功能。

同样，作为大学日常管理、运转的最基层单元，学生日常生活、学习的主要载体，班级的制度建设对大学办学、人才培养具有重要意义。一是班级的制度建设有利于推进依法治校，营造和谐校风。依法治校是新时代高校的必然要求。高校依法治校，即高校要在管理、教育、教学、服务等方面建章立制，以保障学校发展、人才培养、社会服务等的顺利开展。这其中牵涉多个环节、多个主体、多种因素和多种关系，而学校与学生这两大主体的关系最为重要，不可或缺。而班级作为学校教育秩序的一部分，班级制度建设作为依法治校中的基础一环，最能反映学校与学生关系，班级制度建设得越好，学校与学生的关系也就越和谐，校风就越好，反之亦然。二是班级的制度建设有利于实现人才培养目标，营造良好班风。班级制度建设，就是为了保障班级在大学生思想政治教育和创新型人才培养目标中的主体地位，用制度去规范和指导学生的日常生活，保障学生的权利与义务能够得到公平公正公开的落实，进而营造积极向上、全面发展的良好班风，从而提高高校班级管理的效率与质量，促进班级建设与个人成才的优良互动，促使学生更好地成长和发展。

一般而言，班级制度建设的内容主要包括日常管理的基本制度、班级开展各类活动的机制两个方面。具体而言，班级日常管理制度包括例会制度、班委会制度、纪律制度、奖惩制度、监督制度等。班级的活动机制则比较多样，高校班级在活动机制中主要的做法有：一是班级建设评价机制。班级建设实现科学发展，离不开科学合理的评价考评制度。这方面主要围绕班级各项教育实践活动的组织策划、运行管理、参与效度、教育实效等，制定具有综合性、可操作的班级评价制度。二是班级建设运行机制。班级作为高校教育教学最基层的组织单位，接受学校、院系多条块多部门共同管理，班级制度建设须统筹考虑在教务、学工、团委、院系等单位领导下协调运行。三是班级建设动力机制。在班级建设中，辅导员、班主任、班委班干及班级成员的主动性和积极性是班级建设的内生动力。通过建立相关工作、学习、考评制度，推动班级管理者综合素质和能力提升的制度模式。

行之有效的制度设计是班级建设实现规范化、科学化的必要前提。要制定规范化、科学化、合理化的班级制度，至少要做到以下三点：一是班级制度建设要有章可循。班级的规章制度不能与现有的法律条文和法治精神相违背，班级的制度内容要符合高等教育相关规章条例，要在《普通高等学校学生管理规定》以及本校学生管理规定等的范围内。二是班级制度建设要具有可操作性。以制度明确权责、以制度准确分工、以制度协同组织、以制度跟进行动、以制度提高效率，是班级制度制定的基本要求。如果班级制度制定出来，不具有实操性，束之高阁，那是无效的。制度制定的目的是让学生自觉去遵守和执行这些规章制度，从而使得学生的日常行为规范有个指引方向和基本遵循。除此之外，班级制度的制定要与班级的文化、学生的发展紧密联系起来，要为和谐班级的建设创造一种健康向上的吸引力和影响力。三是班级制度建设要个性化。在对班级制度进行规范的同时，高校应综合多方考量，形成具有自身特色的班级管理工作理念。一般来说，班级制度主要包括班级管理制度、班级民主制度、班务公开制度、班级奖惩制度、班级活动制度等。在实际制定和完善的过程中，每个班级也应当根据班级实际情况、专业特色、自身优势以及目标愿景等“量身定制”属于自己班级的专有制度。

# 班团互融：多措并举夯实班团一体化

2015级文科强化班针对班级“班”与“团”各自为线且“班”强“团”弱的现象，创新工作思路和方法，科学系统地设置了“班团一体化”的工作机制。在推动班团一体化运行过程中，班委、团支委以及全体同学协同工作，密切配合，通过“以宿促班”“专团结合”“媒介互动”等举措的实施，着力夯实基层基础，凝练了班团特色，有效地提升了班级的凝聚力，提高了团支部的战斗力。

## 一、案例背景

为了贯彻习近平总书记提出的“群团组织要增强自我革新的勇气”的重要指示要求和《高校共青团改革方案》，高校各团支部要根据自身实际情况，提出班团一体化工作方案。作为荣誉学院的班级和团支部，2015级文科强化班对标对表，通过自查，发现班级存在以下问题：“班”“团”各自为线，且“班”强“团”弱，“团”未能充分发挥引领、团结、帮助青年等作用。因此，如何优化整合“班”“团”，形成并落实“班团一体化”工作机制，成为班级制度建设中的一项重大任务。

## 二、设计思路

为促进班团一体化建设，提升班团组织的吸引力、凝聚力和战斗力，班级以目标为导向、以问题导向、以实践为导向，采取多措并举的方式，即通过明确班委、团支委的职能与职责，充分发挥班委、团支委作用；以宿促班、由班促团，将基础团务通过基层宿舍建设活动以规范班团一体化，以宿舍小群体和谐促进班级大群体和谐，班级大和谐利于共青团在思想上的引领作用；以媒为介，共享互动，班级充分发挥了网络新媒体的独特优势，鼓励班级同学结合节日和时事热点同录制视频资料，增强互动性；充分发挥多专业优势，在班级建设中依据专业不同进行分组，并将专业小组与团小组有机结合，将思想建设融于日常的工作学习之中，从而做到真正实现班团一体化。

## 三、实施过程

1. 以宿促班、以宿成团

宿舍作为班级的子集合，其建设对促进班团一体化的建设有着至关重要的作用。加强制度设计与建设，促进和谐良好宿风的建成，提升宿舍作用在班级团支部建设中的覆盖面和影响力。建立健全以宿促班的各项管理制度，将基础团务（规范团员发展、严格团员证注册工作、团费收缴使用等）工作细化下放宿舍建设中，成为宿舍建设的一项功能，强化宿舍建设的政治性和思想性。实践证明，以宿促班团，是规范班团一体化的重要举措。

2. 专团结合，思想学习提升两不误

班级以问题为导向，以解决实际问题为落脚点，特别是着力解决团支部功能虚化弱化，凝聚力不高，团员身份认同感低、教育管理的办法不多、团组织生活影响力不高、效果不明显等问题，将专业小组和团小组结合，实现了思想素养和专业成绩双提高。专业小组作为班级同学学习的专业群落，在交流学习专业知识、研讨科研竞赛等方面助力了同学们的专业素养提升；同时，专业小组作为团小组，在强化团务知识和政治理论学习上，起到了组织保障的作用。专业小组与团小组的结合，使得同学们有机会进行两者有机互融。而班级则通过专业小组和团小组进行思想引领、理论学习、文化建设、团务管理等工作，促进班级和团支部工作一体化。

3. *主题班会和团日活动一体化*

实现主题班会和团日活动一体化是班团一体化在活动载体上的一个重要体现。无论是班级还是团支部都需要定期召开主题班会和团日活动。在班级活动开展的同时，对活动的思想性提升要与团支部的工作紧密结合起来，同时重视团支书在活动开展中的指导性作用，以扩大支部活动影响力，提升活动的立意和水平。在班团一体化活动上，班级开展了“探寻大师足迹”“最美宿舍”“百科知识竞赛”等一系列活动；传统佳节之际也举行了相应的特色主题活动，如“元旦祝福视频录制”“秀出你的年夜饭”“端午香囊制作”等，这些活动既促进了同学们对传统文化的理解又增强了班级凝聚力。

4. *以媒为介，共享互动*

班级通过网络新媒体的传播平台，以班级事务处理为基础，结合时事热点充分发挥网络新媒体的独特优势开展团支部建设。许多活动如新春祝福视频、微信公众号文案征集、喜马拉雅 FM“改革开放 40 周年”诗朗诵征集等在线上开展，同学们因不受时空限制，参与更加积极活跃，有力地促进了团支部思想政治教育的实效性和班级团结协作性。

## 四、工作成效

多措并举推动班团一体化建设，实施成果斐然。班级同学积极性得到提高，各类思想教育、理论学习、学风建设、校园文化等活动参与率高达100%；班级党员人数居全院各班首位，班级学风浓厚，近一年有22人次获得省级及以上奖项。相关举措得到学院领导、辅导员们的肯定与认可，得到学院其他班团的借鉴和效仿，可行性与推广性得到初步肯定。

## 五、经验启示

班团一体化是新时代高校思想政治教育改革实践中立足人才培养根本，因时而进、因势而化的育人创新举措。班级探索班团一体化举措，实际上就是充分发挥班团思想政治引领作用，挖掘班级育人效能，调动同学自我管理、自我服务、自我教育的能动性，促进班级的和谐团结，激发团员热情，增强团员青年对团支部的归属感、责任感和使命感，为班团组织的发展贡献智慧和力量。2015级文科强化班结合共青团改革要求，积极推动班团协同育人机制建设，助力学校和学院落实立德树人的根本任务。

# 凝集四海：同心共建“4+1 寝室”制度

为了更好地帮助转专业学生度过新环境的适应期，促进转专业学生融入原班集体，加强班级团结合作，2017 级汉语言文学师范班全体班委立足班情，精心谋划，认真组织，全面筹划，制定了“4+1 寝室”制度，采用丰富多彩的形式，积极做好转专业学生的相关工作，高效解决转专业同学融入集体问题，实现了更有效的班级管理。

## 一、案例背景

班级大二学年新增加了 19 名转专业同学，这对于任何班级来说，都是一个庞大的数字。而转专业同学来自各个不同的学院，离开自己原有的专业班级和人际交往圈子，需要尽快投入并适应新专业的课程学习，融入新班级，建立各种新的人际关系。学期伊始，针对转专业同学可能会面临的问题，2017 级汉语言文学师范班全体班委根据原专业同学数量众多，住宿较集中的基本情况，创新“4+1 寝室”制度，帮助转专业同学更好地度过过渡期，同时借助班级宣传平台，充分发挥榜样作用。

## 二、设计思路

“4+1 寝室”制度是创新将 1—2 名转专业同学与原专业一个宿舍 4 人结成对子，在学习与生活方面形成互帮互助关系的班级管理制度。将构成复杂、住宿分散、难以统筹管理的转专业同学以原专业同学所在宿舍为单位进行分组，以老带新，提升班级整体凝聚力。该制度通过化整为零的形式，提供平台加强转专业同学与原专业同学的交流和沟通，为班级开展各种活动和传达信息提供便利，及时解决转专业同学适应期出现在生活上、学习上的各种疑惑和困难，切实拉近转专业同学与原专业同学之间的距离，增强转专业同学对于新专业和班级的归属感和认同感。

## 三、实施过程

1. 细心服务，为成长铺坦途

开学伊始，班级线上召开集体会议，落实“4+1 寝室”制度，规定：原班级分为 13 个小组，转专业同学可以根据自己意向加入小组，组建互帮互助小组，各自建立 QQ 群。在 QQ 群内原专业同学欢迎转专业同学的到来，充分了解转专业同学的基本状况，同时热心为转专业同学介绍班级基本状况，答疑解惑。同时，班委会成员定期与转专业同学进行交流，了解转专业同学的情况并及时给予帮助。

2. 悉心引导，为成长明方向

在“4+1 寝室”制度得以基本落实后，“4+1 寝室”的同学在线下也经常性开展一些学习、生活、工作等交流活动，营造良好的“寝室”内外氛围。同时，班级组织召开转专业学生见面会和主题班会，以此为契机，一方面，组建转专业学生交流群，供转专业同学内部进行自我交流；另一方面，开展形式多样、内容丰富的宿舍文化活动和班级文化活动，与转专业同学分享经验，引领成长。班级连续推出系列优秀汉师学子推文，持续开展榜样教育，金针度人，润物细无声，为转专业同学提供前进的动力和指引。

## 四、工作成效

自“4+1 寝室”制度实施以来，班级成员参与率达到 100%，转专业同学基本上能够与原专业学生打成一片，迅速融入到新班集体中，解决了转专业同学在人际方面的困扰，同时与原专业同学的友好交流、系列优秀汉师学子推介宣传也更好地帮助转专业学生明确自己的身份定位，找准学习目标，快速融入集体。同时，在制度落实的过程中，原专业同学的积极性得以充分调动，有利于增强班级凝聚力。

## 五、经验启示

“4+1 寝室”制度是 2017 级汉语言文学师范班在“寝室长负责制”基础上的一个创新，是班级“承德正学，至善达美”班风在班级教育管理上的一个体现，是班级同学熟悉亲密情感的见证。其有效破解了转专业学生面临的困扰和问题，有利于增强转专业同学的班级归属感，有利于打造充满和谐互助、亲密融洽的汉师大家庭。事无圆满，本制度尚有待改进之处，对于如何增强宿舍与转专业同学的匹配度，如何提高转专业同学参与的积极性，是今后进一步探索的方向。

# 争先创优：携手构建副班长轮值制度

2017级建筑环境与能源应用工程班结合能源人的科研需求，积极实施以“提高同学班级建设参与性，强化班级科研建筑之瓦台”为主题的副班长轮值制度。在两周任职期间，轮值副班长通过线上线下多个环节，投入班级科研建设中，与班委协同工作，建设特色鲜明的工科班集体。副班长轮值制度，充分调动了学生的实践和表达能力，充分调动了同学们的科研积极性，让每一位学生都有机会成为班级的管理者，有效地提高了班级成员的凝聚力和班级科研能力的综合水平，使班级同学的集体荣誉感和归属感大大增强。

## 一、案例背景

随着专业学习的不断深入，部分同学想要从事科研创新工作却因了解不足而无从下手。如何满足2017级建筑环境与能源应用工程班同学的科研诉求，更好地助力班级同学的科研训练？围绕“点滴能量，汇聚成源；匠心筑梦，智能冷暖”的班级核心文化，秉承展示自我、服务同学的原则，班委们协商制定了“携你我之手，创未来之优”副班长轮值制度。该制度为同学们提供一个锻炼自我、参与班级管理的机会，让任职同学能为班级科研建设添砖加瓦，进而提高班级同学的科研认知及科创水平，实现“从同学中来到同学中去”，提升班级凝聚力。

## 二、设计思路

班级通过创立“携你我同行，创未来之优”副班长制度让副班长向班级全体同学介绍科研知识，通过让副班长参与班级日常建设与管理，加强班级学风建设，加强班级凝聚力，促进班级良性发展。通过线上、线下双核驱动，以学习和科研为主题主线，及时发布、传达、分享一些学习科研知识和成果。

## 三、实施过程

1. 线上工作

（1）副班长通过在易班平台发布科学前沿信息及其他学科知识，使同学们能够更加便捷地了解到一些专业发展趋势，提升同学们的学习兴趣，促进班级形成“人人做科研”的学术风气。

（2）副班长轮值期间在班级微信公众号上发布个人科研经历、科研经验及班级活动等主题推送，加强同学们对科研课题的了解，提高同学们参与活动的积极性。

（3）在 QQ 群和微信群，副班长分享自己平时使用的专业软件，有兴趣的同学可以向其学习软件的使用方法，提升自身硬实力。此外，副班长还会在群里和同学们讨论专业的学习情况，及时了解同学们的专业及科研诉求，并为同学们提供可参考的解决方法，带动班级学风建设。

（4）每周英语分享。当值副班长每周在易班中推送两篇有趣的英文外刊文章，同学们在易班对文章内容进行评论，以提高英语阅读和写作能力。

2. 线下工作

（1）课堂考勤。每节课前由副班长进行考勤，保证课堂出勤率，确保同学学习积极性。

（2）副班长组织班级晚自习，进行日常考勤记录，由同学监督同学，从而达到自我督促、自我管理、自我服务的效果。

（3）另外，副班长也会负责撰写轮值期间班级活动总结及新闻稿，经宣传委员审核通过后发布于各大平台。

（4）每两周副班长向辅导员汇报工作，在班委会中进行述职，重点反映班级在科研方面的情况，三方共进，推进更优良的班级建设。

（5）副班长考核。学期末，班级成员针对轮值副班长进行投票和评分，对本学期轮值副班长进行活动效果考核并奖励。

## 四、工作成效

通过构建副班长轮值制度，班级建设取得了显著成效。首先，班级学风明显改善，科研参与率显著提高；其次，班级凝聚力提高，集体荣誉感大幅提升；最后，班级宣传频出，品牌化效果显现。此制度在实施过程中有效地加强了班级凝聚力和班级每一分子的集体荣誉感，也为更好地开展班级工作和未来发展添砖加瓦。

## 五、经验启示

2017 级建筑环境与能源应用工程班以轮值副班长为焦点形成“双锥形”工作模式，明确了轮值副班长的职责，也形成了一组独具特色的任务模型，大大提高了班级同学的专业认可度，激发了同学们进行科研活动以及专业学习的热情。副班长轮值制度促进了辅导员、班委与同学们的交流和沟通；副班长参与班级宣传和建设方方面面，提高副班长参与度和技能发展，提高班级同学们参与班级管理的积极性，促进了同学们多元发展，加强了班级凝聚力，并形成了良性循环。

# 师生共建：打造科创发展潜力型班级

创新是班级建设中最有活力的因子。2015 级环境科学班紧紧抓住了“学思兼顾，科创领先”的班级建设灵魂，在班级建设中善于下好创新发展的“先手棋”，在班级治理中注重打出制度建设的“连环式”，以促进学生思想素养、学业水平、科研实践能力提升为发展目标，以班主任指导制、导师导学制、领航员跟班制、班级一对一帮扶制等特色制度建设为依托，以学业交流会、主题团日活动、心理班会等学思活动以及导师座谈会、保研出国交流会等科研助力活动为抓手，为班级同学学业进步与思想建设兼行发展，科研实践与升学深造齐头并进搭建良好的个性化发展平台。

## 一、案例背景

环境学科属交叉性学科，良好的培养发展环境是创新自由的沃土，交叉型人才所需要的不仅是简单的学科叠加，更应注重全方位、多角度的培养模式。环境人才既需要具备较强的知识获取能力、科研创新能力与实践操作技能等学科基本素养，还需要拥有一份责任意识与社会担当。2015 级环境科学班班级建设充分结合学科特色与人才培养目标，瞄准班级成员思想建设引领、责任意识强化与科研实践动员及发展导向等问题，开展班级系列活动，引导班级同学保持阳光向上的精神风貌，树立切实可行的个人目标，搭建便捷畅通的师生互动桥梁，营造良好科研创新氛围，打造发展潜力型班级。

## 二、设计思路

为营造良好的科创氛围，实现班级同学理论积累与科研实践的稳步递进、团队合作与个性发展的有机结合，班级建设以搭建科研创新实践平台为发展方向，以思想建设与学业发展为支撑，以班主任指导制、导师导学制、领航员跟班制、班级一对一帮扶制等班级制度为依托，围绕班级同学学思发展与科研实践，以主题团日活动、心理班会等交流引导类活动为抓手，准确把握班级成员思想动态，弘扬班级正能量。以此打造师生共进、学思兼行、个性十足的科创发展潜力型班级。

## 三、实施过程

班级始终围绕班级建设主旨和发展目标，采用学风建设与科研实践交叉运作模式，实现各环节在班级建设中的全线贯穿、有机融合，推进班级建设循序渐进、逐级深入。

1. 学业发展篇

班级发展密切关注班级同学学业进展情况，有计划、有针对性地开展考前动员会、成绩分析会等学风建设交流会，端正班级同学学习态度，巩固提升学业基础素养；围绕学科重难点与特殊疑难问题，推行学霸课堂与班级同学一对一帮扶制度，促进班级同学学业发展协调共进。

2. 思想引领篇

班级开展主题思想教育活动、心理班会等系列活动，通过理论宣讲、师生交流、团队合作等活动形式，准确把握班级成员思想发展动态，充分发挥先进理论体系、红色精神的引领导向作用，促进班级同学树立正确的人生目标与良好的责任意识。

3. 科研实践篇

班级积极宣传大学生创新训练项目、节能减排社会实践与科技竞赛、环境生态科技创新大赛等科研实践活动，组织开展导师交流会、科研实践经验分享会等活动，充分发挥导师制与班主任指导制的作用，引导同学们深入科研、积极探索、个性发展。

## 四、工作成效

2015 级环境科学班在班级建设中有目标引领、有制度保障、有学科韵味、有师生情支撑，体现了环境学子“爱科学，有责任，能担当”的特色，取得了班集体优秀、个体杰出的建设成果。首先，创新班级治理体系。班级导师制、班主任制的有效推广，推动班级同学科创参与率达 100%，班级同学主持国家级大学生创新训练项目 1 项、省级重点 2 项、校级 1 项，并在节能减排竞赛与生态科技大赛中获国家级 12 项、校级 6 项。该制度的实施，在学院范围内起到了良好的示范引领作用，激发带动了环境学子的科创热情，推动了学院班级建设的特色发展，收获了师生的一致好评。其次，提升班级治理能力。班级学业发展与思想引领工作的推进，形成一批导向明确、特色鲜明、成效显著的班级建设活动，使得班级同学学业成绩与测评成绩得到了稳步提升，班级精神面貌昂扬、学习氛围积极向上，班级发展目标与班级成员个人规划有机结合，实现了班级与同学共同进步。

## 五、经验启示

一是班级建设须结合班级同学具体情况与学科特色，明确班级发展目标，发挥导师制与班主任制的积极推动作用，开展切实有效的系列建设活动，为班级同学提供强有力的帮助和引导，构建班级建设与同学进步的发展共同体。二是在班级建设中，班干部是关键，需加强班委干部能力培训，持续发挥其主观能动性，保障班级特色的推进落实。三是班级建设要贯彻“走出去、引进来”的发展策略，积极将班级建设特色理念、发展成果与其他班级进行交流，塑造班级品牌形象；同时，学习借鉴、取长补短，将优良元素引进来，为班级建设持续注入新鲜活力。

# 全员科研：实验室里专业锻炼争先锋

由于专业性质的特殊性，对于环境科学专业的学生来说，参与科研是锻炼和提升同学们的专业能力和素养的最有效的方法。2017 级环境科学班结合学院本科生导师制，充分发挥导师引领科研的作用，激发班级同学的科研兴趣，把科研实践和班级建设紧密结合，推动实施了“全员迈入实验室，环境科研争先锋”机制。该机制从三个阶段开展班级建设：先是分享交流，想法萌芽；再由班级班委积极鼓励，探寻交流；最终鼓励班级同学付诸行动，乐于科研。以此逐步实现全员参与科研实践、提升专业素养和能力的目标，打造了具有专业特色的“科研班级”。

## 一、案例背景

随着社会的发展，科技的进步以及日益增加的各类环境问题，科研实践和创新成为一种必然趋势。为了顺应趋势和发展班级特色，充分发挥科研竞赛在学校教育和学生自我教育中的正向引导，发挥实践育人的力量，2017 级环境科学班依托学院“导师制”等制度，以及“节能减排大赛”和“科技月大创”等赛事提供的平台和机会，充分发挥实验室的实践功能，通过动员全员走进实验室参与实验来让同学们加深专业认知、了解科研，满足同学们在科研入门和实验操作方面的需求；同时，充分发挥导师制的育人功能，全方位利用学院的专业优势和导师制，有针对性地对同学科研开展个性化指导，以此提升班级成员科研能力和素养，滋养班级专业特色。

## 二、设计思路

为打造“全员科研，专业锻炼争先锋”的班级特色，班级通过动员全体学生进入实验室积极开展实验学习的方式，构建“同学实验进展关注”监督体系，培育“探寻交流，科研创新”的特色班风。班级长期开展分享交流，促生想法萌芽，结合“本科生导师制”，力促班级同学与班主任、导师开展有效沟通，催生了着力发展实验与科研的想法，力求打造具有科研特色的班集体。同时，积极鼓励，探寻交流，制定详细科研实验计划、把握节能减排大赛、大学生创新创业发展计划、创青春等各项科技竞赛平台和机会，不断与院内院外、校内校外团队进行充分交流。为使同学乐于科研，班级委员联合老师付诸行动，和各实验室协调，全体班级成员在结合自身科研兴趣的基础上，全体同学均有计划有秩序地进入实验室，实现“全员科研”的班级目标。

## 三、实施过程

### 1. 制度保障，师生并行

在学院本科生导师的引导下，全班同学积极寻找自己感兴趣的科研方向，积极参与科研项目和实验，并在班主任以及班委的共同帮助下，同学们主动有序地进入各实验室开展科学研究，了解基本实验操作和实验流程，并为之后的研究打下坚实基础。“参与实验是科研必不可少的过程之一，也是科研人必须掌握的技能”成为班级同学的科研信条。

班级班委及时整理记录班级同学进入实验室以及开展科研的情况，构建“同学实验进展关”监督体系，在开展工作时，班委起到桥梁纽带的作用，一方面集结班级中想要参与科研实践的同学，另一方面联系学院的导师，综合考虑班级人数以及学院导师繁重的科研任务，最终确定合理的人数分配，确保每一位同学能如愿地进入实验室。

2. 兴趣导向，分组分流

班级班委以同学们专业兴趣为导向，将同学分组进入实验室。班委作为同学和导师联系的纽带，分别参与到不同实验小组中，时时关注实验的进展以及同学们对实验的积极性，并且定期反馈至班委会，每月的班委会讨论新一阶段实验的目标，并且在班级群内通报本月的科研情况和实验情况，对表现突出的小组进行表扬和鼓励，最终实现班级科研率100%的目标。

3. 互帮互助，携手前行

班级同学在实验室进行研究后，会组织相关方向的同学进行实验数据、实验结果的分析和讨论，并且结合专业课上的理论进行实验笔记的撰写和整理，不断地推进将实验数据转化为科研成果。在科研实践活动中同学们增强了科研兴趣，得到更多的锻炼，在班级内也形成了全员参与科研的良好学风和班风。

## 四、工作成效

首先，全体同学的科研参与度提高。在导师的悉心引导和耐心指导下，全体同学踊跃参与、热切关注实验，全员参与科研，参与率达100%。其次，社会实践丰富多元。班级同学积极参与响应学校号召，积极参与科技类社会实践活动，社会实践参与率达100%。最后，科研竞赛突出。班级同学都参与到院级及以上科研项目当中，积极参与科研类竞赛并取得较好成果。

一位同学申请了 4 项专利，1 位同学获全国大学生节能减排社会实践与科技竞赛二等奖、校节能减排大赛一等奖，7 位同学获院级节能减排三等奖。

## 五、经验启示

本科生导师制不仅对学生的科研引导具有积极作用，对班级建设也起到了不可或缺的作用，尤其是为班风学风建设营造了良好的氛围。在导师制的推动下，实现全员进实验室对于班级班风和学风也起到了非常积极的影响。同学们经常会分享自己在实验过程中遇到的问题和积累的经验，在这个过程中或多或少能得到对于自己实验思路和方法的启迪。这无论是对于同学个体的发展还是 2017 级环境科学班班集体的发展，都起到了积极作用。当然，在实施过程中遇到了小部分同学没有时间去做实验或积极性不高，尽管最终实现了全员进实验室，但是仍存在非主动进实验室的现象。这需要进一步探索解决学生做科研内驱力问题。

# 服务至上：竭力实现班级同学最优发展

一个人可以走得很快，一群人可以走得很远。学生时代的个人成长，需要依靠班级集体力量为之护航，而班级的建设发展又基于每一位同学的发展，班级凝聚力和归属感都来源于班级对每一位同学具体的服务与关怀。随着班级建设的不断完善，2020 级汉语言文学基地班班委意识到班级应为每一位同学提供展示个人价值的平台，于是构建了以“服务，为每一位同学的最优发展”为核心的班级全面成长体系。成效显著，在总体上促进班级同学共同成长，在关注集体和关怀个人之间达到了平衡。

## 一、案例背景

在 2020 级汉语言文学基地班的建设管理中发现，班级同学彼此之间交流沟通较少；在班级活动上，部分同学缺乏参与度。一些同学注重个人发展，但有时不免缺乏集体意识和集体荣誉感，参与班级建设积极性不高。在发展规划方面，大部分同学对分流、升学和职业规划等都有着一定的规划和努力方向但还有一部分同学仍然是迷茫的，总体上亟待班级提供答疑解惑和交流的平台。这些问题急需班委想方设法着力解决，以通过班级建设聚焦具体每一位同学的发展，为其提供高质量的帮助，从而在总体上促进班级同学共同成长。

## 二、设计思路

为了切实保障每一位同学的最优发展，班级通过开展形式多样、主题丰富的活动，促进班级同学共同成长，在关注群体和关怀个人之间达到平衡。班级预先确定鲜明的活动主题，以制定方案的形式确定活动时间、场地，确保活动的顺利开展以及活动的复盘，达成为每一位同学提供最优发展服务的目标。

## 三、实施过程

1. 班级分组

每组 5 人，由一名班委带领。以小组为单位鼓励班级同学积极参加院级校级活动，策划组织班级活动，运营班级公众号“不贰之选”，宣传每一个活动内容和成果，记录同学们的感受感悟。

2. 建立班级人才库

以共享文档形式发掘每一位同学的个人特点和才艺，定期举办学生讲坛，展示个人风采，分享个人兴趣。

3. 开展个性化生涯规划

组织班级同学写下大学四年规划，定期以小组形式开展生涯规划沙龙，经常性开展与职业规划课程同步的职业规划交流活动，邀请老师和学长进行生涯规划的个性化指导和指引。

4. 开展学业帮扶

班委们定期研究成绩表，观察班级成绩变化和同学们的学习状态，统计四六级、计算机通过率，排查同学不及格现象，针对均分较低的同学建立学习小组帮扶。

5. 开展安全教育

心理委员关注同学心理健康状态，多次举办“守护天使”活动，联络感情。安全委员举办反诈骗班会，线上线下多次普及大学校园安全知识。

6. 设立反馈信箱

宣传委员注册班级 Tape 软件账号“大类二班反馈箱”，鼓励同学针对活动策划、班级工作匿名提建议、谈想法、讲需求，切实参与到班级建设中，获得归属感。

## 四、工作成效

经过以上班级建设工作，班级营造出积极良好的班风，逐步形成了个体强、项目优、班级强的良好局面。具体成果如下：获优秀学生奖学金 18 人，班级占比 45%；2 人被评为优秀学生干部，6 人被评为校三好学生，5 人获各类单项奖。班级同学获国家级竞赛奖项 10 人，获省级及校级竞赛奖项 7 人，获各类院级活动、比赛奖项 8 人，班级获奖人数占比达 62. 5%。大一下学期班级综测均分较上学期增长 1. 412 分，综测上升的有 27 人，占班级总人数的 67. 5%。学习小组成效显著，各主要课程均分有所上升，现代汉语均分较上学期高 1. 85 分，写作训练均分提高 5. 88 分，部分科目 70 分以下的人数降低了 57. 1%。班级特色活动参与人数比重均超过 90%，比上学期平均上升 12. 5%。班级同学对班委工作满意度均分 8. 96 分，比上学期平均上升 1. 31 分，“大类二班反馈箱”平台上，同学们反馈活动体验以及建议明显积极。

## 五、经验启示

通过对班级建设的改造，2020 级汉语言文学基地班落实对每一位学生的关怀，不仅帮助同学们提升了学习成绩，更重要的是让同学们找到了个人发展和班级发展的方向，对自己未来的职业道路有了更清晰明确的认知，实现了班内同学共同成长的目的。在本体系的活动设计与实施过程中，还存在一些不足之处有待改进。特色性活动还是以班委作为活动的主要负责者，各位同学的展示空间有限，难以充分施展自己的特长与才华，且部分无突出特长的同学参与感不足。在今后的建设中应当拓宽同学的可参与空间，提供更自由的展示平台，进一步扩大活动的辐射度，促进同学更好地在班级内展现个人价值。

# 全面发展：CLOSE 铸建“小讲师”制度

2019 级建筑环境与能源应用工程班以“暖心相遇，通向未来”的特色班风为基础，开创“CLOSE”多维全方面发展制度，线上线下相结合，围绕“Country”“Life”“Own”“Scientific”“Energy”等五个维度展开，分别对应周一至周五，每天请班级同学以此为主题展开分享与交流。“CLOSE”多维度结合全发展“小讲师”制度充分锻炼了班级同学的信息搜集和表达能力，极大地调动了同学们的学习热情，有效提高了班级成绩的综合水平。

## 一、案例背景

班级建设人人参与、人人有责。但很多时候都是班委们张罗班级事务，其他同学“袖手旁观”。经调研发现，同学们“袖手旁观”并不是不想参与，而是没有相应的体制机制让他们“有理由”参与进来。为真正形成人人参与班级建设的局面，给每一位同学一个展示自我风采的机会和平台，2019 级建筑环境与能源应用工程班班委与部分普通同学代表经讨论协商制定了“CLOSE 小讲师”制度，让每一位同学都有机会成为其他同学的“小讲师”。

## 二、设计思路

“CLOSE 小讲师”制度旨在为同学们搭建自主学习的平台，进一步挖掘每个同学的个性特长，促进同学们多维度的全面发展。班级通过每天请班级同学以不同的主题展开分享与交流，周一（Country）：学习新思想，争做新青年；周二（Life）：生活逸趣横生，妙招无处不在；周三（Own）：三人行，必有我师焉；周四（Scientific）：走进科研，砥砺前行；周五（Energy）：暖通相聚，通向未来。每一天主题的首字母连起来是“CLOSE”，代表着接近，该制度的实施不仅拉近了同学们的关系，更让每一位同学向成为暖通行业的复合型人才不断靠近。

## 三、实施过程

1. 周一（Country）：学习新思想，争做新青年

“学习强国”强思想。当小讲师的同学在“学习强国”上学习、搜集上一周的重大会议精神和重要讲话文件，利用中午下课后、吃饭前的 5 分钟，小讲师上台分享上一周的时政新闻，同时在班级群里推送“学习强国”平台的相关文章。

2. 周二（Life）：生活逸趣横生，妙招无处不在

小讲师通过播放视频或者微信推送等方式向同学们详细介绍生活中所涉及的各种小经验和小技巧，分享有趣的生活小知识。

3. 周三（Own）：三人行，必有我师焉

我的爱好你知道。小讲师们用新颖轻松的语言表达方式自由分享自己所擅长的各类知识和趣闻，或向同学们介绍自己的爱好、展示各项技能，秀出

自己的闪光点。

4. 周四（Scientific）：走进科研，砥砺前行

科研之路，你我同行。小讲师和同学们共同学习科研软件的使用技巧、论文的阅读方法等科研小知识，分享自己的科研经历，总结心得，共同提高。

5. 周五（Energy）：暖通相聚，通向未来

周五小讲师提前学习相关行业讯息，观看行业视频。总结后，向同学们讲解暖通专业的发展前沿，做 5 分钟精华分享。此外，班级会不定期邀请班导师来介绍当前暖通行业的热点问题。

6. 周末（CLOSE）：班委总结这一周小讲师精彩的分享，汇总后，发布到班级 QQ 群、公众号等平台，供同学们实时查看。

## 四、工作成效

“CLOSE 小讲师”多维全面发展制度实施至今取得了良好的成效，参与率高达 100%，班级班风学风明显改善，整个班级呈现积极向上、活泼生动的氛围，极大促进了班级同学之间的交流，增强了班级凝聚力；同学们学习和科研氛围更为浓厚，四级和六级通过率明显提高，计算机二级通过率提升近 30%。班级同学通过“CLOSE”多维度结合全发展“小讲师”制度，每位同学语言组织能力都得到了锻炼，大大提高了自信心。同时，通过“小讲师”的分享，每一个同学都拓宽了自己的专业视野，并从其他同学的分享中吸取经验，更好地规划自己的大学生涯。

## 五、经验启示

通过本活动的实施，2019 级建筑环境与能源应用工程班同学深刻意识

到，沟通交流是建设团结班风的基础。在这个制度平台上，同学们自己有认识的、喜欢的可以分享出来供大家一起欣赏；而自己有疑惑的、不懂的可以提出来全班一起解决，增加了彼此的友谊。另外，“小讲师”精心准备知识分享，使同学们更能体会到生活与学习中的乐趣，提升了大家在生活与学习中的热情，营造了班级团结向学的氛围，促进了班级同学“多学、多想、多了解”的个人学习习惯的养成。

# 知识互联：建构一对一式学习模式

互联是指在两个物理网络之间至少有一条在物理上连接的线路，它为两个网络的数据交换提供了物质基础可能性。基于互联的概念，2019 级计算机与科学班提出了“知识互联”班级管理模式。“知识互联”是将处在不同学习水平、擅长不同学科的同学，通过班级组织的一些活动作为媒介进行交流连接，实现“一对一互联”，互联双方之间可以互相学习，实现能力互补、知识互补、兴趣互补。多组“一对一互联”组合再次互联，组合之间可以分享彼此的经验、交流学习，进而促使班级整体形成一个更大规模的素质提升发展“互联网”。“知识互联”制度的实施，整合了优势资源，打破了信息壁垒，促进了学生学业发展，增强了班级凝聚力。

## 一、案例背景

一位初入南师的计电学子的心声：我寒窗苦读十二年，终于来到了自己的理想大学。一开始，我的心思主要放在探索新奇的校园、结交新的朋友上，正处于适应期。一两个月之后，我不禁发出了感叹：大学课程好难啊，好想家啊……时间越久，暴露出来的问题就越多。大学生活并不同于高中生活，大学除了上课时间，剩余时间都是可以自由支配的。可是许多同学不会有效利用这些时间去充实自己。我们计算机专业的课程数量多，课程涉及的知识领域广、难度深、要求高，令众多同学倍感压力，不少同学都考虑到了将来毕业的问题、考研与工作的抉择问题，但对如何寻求自己今后的发展方向感到迷茫和困惑，经常在班级 QQ 群中抒发自己的担忧，班级氛围凝重。"我不想再受这些问题困扰了，可是我又能找谁解决呢?"成为同学们挥之不去的苦恼。为此，2019 级计算机与科学班积极构建"知识互联"班级管理模式，旨在帮助班级同学学好专业课程，探索科研之路，重新树立信心。

## 二、设计思路

班级通过线上研讨结合线下互助，打造知识互联的特色发展模式，提升同学的学习内驱力，营造良好的学风和班风，达到促进全员成长的目的。

## 三、实施过程

### 1. 离散为星，云端互照亮

线上展开"互助讨论会"。（1）由优秀同学领头，对课堂和课外知识进行学习和整理，形成较为详细的学习笔记，其笔记内容对班级同学公开；（2）梳理各门课程的重点难点，不懂的同学在 QQ 群中相互交流、提出疑问，让已经掌握的同学负责解答；（3）讨论如何学好专业课程，各自分享学习经验；（4）通过网络，学习一些课外的专业相关知识，对这些知识进行搜集和总结并发布到班级 QQ 群。同学们将个人总结知识、网络知识、专业课知识、未来就业相关知识互联起来，做到学习上的互联。

### 2. 聚类成火，携手共翱翔

线下开展"知识连通帮扶计划"。（1）在线下的交流会中，将线上未能解决的知识点、盲点集中、针对性地解决。通过线下的学习互联活动，同学们将每个人的经验和教训互联，与此同时也将同学之间友好的关系互联起来。（2）班级每个学期期末举办一次线下班级交流会，主要总结一学期来“知识连通帮扶计划”的具体实施情况。每学期将评选优秀讲解人，给予一定的奖励。

3. 特色发展，品牌效应化

（1）争当明理小导师，帮人亦助己。班级成绩较好同学积极担任明理小导师，每周固定时间风雨无阻地为各个班的同学答疑解惑。通过此次活动，同学间的知识得到互联，同时也彰显了班级同学乐于助人的特色。

（2）参加骨干研习营，互学为班级。为打造优良学风，提升学生干部组织策划能力，成为学风建设的排头兵，学院开展主题班会示范课。班级班委全勤出席会议，各班班委间相互交流，讨论经验，为今后的班级学风建设工作做出了充分的规划。

（3）举办明理小论坛，分享促成长。“读书润泽心灵，雅言启迪人生”，活动以培育和践行社会主义核心价值观为主线，结合专业特点，通过自身感悟讲述青年的初心、责任等，将价值引领与专业思想教育相结合。班级同学积极参与比赛，不仅提升了同学们的专业素养，也提升了文化素养，彰显学院“思想和文化相结合”的教学特色。

（4）颁布“悬赏令”，算法赛能力。班级同学积极参加学院开展的每周“悬赏令”编程活动。在敲击一行行代码的过程中，在与同学讨论解题策略时，同学们的编程能力得到了加强，同学间的友情得到了增进。

## 四、工作成效

工作活动获好评，知识互联入人心。从班级同学对班委工作和“知识互联”活动组织的满意度评价来看，班级同学对“知识互联”班级管理模式的开展均为满意。通过“知识互联”，班级多点开花。在班风建设、学风建设、竞赛科研等方面取得丰硕的成果。

班级英语四级通过率高达100%，平均分超过531分。学年学分成绩排名中，班级有3人进入专业前10%。班级同学积极参与课堂，认真修读每一门课，其中数据库原理与应用、数据结构课程设计、数字逻辑电路课程设计、Java程序设计平均分达到良好以上。此外，有20人次获得学业奖学金，2人凭借优异的成绩获得北大青鸟奖学金，7人获得“三好学生”称号。班内同学积极参与课外学科竞赛，获得了优异的成绩。其中包括国家级金奖2项，国家级二等奖2项，国家级三等奖1项，一类B级竞赛获奖十余项，各类院级比赛获奖人数达41人次，校级及以上竞赛获奖数达20余项。

## 五、经验启示

一人不成众，独木不成林。2019级计算机与科学班开展的“知识互联”学习模式，以一种创新改进的形式，通过“互助讨论会”“明理小导师”等线上线下的多种形式，促使大家相互交流、相互解答、相互帮助、相互扶持。同学们也在活动中交到了更多志同道合的朋友，班级的团结度和凝聚力也有了很大的提高。“知识互联”的管理模式体现了“三个有”：在适用性上有广度，这种管理模式不仅可以适用于学习知识上的互联，也可以适用于学生之间的生活互联，通过线上线下两种模式，帮助同学进行更全面的交流和沟通；在逻辑性上有深度，通过讨论式分享，实现多种思维的碰撞，可以有效地提高同学们的思维深度；在人文性上有温度，通过教与学，实现共同进步，在交流中，促进同学间的感情，提升班级的凝聚力。

# 书信“传情”：构建“鸿雁”式私信制度

在班级管理中，2019级能源与环境系统工程班班委会发现，班委在工作中偶有灵感枯竭、获得同学活动反馈较为滞后的情况，而部分非班委同学也想参与到班级事务的管理而苦于没有平台机制的支撑，二者难以达成及时有效的沟通。为此，班级经调查研究推出“鸿雁”式班级内部私信制度，在班委与非班委同学之间搭建桥梁，调动同学们对班级事务参与的积极性。可以说，在当下电子信息充斥的时代，班委会与班级同学通过“鸿雁”式书信联系，能够让同学们慢下来，摒弃浮躁，静下心来梳理自己，是一种非常有意义的同学互助的方式，同时有效地提升了班级凝聚力。

## 一、案例背景

班级的管理，需要有得力的班委会，更需要全班同学的集体智慧，班委会如何为班上同学呈现一个有温度有爱心的集体，其他同学们如何更好地参与班级建设呢？一方面，班级事务主要由班委会同学负责，其他同学参与班级事务的途径十分有限，而对于班级建设和发展，非班委同学也有许多好的想法和建议；另一方面，班委对于非班委同学想要表达感谢、关心或鼓励的途径需要进一步拓展。面对两方面的迫切需求，班级需要设置一种使得班委和非班委同学之间建立良好交流方式的制度以营造彼此关心的良好班风。为此，2019级能源与环境系统工程班特建立了以寄送书信为主的“鸿雁”式班级内部私信制度。

## 二、设计思路

“鸿雁”式班级内部私信制度是为了加强班内信息交流，提升班级凝聚力。班委会成员在日常生活中观察班级同学，并选取一些为班级作出突出贡献、平时性格较为内向、生活学习中遭遇困扰的同学作为对象，以班委会的名义寄信以感谢、关怀或鼓励。非班委同学将自己对班级近期活动的想法或对班级发展的建议写在信纸上并匿名或实名投入信箱，班委每两周收取、阅读信件并选择合理的建议，班委会就该建议进行讨论并将讨论结果在班级群公布。借信件在非班委和班委间往来的模式促进同学间的联系。

## 三、实施过程

1. 集思广益：非班委同学寄信参与班级管理

（1）设立班级信箱，收取班级同学信件。

（2）班长每两周取出信件并召开班委会与其他班委讨论信件所提建议。

（3）班委会筛选可行性高的建议并形成一定的计划、方案，在班级群内公示，并再一次听取同学反馈情况。

（4）班委会根据反馈情况进一步完善计划、方案，并开展实施。

2. 心心相印：班委会成员关怀同学

（1）班委会成员仔细观察班级同学的状态，通过非正式会议关注每一个同学的近期生活状况。

（2）班委例会商讨每一次寄信对象，重点考虑为班级作出突出贡献、近期学习生活压力较大，存在社交障碍，遭遇重大变故等情况的同学。

（3）以班委会名义给同学寄去一封暖暖的书信。

## 四、工作成效

首先，“鸿雁”式班级内部私信制度实行至今，2019 级能源与环境系统工程班同学参与班级事务积极性显著提高。班委会已收到匿名信 20 余封。其中非班委同学对班级活动提出的新想法，班委会则会在其中选择可行性高的建议予以采纳并实施，从而增强了班级同学参与班级事务的积极性。其次，班级同学归属感增强。所有非班委同学都已收到至少一篇以班委会集体名义书写的信件，使得非班委同学感受到班集体的温暖与关怀，产生了更强烈的班集体荣誉感。最后，班级文化活动更加丰富多彩。通过信件方式，更多的同学将对班级活动的建议传递给班委，从而使得班级文化活动形式更加丰富多彩，也更符合同学期待。

## 五、经验启示

“鸿雁”式班级内部私信制度旨在加强班委会成员与非班委同学的沟通，在班委和非班委之间形成一个良性循环和有机互动，是处理“决策者”和“群众”关系问题的开创性的一项举措。“鸿雁”式班级内部私信制度为班级建设提供了新的思路，即将参与权、决策权进一步落实到广大同学，让同学们通过班级事务管理和参与，真正实现自我教育、自我管理、自我服务。

# “5G”管理：打造潜力股BA班级

2018级工商管理班是因学习工商管理专业知识而结缘形成的班集体，秉承着“管乾理坤，经世济民；笃学敏行，筑梦辉煌”的班训，将管理的知识贯穿同学们的日常生活，将管理的哲学渗透融合于班级特色建设，开创性地将企业管理的思想与方法运用到班级建设中，针对性地形成了一套属于工管班的“5G”思路——Grope、Grow、Grasp、Gain、Give，形成了体系化、创新型、高凝聚的班级建设理念和制度，大大增强了班级核心竞争力、凝聚力，提高了集体中每个成员的归属感和创造力。

## 一、案例背景

班级，如同一个企业的缩影，有条不紊地运行，却也在不断高效产出的同时暴露着许多潜在的问题。首先，在“人与制度”方面，大一班级刚刚组建时，同学之间彼此不熟悉，活动参与度较低，班级常规制度的约束力有限，在班级建设中效率低下。其次，在“人与绩效”方面，在班委及各任课老师的大力帮扶下，基本已“消灭”挂科现象，但是还存在着部分基础薄弱的同学专业课成绩不够理想的问题。第三，在“人与人”方面，人际沟通与交往同样是大学的必修课程，大部分同学无论是在学习交流和宿舍生活中都能够做到求同存异，与他人保持着良好的人际关系。但是在同学们的日常生活中，仍然不可避免地会出现一些摩擦和分歧。第四，在“人与文化”方面，班级踊跃开展丰富多彩的文化活动，但是仍存在着一些活动落地困难的问题。最后，在“人与社会”方面，在日常的社会实践和志愿服务中，同学们所能接触到的大多也只局限于参加社会公益志愿活动，还不足够起到锻炼社会本领的程度。综上所述，班级从“人与制度”“人与绩效”“人与人”“人与文化”“人与社会”五个方面的问题出发，运用企业管理的思想，逐步解决班级问题。

## 二、设计思路

为打造大学校园最强潜力股“BA”组织，助力同学们成为未来人才市场的最强潜力股，培养一批精通科学管理、擅长领导艺术，视野宽、观念新，具有远见卓识、深厚素养底蕴的未来华商领军人物，班级将建设的内容重心聚焦在“人与制度”“人与人”“人与绩效”三大方面。在这三大方面的内容为框架的前提下结合当前时期流行的热点话题和同学们的实际状态落实每一次活动的具体内容，以期解决班级建设中“如何创建班风班规”“如何解决人际交往中的摩擦”“如何提高同学专业素质与综合能力”等问题，并针对性地形成了一套属于班级的“5G”思路——Grope、Grow、Grasp、Gain、Give，基于企业管理思想应用“5G”打造潜力股BA班级。

## 三、实施过程

根据班级建设理念，班委团队联动全班同学，按照5G思路，有序开展制度建设、班风建设、学风建设、文化建设和厚生建设“五位一体”，准确把握班级建设"五位一体"总体布局。

1. Grope：制度探索，突破常规

（1）各司其职，架构清晰。班级在制度建设上设置了合理健全的组织架构，设立班委会和团支委，分别负责管理班级和团支部日常工作。此外，还特色开展组长制度，在班委会下设小组长，由组长进行消息通知的上传下达，并以组为单位进行信息搜集，这一做法不仅提高了班委工作效率，还使得更多的同学参与到班级管理工作中，提升了同学们的主人翁意识。

（2）制度完备，科学管理。班级建立了符合学校和专业特色的日常管理制度，具体包括学风建设保障、班级基金管理、班级会议制度和科学考评程序等制度，覆盖同学们的学习、宿舍、活动、奖惩等方面，为班级建设构造良好的制度环境。

2. Grow：高风亮节，同侪共进

（1）主题打磨，别具匠心。班级开展了囊括思政、文化、信仰、学风、体育等各种主题的班风建设活动，致力于将班级同学培养成具有良好的专业素质同时又具备着经世济民胸怀的人才。

（2）网络班建，精益求精。班级紧跟时代步伐，设有专门的网络宣传队伍，关注国际国内时事新闻，在微信公众号和 QQ 群发布重要新闻事件，并结合专业开展网上思想政治教育。

3. Grasp：勤学善思，力学笃行

（1）学之有规。开展出勤常规检查、端正考风考纪、班级集体自习、考前集体模拟等活动；建立宿舍监督机制，以宿舍为单位构建奋斗小单元，每个宿舍都有一本宿舍学习周记，用来记录同一个宿舍同学的一周学习状态等。

（2）施之有序。在生涯规划方面，经常性开展"生涯导航，共话未来"讲座和沙龙，帮助同学对自身长期发展作明晰的规划；在学业方面，班级优秀同学也经常性在班上进行学习方法的分享；在实习经验方面，班级邀请实习经历比较丰富的同学进行分享，以拓展同学知识，提升同学素养。

4. Gain：文以正德，化而至善

（1）凝聚共进。班级积极开展各项班级集体活动，如组织团队素质拓展、组织聚餐以传递温情等活动。班级班建既丰富了同学们课余生活，又不断提高了班级内聚力。

（2）拼搏求实。班级开展了丰富多彩的文体活动，如“妙语连珠，思辨青春”辩论赛、“广阔操场，昂扬斗志”系列体育活动、“尽情奔跑，奋勇直前”消防夜跑等活动。

5. Give：学以致用，知行合一

班级同学注重实践创新以及思维能力的培养，通过实地调研、创新思维，实地走访、温馨支教，探索历史、文化传承等社会调研活动，将所学课堂理论知识融入社会服务中。同学们还积极参与志愿服务，江东门纪念馆、大报恩寺、馨康苑、民间抗战博物馆、向阳敬老院……都有同学们的爱心足迹。

## 四、工作成效

班级围绕着“基于企业管理思想应用‘5G’打造潜力股BA班级”的理念开展了一系列的活动，极大调动了同学们的积极性，班级各种活动的参与率长期高达95%以上，真正做到人人都参与、人人爱参与。经过全班同学努力，班级同学的学科基础课程优秀率达20.21%，平均首次通过率达86.73%；专业主干课程优秀率达20.20%，平均首次通过率达87.97%。在学术科研上，2位同学荣获大学生创业计划赛金奖，4位同学荣获银奖，此外还有一个铜奖。班级同学共参与大创项目11项，其中2项获得国家级立项。

## 五、经验启示

从一个互相陌生的新生班级到如今和睦融洽的先进集体，2018级工商管理班运用企业管理方法边尝试、边摸索、边改善、边进步，从班风、学风、制度、文化、社会服务等方面全面发力，相互迁跃，取得了喜人的成绩：Grope，制度的制定为班风建设打下良好基础；Grow，好的班风会使学生相互学习、相互竞争，推动班内同学积极上进；Grasp，坚持不懈地建设学风，使之更加深入人心，催生同学学习的内动力；Gain，深受班级文化的熏陶，心中有情怀，行事有制度；Give，推动同学积极参与各种社会实践及志愿活动，做新时代有责任有担当的向上青年。

# 先锋领航：掀起集群式学习浪潮

2018级软件工程班自建班以来，就涌现出一批思想、学习、作风等各方面优秀的排头兵——4名中共预备党员。他们认真自律，积极升华思想；他们团结协作，勇于创新；他们迎难而上，乐于奉献。辅导员、班主任、学生党员就如同动车的动力单元，带领着全班同学同心同向同行，既为班级发展把准方向，又为班级实力提升提供绵绵不绝的澎湃动力。在党员的引领下，班级成为思想“最先进”，成绩“最优异”，学风“最持久”的优秀班集体。

## 一、案例背景

班级的前进速度在一定程度上取决于领头羊的步调，在一个班级已经有固定的前进方向后，想要取得优秀的成绩，就必须保证策略的积极执行。班级的4名预备党员工作积极，从班委到校院学生会主席团成员，均是有能力有责任心的优秀学生骨干，他们认真完成学业内容，并实现从刻板学习到自主创新学习的大跨步；他们追求个人的卓越，也立志引领全班同学实现共同发展。因此，建立制度、搭建平台来充分发挥党员的先锋模范带头作用，以此引领班级发展，带动同学进步是一个必要且可行的方案。

## 二、设计思路

打造“党员引领全覆盖”的班级发展机制，将党建引领思想建设，优秀成员带动班级的理念融入班级建设，提升班级同学学习成绩，培养班级同学专业技能、创新实践能力，发展个人文化体育能力，建设统一而多元的综合性班集体。党员分布式参与班级建设，集群式引领学习浪潮，在班级中营造浓厚的学习科研氛围，搭建良好的专业发展平台，引领全班同学同心同向同行。

## 三、实施过程

1. 分布式发展，力争多方面追求卓越（党员个人发展）

（1）时刻保持思想先进性，牢固树立为人民服务的宗旨

班级党员积极发挥模范带头作用，关注时事政治，撰写多篇党员微说，既开阔自身眼界，坚定政治方向，又引导其他同学放眼世界风云，紧扣时代脉搏。班级党员定期开展党小组会议，互相交流近阶段学习工作中的问题与不足。交流的过程，往往也是彼此之间取长补短，激发灵感的过程。班级党员响应号召，积极投身学校抗击新冠疫情的各条战线，助力老生返校、新生入学的疫情防控工作平稳顺利开展。

（2）砥砺奋进，开拓创新，将追求卓越融入学习的每一天

学习上，班级党员始终以追求卓越为目标，勤奋刻苦，持之以恒，锻炼自身专业水平，参加校内外各类竞赛，无论是学业成绩还是综合测评均位于班级前列。

（3）以万般热情铸就文体活动“两开花”

班级党员积极参与院校各类文化活动和体育赛事，并取得了不俗的成

绩；注重自身能力发展，参加院校各类学生组织，在工作中锻炼沟通能力，积累工作经验。

2. 集群式学习，引领全体学生共同进步

（1）一呼百应，推动集体思想浪潮

班级党员定期组织班级同学开展微团活动，形式多样。或观看爱国题材影片培养家国情怀；或集体学习党和国家领导人重要讲话，学习先进思想……在一次次思想的碰撞中，引领同学们牢固树立坚定理想信念，勇担时代使命。

（2）答疑解惑，以个人优势促集体发展

班级党员不仅个人学业成绩优异，更时刻发挥带头作用，在集体晚自习期间，班级党员主动前往答疑解惑，为班内其他同学解决学习上的难题，并创造性地成立“1&1”互助小组。在班级党员的引领下，班级各学科挂科率直线下降，优秀率明显提升，整体朝着更加优秀的方向发展。

（3）积极引导，充分调动文体活动参与热情

在党员同学的带领下，班级成员热爱体育活动，互相带动锻炼热情。疫情期间由党员牵头，组织班级成员进行抗疫视频的录制，天南海北的同学在视频中为前方奋斗的医护人员汇去班级的鼓励等。

## 四、工作成果

班级成员积极向党组织靠拢，向先进看齐，履行青年担当。班级现有预备党员 4 名，党员发展对象 1 名，入党积极分子 22 名，院、校学生会主席团成员 4 名，先锋党校 8 期学员 2 名，年级团总支副书记 1 名、算法协会社团社长 1 名，学生干部任职比例高达 47%。获校、院优秀学生干部称号多人，优秀共青团干部 2 人，优秀共青团员 8 人。

班级同学学习成绩居于年级前列，英语四级通过率 100%，英语六级通

过率为 71%。班级各门课程平均挂科率仅 3.13%（平均每门课仅 1 人挂科），为年级最低。班级同学还积极参加各类学科竞赛，国家百万同题英语写作获优秀奖 2 人，江苏省大学生程序设计“SHEIN 杯”获一等奖 1 人。发表 EAGLE 论文 1 篇，国际大学生 ICPC 程序设计竞赛获三等奖 1 人，JSCPC 省级程序设计竞赛获一等奖 1 人，校级互联网创新创业科技节程序设计大赛获一等奖 1 人，蓝桥杯竞赛江苏省一等奖 1 人、二等奖 5 人、三等奖 3 人。

## 五、经验启示

表现突出的同学具有优良的品德和优秀的成绩，但如何将他们的力量辐射到整个班级，是一个比较难以解决的问题。2018 级软件工程班党员同学既是优秀群体，又是学生干部，能够覆盖到较大范围的学生群体，因此最为合适作为班级的领头羊。他们不只分头作战，还会强强联手分享经验，如此一来，不仅能够带起各自身边范围的同学的学习兴趣，还能够激起班级其他同学的好奇和参与欲望，这样就形成了良好的班级氛围。

# 润心服务：打造闭环式心理健康关爱机制

2019 级环境科学班是专业分流后新组建的班级。建班以来，全班共同努力，在班风建设、学风建设、制度建设等方面取得了优异成绩，尤其在制度方面制定了独具班级特色的心理制度，其由三个部分组成，分别为情况洞察、心理健康关爱制度、跟踪反馈。其中，心理健康关爱制度还包括了“一套网络，两种宣传，三级反馈，多项活动”。该制度帮助同学们培养了积极面对困难与挫折的心理品质，营造了积极向上的学习生活氛围。

## 一、案例背景

由于学业压力、人际交往压力、就业压力等影响，大学生心理健康状况受到社会各界的广泛关注。为提升班级同学的心理品质，2019 级环境科学班制定了具有班级特色的心理健康关爱制度，为同学们展示丰富的心理健康知识和积极向上的人生观，帮助同学们拥有健康的心理状态，及时发现并预警潜在的心理风险，培养同学们积极面对困难与挫折的心理品质。

## 二、设计思路

班级注重培养同学们积极面对困难与挫折的心理品质，营造积极向上的学习生活氛围，同学之间积极洞察，及时发现潜在的心理风险。将心理健康关爱融入班级日常，贯彻“一套网络，两种宣传，三级反馈，多项活动”心理健康关爱制度，建立长期有效的跟踪反馈，层层递进，形成良性闭环。

## 三、实施过程

1. 情况洞悉

班委通过调查问卷的方式了解同学们的心理困惑，如人际交往问题、学业问题等。同时班级设立心理 QQ 邮箱，接收学生的匿名倾诉并进行反馈。

2. 落实心理问题应对机制

班级制定了“一套网络，两种宣传，三级反馈，多项活动”的心理健康关爱制度：（1）一套网络：搭建了一套多平台的反馈制度网络；（2）两种宣传：班级通过 QQ、微信、易班等平台开展线上宣传，同时通过线下讲座、心理班会、心理团辅等活动普及心理健康知识，提升负面情绪应对能力；（3）三级反馈：由宿舍信息员、班级心理气象员、班主任辅导员组成从宿舍到班级再到学院的三级反馈渠道，及时发现并预警潜在的心理风险；（4）多项活动：班级负责人也积极与院心站、校心站对接，举办多项活动，营造积极向上的学习生活氛围，帮助缓解各种压力，进一步提升班级同学的心理健康品质。

3. 长期有效跟踪反馈

建立长期有效的跟踪反馈。若发现有心理困难的同学，及时关怀、上报，建议就医或心理咨询，同时，宿舍信息员、班委及辅导员注重持续跟踪情况。

## 四、工作成效

在制度保障和师生关爱下，班级营造了良好的学习和生活氛围。班级同学团结友爱、互帮互助，遇到问题能通过有效沟通和相互帮助来解决。班级成员参加心理活动的意愿强烈，积极参与院心站、校心站举办的各类活动，参与率超过 90%。2019 级环境科学班班级心理健康关爱方案运行良好，能通过三级反馈机制有效预防和预警心理风险并及时消除风险。

## 五、经验启示

心理健康教育是大学生教育管理的一项重要的内容，而作为同学们生活学习的重要载体和成长平台，班级需要做而且能够做更多的心理健康教育工作。通过制度的建立、机制的构建、活动的设计，班级在心理健康教育方面可以将其天然优势发挥出来。当然，由于心理健康工作有其专业性，班级还需定期安排信息员的培训。通过培训，明确学生做心理工作的边界，知道心理工作中的可为和不可为；提升学生心理帮扶能力。只有做好以上工作，班级心理健康教育才能做实做好。

# 第五篇
# 网络班级建设篇

互联网时代，网络已成为人们学习和生活的一部分，也自然而然地成为班级管理的重要手段。高校网络班级建设，即辅导员、班主任借助各种互联网络平台和网络软件、工具等开展班级建设，更好地服务人才培养。同时，网络班级建设也是思想政治教育的重要组成部分，新媒体的发展推动了高校班级建设的多样化和精准化发展，高校班级建设需要将“实体空间”与“网络空间”有机结合，才能符合当下趋势，让高校思想政治教育更加鲜活，更能入脑入心。

互联网作为一种技术与手段是新时代思想政治教育的重要依托。互联网因其丰富性、交互性、便捷性等特点成为弥补传统教育教学方式之不足的重要手段；互联网也以其全球性、开放性将各种思潮摆到学生面前，占领互联网舆论阵地成为高校思想政治工作战线的重要任务。从实践看，当下高校网络思想政治教育，包括网络班级建设，还不能完全胜任时代要求，正确认识互联网在高校思想政治教育，特别是高校学生班级建设中的地位和作用，有助于科学实现对互联网运用的“在线升级”。

在网络班级建设中，要坚持以线下为主导，线上与线下互动。互联网作为一种新型的信息传播方式，它可以丰富传播手段，增强交流互动，提升教育时效，但线上教育不是面对面，无法通过观察受众的表情、语气和肢体动作等来随时调整方式节奏。线上教育其本质是以时间换效率，是用延伸到食堂、宿舍甚至枕边的“碎片化教育”来弥补效率的不足。一定不能舍本逐末把思想政治教育的“传家宝”和“看家本领”弄丢了，不能主张“拿来主义”和“分离主义”，不能让线上取代线下。在班级建设中还是需要更多面对面、膝促膝、心贴心，冷的互联网做不到的，热的心可以。

在网络班级建设中，要坚持凭内容赢人心，内容与形式共进。互联网是新时代的新技术，可供挖掘的潜力还有很多。不少班级也借助互联网开发了许多网络教育产品，但大部分作品主要是将思想引领活动、优秀典型、感人故事等传统思政教育资源，转换开发为网络视频、卡通动漫等网络文化产品，同时大多限于内容介绍、感悟分享和浅层分析，传播了社会正能量，但还达不到“提高学生思想水平、政治觉悟”的思想理论教育要求。这就对我们网络产品的内容建设提出了更高要求，重视作品的广度和深度，不能忽视了内容的政治性、思想性。

在网络班级建设中，要坚持借反思促改革，适应与反思同步。互联网是信息时代的基础工具，拒绝互联网就是故步自封，高校班级建设必须适应互联网、重视互联网。然而互联网并不是解决高校传统思想政治教育和班级建设困局的灵丹妙药，互联网为开展思想政治教育提供了新思路新途径，但同时互联网也为错误思想提供了传播渠道，它对高校思想政治教育而言既是“机遇”也是“危险”，如何让“机遇”超越“危险”就需要思政工作者不断反思，在反思中加深对互联网的理解和运用，最终促进高校思想政治教育和班级建设的改革创新。

# 多元发展　齐头并进：多平台共建班风齐聚人心

针对高校班级建设事务繁杂、需求多元的问题，2014级文科强化班采取线上线下相结合的方式，多元平台联合共创“班建+”。线下方面，班团两线相结合，专业组长负责制共促进步。线上方面，QQ群公布实时通知，专业讨论组发布学术信息、分享学习资料，在交流间促进发展；微信公众号、腾讯官方微博公开班级财务管理、民主管理的运行情况，共同参与，共推班建；官方QQ账号、荔枝FM朗声电台等其他网络平台，通过书目推荐、有声读物等多种方式，自由展声。

## 一、案例背景

当代信息媒体革命对传统教学方法和教学内容产生巨大冲击。信息时代的班级建设与管理，应当尊重学生与网络的天然融合性，把网络发展成为班级管理的现代化手段，拓展班级文化建设的空间和渠道，这将有利于改变原有的以学校课堂促进学生发展的单一模式，丰富单一的学习生活。此外，坚持互联网思维与问题导向相结合，利用网络平台着力解决因专业分散性带来的凝聚力问题。班级内含10个专业，每个专业所上的课程与开展的活动不尽相同，为促进相同专业学生共同学习与进步，需要建立多个网上平台，通过线上交流的方式，总结学习经验，提高学习效率。

## 二、设计思路

以“多元发展，齐头并进”为主题；以实现资源共享，培养勤勉务实、兼具深厚底蕴和专业技能的全面发展型高素质人才为目标；以线下平台与线上平台双线并进为载体，通过班建线和团建线打造线下平台，通过朗声电台、微信公众号、微博公众号、腾讯官方公众号及QQ群打造线上平台。

紧扣主题，围绕目标，在实施方法上突出“双线并进”。线下形成了以正副班长、学习委员和生活委员为主导的班建线，以团支书、组织委员和宣传委员为主导的团建线，贯之以专业组长责任制等特色制度，保障班级同学学习等各项活动的顺利开展。线上充分应用网络平台弥补专业分散等不足，进行班级信息的有效传递和活动的充分通知；除发布新闻、活动之外，积极利用网络平台的公开性与时效性，公开班级财务管理、民主管理等运行情况；利用网络平台的共享性，关注每一位班级成员的学习生活状况，提升个人素养，共建良好班风。

## 三、实施过程

打造线下班级建设平台，突出班级、团支部、专业组齐头并进。除了班团两线结合基础班建以外，根据专业组成学习小组，选出组长，有条不紊地开展学习活动，互帮互助，交流经验，共同进步。

打造线上班级建设平台，突出全方位多平台的同声相应。首先，建设有包括微信公众号、“荔枝”轻电台等多个平台，形成全方位多平台多媒体网络，建立起一个“线上网络单位”。其次，将专业混杂的不利因素转化为助力全面发展的独特优势。充分发挥新闻学、文学、历史学、心理学和法学等各专业学子之所长，有针对性地承担新闻更新、好书推荐、心理和法律常识科普等多方面任务。通过多媒体平台，实现了百花齐放，兼容众强、协同发展的良好局面。再次，借助网络平台创新班级文化建设，文强学子成立手机轻电台荔枝 FM 朗声电台，并组建朗声电台工作组，每月定期发布朗诵节目和连载有声读物，以此发声，广受好评。

## 四、工作成效

线下班团两条班建线确保了班级基本工作的有序进行，专业学习小组制度使班级每位同学都拥有了归属感，大家有条不紊地开展学习活动，互帮互助，增强了班级凝聚力。而线上的微信公众号、“荔枝”FM 朗声电台、QQ 账号“修文君”等多个网络社交平台，形成了全方位多平台多媒体网，班级每位同学都参与了线上平台的建设，大家各司其职，充分发挥了自己的长处。其中“荔枝”FM 朗声电台更是广受全院师生的好评，甚至获得了不少社会人士的点赞。

## 五、经验启示

线下专业小组学习制使各个专业的同学能够就专业问题更好地交流沟通，探讨合作，在班级形成了浓厚的学习风气，促使大家更加坚定地向着拔尖创新人才的目标迈进。线上网络单位为班级凝聚力和团结向上锦上添花，也丰富了同学们的日常生活，使班级的文化建设形式多样、丰富多彩。同时，班级在线上对党团内容的日常推送提高了同学们的政治素养，增强了大家加入光荣的中国共产党的决心。当然，班级线下的专业学习小组目前更多的是同一专业内部的学习交流，接下来，班级会更加注重不同专业的沟通合作，形成专业的交叉互助，碰撞出更多思想的火花，充分发挥强化培养学院多专业交融的优势。学院内外普遍认为，2014 级文科强化班能够依据学院学生专业多样的特点开展富有特色的专业小组学习制，在全院具有示范学习作用。同时，班级有效利用新媒体时代的网络平台进行班级建设，开展班级活动，有创意、有特色，值得肯定与学习。

# 扎根专业　积极发声：锻炼专业能力，展示班级风采

2020 年 9 月，在 2019 级新闻班成立之际，班级公众号“即刻发声”也在同学们的集思广益中诞生。“关注正在发生，我们即刻发声”，这短短一句口号凝结着全班同学对于这个公众号的期待。在运营一年之后，“即刻发声”订阅人数 500 余人，发布推送 47 篇，经历中间数次“改革”，建立了写稿小组、编辑部，邀请了 20 级同学加入，已然成为反映班级同学专业水准、精神风貌的平台。

## 一、案例背景

2019 级新闻班成立之际，面临缺少班级风采展示平台、同学专业技能实践平台等问题，经由班委会与同学们商议讨论，决定建立班级公众号。班级公众号可以发布同学们的采写作品、影评书评、班会活动等，可以作为外界了解我们的窗口，有利于为同学们提供专业技能实践平台，展示班级风采。在合作采写稿件、沟通修改的过程中，也有利于增进同学之间的感情，提高班级凝聚力。

## 二、设计思路

班级以“关注正在发生，我们即刻发声”为主题，以“锻炼专业能力，展示班级风采”为目标，借助微信平台创建班级公众号，打造“即刻LAB”和“即刻动态”两大精品内容板块。其中，即刻LAB主要展示热点事件、光影播客、节日企划与专题策划，即刻动态主要包括思政平台、班级活动、专业积淀与投稿邮箱。

在班级公众号运营过程中，为了保证高品质内容的不断推送，同时锻炼班级同学的专业能力，班级实施了写稿小组制度和编辑部审稿制度。其中，写稿小组制度是将全班同学分为7个小组，依照报题、写稿、审核、排版、发布的步骤轮流出稿，并编有《即刻发声报题模板》和《即刻发声排版细则》作为依据。编辑部审稿制度是由辅导员或专业老师牵头，组建一个6人编辑部，分别对接各个小组，负责审核各小组前期报题、督促写稿进度、稿件审核修改。审核完的稿件会再交由编辑部审稿小组全体进行复审。班级还对审稿制度作出创新，对稿件的修改意见等由审稿小组讨论得出，再反馈给写稿小组进行讨论，更具权威性。此外，班级还创造性地实施了“传承制度”，即邀请下一届的同学加入公众号写稿小组，一起出稿。在2020级新闻班组建完成后，逐步把公众号交给他们运营，以期公众号不会因为同学毕业、学业繁忙而停更。

## 三、实施过程

实施工作分为筹建、初步运营、丰富完善三个阶段。

1. 筹建公众号

在决定创办公众号之初，班委成员集思广益，开会讨论公众号各个栏目的设置，秉承为同学们提供专业实践平台，贯彻思想政治教育，展示班级风采等原则，班委会初步决定设置即刻 LAB、光影新播客、班级动态、思政平台 4 个栏目。其中，即刻 LAB 由 7 个写稿小组轮流出稿，主题自选，关于时事热点即可；光影新播客发布班级同学优秀的书评、影评，促进班级良好文化氛围的形成；思政平台结合重要时间节点，开展思想政治教育；班级动态介绍班级讲座、班会等内容。之后，经由全班同学投稿、投票选出公众号名称，由班级同学设计公众号头像。在明确了公众号名称、头像和栏目设置后，班级确立了公众号的小组写稿制度和投稿制度，全班同学通过自由组队，组成了 7 个小组，光影新播客、思政平台的稿件均接受同学们的投稿。

2. 初步运营（大二上学期）

7 个小组选出组长，根据组员空余时间填写排班表，在出稿日期前两周向对应编辑报题，提前一周提交稿件，开始沟通修改。公众号每周推出一篇稿件。实行一段时间后，老师建议成立编辑部，讨论得出修改意见并把关。于是，班委会在班级群中公开招募有意向的同学，最终组成由辅导员及专业老师牵头的 6 人的审稿编辑小组。

3. 丰富完善（大二下学期）

经过一学期的运营，上一阶段设立的 4 个栏目均进展顺利，予以保留。为了更好地落实思政教育，公众号增设了节日专栏，在重要节日如春节、劳动节、建军节等发布推送，弘扬传统文化，落实思想政治教育。考虑到班级同学进入大三后课业繁忙，公众号更新频率得不到保证，于是在大二下学期，班委会到 20 级各班进行宣讲，介绍了“即刻发声”公众号的运营模式、运营成果，期待能有 20 级同学加入，并逐步将公众号给下一届新闻班接手运营。最终，先有部分学弟学妹加入了 2019 级新闻班各个写稿小组，有两个完全由 20 级同学组成的小组计划推出稿件，目前逐步将公众号交接给 2020 级新闻班运营的工作基本完成。

## 四、工作成效

班级公众号的运营工作做到了全班同学均有参与，参与率为 100%。公众号订阅用户人数达 503 人，主要分布在江苏、山西、北京、上海等多个地区，其中江苏省用户占比达 76.29%。公众号共发布原创稿件 47 篇，阅读量最高为 1365，总阅读量达 1.5 万。其中《直击 | 南师大首届综测擂台赛》获江苏省网络文化节其他类网络创新作品征集活动一等奖。

## 五、经验启示

“即刻发声”班级公众号的运营为班级的班风、学风和文化建设都产生了深远的积极影响。在班级班风方面，小组合作出稿的制度促进班内形成了关注新闻热点、积极发声的氛围，同学们积极性很高，各个小组之间也会互相学习，增强了班级凝聚力。在班级学风方面，运营公众号是实践平时上课所学知识的有效途径，反过来，也会促进大家认真听讲，复习反思。同时，公众号内分享的书评影评、讲座回顾能作为知识补充，促进大家互相学习。在班级文化方面，班级多次举办专题学习会，均会在班级公众号平台上加以回顾、反思、展示，是 2019 级新闻班思想政治学习的宣传窗口。同时，“节日企划”系列结合时间节点，发布推送，如在劳动节关注南师校内的劳动者、在世界读书日关注南师校内读书课，致力于提高同学们的思想道德修养。

# 深耕实践　精进业务：在实践中建设强大班级

热情生活，新锐思考。2018 级新闻班同学在进行新闻业务实践的过程中，始终秉持并践行着该理念。对内，大家以班级为实践平台，团队协作意识强，班内合作氛围好。全班同学用心经营班级实践平台公众号“热新市民”，认真完成专业课的实践任务，顺利完成 2 册班刊《拾遗》的采写与编辑，许多同学还参与出版“马克思主义新闻观”系列《全媒体报道研究》等课程作品。对外，同学们积极进入企事业单位实习，开展全媒体行动。江苏卫视、新华日报、澎湃新闻等众多省市级媒体平台都活跃着同学们的身影，大家深入思考，探寻真相，笔耕不辍。

## 一、案例背景

新闻学是一门实践性很强的学科，主打“应用新闻学”的新闻业务位列新闻学的三大研究领域之一，熟练的新闻业务实操能力是新闻专业学生必备的学科素养。2018 级新闻班是一个学风严谨、注重实践的班集体，全班同学高度重视新闻业务素养的培育，深入把握各类新闻媒体的报道特点与规律，不断提升实践能力以适应快速发展的新闻报道业务需要，目前班内已基本形成“一微两平台”的学生新闻业务实践体系。从“一微两平台”发轫，班级同学获得了学界与业界的熏陶和栽培并快速成长。

## 二、设计思路

班级以“热情生活，新锐思考”为主题，以“做有深度的新闻人”为目标，借助“一微两平台”开展全媒体行动，进行融媒体实践。班级同学总体上以班级为基点、个人为延伸，通过专业课的理论学习与实操训练，和校外媒体平台的报道尝试，在班级内逐步形成了集体实践与个人探索相结合的新闻业务实践体系。

在所有新闻业务实践的成果中，班级微信公众号的建设需要投入的人力最多，是全班 39 位同学共同努力的成果。自 2019 年 9 月公众号开通以来，班级在公众号建设方面不断优化组织结构，既广泛动员全班同学参与供稿，又组成分工明确的运营团队，目前编辑部已有 19 位成员参与文章编辑与公众号运营。“热新市民”公众号推出的稿件不仅多次获得学院老师的认可与鼓励，还取得了外校同学的点赞与转发。“热新市民”公众号正在逐步走出学院与学校，走向更加广阔的平台，收获外界的关注。

## 三、实施过程

### 1. “一微”——微信公众号“热新市民”

“热新市民”为班级集体自主创办的学生实验自媒体，于 2019 年 9 月 24 日正式上线发刊。公众号运营遵循规范化的制度流程，每旬召开选题会，制定为期半月的工作计划，包括商议内容选题、分配具体版块、排制编辑班次、确定撰稿与审稿日期。每周固定于周二、周四、周六发稿，每次发稿

1—2篇。班集体全员参与投稿与撰稿，每篇稿件发稿前由编辑初审，再交由编辑部集体会审，重要稿件交由班主任操瑞青老师与辅导员高婧媛老师审核，保证稿件内容的专业性与导向性。

微信公众号共有三大板块：“思考精选”“生活达人”“动态直播”。“思考精选”以热点追踪为主，从新闻学专业学生的角度观察并剖析时代热点，包括突发事件、新闻人物、社会现象、专业积淀、课内优秀实践作品分享等，以有力的笔杆记录当下的新锐思考，最为体现专业风范，收获了来自院系内外的如潮好评。“生活达人”分享以青年为主体的新鲜生活方式，如书影推荐、兴趣社区、时光纪事、新潮体验等。热情生活的态度是这个板块的底色，也是公众号不懈追求的、具有新闻专业特点的传播理念。“动态直播”聚焦班级集体活动，如团日活动、思政平台、专题策划等，这一板块全面记录了班级成员积极参与集体活动的点滴，收录大量活动内容与反馈，干货满满。

2. “两平台”之校内专业课平台

校内专业课平台业务实践以“马克思主义新闻观”“电子编辑与实践”两门专业课程为代表。在2019—2020学年第一学期课程“马克思主义新闻观”的学习过程中，以班级同学为主，最终出品上下两册《全媒体报道研究》。全班39位同学中，共有28位同学的分析文章被收录进该书。本书包含“改革开放40周年主流媒体融合报道”和“新中国成立70周年全媒体报道研究”两大主题。同学们在参与报道研究的过程中，将不同媒体在重大时代背景下的系列报道进行对比，深入把握各大主流媒体与新媒体平台的报道规律与特点，深入理解党的新闻舆论工作宗旨，探索全媒体语境下新时代中国特色社会主义话语表达。

## 四、工作成效

微信公众号“热新市民”创办以来，班级同学原创作品发表比例为

100%，共计发稿 111 篇，订阅用户 739 人，累计阅读量超 5 万次。其中有 8 篇浏览量超过 1000 次。2020 年 1 月 23 日在疫情暴发之初发布的《这是一份口罩选购佩戴指南，请查收》一文是目前浏览量最高的文章，阅读量达到 3793 次。暑假期间，在学院与交汇点新闻客户端共同策划的“我的家乡奔小康”全媒体行动中，新闻班共有 9 位同学参与撰稿并剪辑相关视频，多元化呈现各自家乡致富奔小康的实况。21 篇系列文章中，共有 9 篇由班级同学参与采写报道。此外，班级 20 位同学在新传印象、南师大官微、南师双创中心、南师大学报、师大青年等校内媒体上共发稿 103 篇，15 位同学已经在江苏广电、新华日报等省市级单位实习，共计发稿 128 篇。

## 五、经验启示

在班风建设方面，微信公众号“热新市民”由 2018 级新闻班全员投稿，集中展现了每一位同学的观察与思考、学习生活中的心得与体悟。“热新市民”作为扎根于班级的自媒体平台，在业务锻炼的过程中深度交流了同学们之间的感情，丰富了同学们的生活，凝聚了班级体的向心力。在学风建设上，微信公众号“热新市民”的属性之一就是以新闻学专业的眼光看世界，热情生活，新锐思考，用他们的笔触去诉说最真实的故事，表达最真挚的情感，传递最真切的理念。这一贯穿始终的理念基于优良的学风，并在实践过程中不断强化。在文化与思想政治方面，微信公众号“热新市民”在重大节庆日和纪念日，开展爱国主义教育、中华优秀传统文化教育等活动，并精心制作海报，利用自媒体平台传播节日文化。此外，微信公众号“热新市民”也一直致力于提高同学们的思想政治水平与道德修养。“思政平台”是公众号单独开辟的发挥思想引领作用的模块，记录了班集体参与的思政学习活动，力求在互联网浪潮中把握时代语境，在坚持党的领导下浸润去塞求通，在新媒体探索实践运用中找准受众动向，强化媒介与思政的兼容素养。

# 五位一体　智慧 e 家：基于网络平台打造智慧班级

成立之初，2017 级软件工程班在不同的地方也遇到了不同的问题，比如“原始”的上课点名签到方式存在不便之处；有的同学会因为考试将至而没有合适的复习资料而苦恼；有的同学不喜欢花时间参加班级的线下活动，相反，同学们对于线上活动的积极性以及参与度普遍较高。经过班委会的讨论以及学院领导、老师的建议，班级想出了各种各样的解决方法：网上签到、建立学习经验分享交流群、搭建网络社交平台等等。实践发现，这些对策不约而同地都脱离不了“网络”二字。于是班级开启了“智慧”征程，创造属于 2017 级软件工程班的“AI 时代”。

## 一、案例背景

大数据、人工智能、AI 时代已然来临，在互联网行业飞速发展的今天，“网络”成为同学们学习、社交、休闲以及娱乐的主要方式。为了顺应时代趋势，体现计算机学院特色，也为了优化班级管理，2017 级软件工程班“智慧班级”建设管理模式应运而生。班级针对同学们学习生活的方方面面，围绕“智慧学习”“智慧课堂”“智慧活动”“智慧数据”“智慧空间”五大模块建立起了班级的“智慧”教育、管理、服务体系，全方位地利用网络整合教育资源、提升班级管理效率，发挥网络育人功能，滋养班级特色文化。

## 二、设计思路

班级以“走近智慧班级，感悟智慧教育，点亮智慧人生”为目标，努力构建以智慧学习、智慧课堂、智慧活动、智慧数据、智慧空间“五位一体”的智慧班级，采用“智慧 e 家”的班级管理模式，提升班级管理效率，发挥网络教育功能，滋养班级特色文化。五大模块各具特色，其中，“智慧学习”突出科技助力，引领思想：班级通过易班、微信公众号等平台，宣传正确思想，传播正能量；智慧党建，智慧团建，辅导员和班主任指导，这些都指引着同学们迅速地成长着。“智慧课堂”注重科技助力，高效学习：班级充分运用了以易班为代表的各类科技手段，提升了班级上课质量，激发了学生学习兴趣，增强了整体学习效率。“智慧活动”强调线上组织，活动丰富，组织形式多样：“线上组织，线下活动”这样的模式让班级活动的开展高效轻松；多彩的班级活动装扮出了班级同学精彩的大学生活。“智慧数据”关注班级数据，精密管理：班级通过易班等手段收集班级同学到课率、分析学生学业情况，发挥专业特色，精准挖掘班级发展潜力，有的放矢，高效管理。“智慧空间”聚焦记忆储存，数字空间：网络平台为班级存储美好记忆提供了便利。班级活动的视频照片，班级的集体记忆，学生均上传到易班群等平台上，记录班级情谊，留存同学友谊，多年后再看时一定别有意境。

## 三、实施过程

### 1. 思想引领，智慧学习点亮人生之路

班级利用易班等平台，建设智慧思政、智慧党建、智慧团建，开展思想

政治教育。为了增加同学们对政治时事的了解，加强同学们之间的沟通和交流，班级搭建了以 QQ 群、班级微信群为基础的网络思政工作平台，共同推动班级党建、团建的发展，提升班级凝聚力，促进同学们和老师们的沟通。辅导员、班主任通过各种方式和同学进行“面对面、键对键”的交流。充分发挥网络的育人功能。辅导员通过易班年级群，开设“壹柒成长周周叨”专栏，指引学生成长。

2. 高效便捷，智慧课堂培育优良学风

班级积极建设“智慧课堂”。充分利用网络资源，在易班内发布各种有价值的学习资料，同学们可以有的放矢，各取所需，合理有效地进行学习。班级率先利用易班平台，使用“易班小智”签到，还专门编写了小智签到设备的使用说明书，摒弃了“原始”的点到方式，避免了点名时因各种特殊情况导致的不便和麻烦。班级使用课程智能管理，了解每位同学到课情况，有效地节约了时间、提高了效率，智能统计使每位同学的到课率一目了然。班级运用多元化网络学习方式，让计算机在课堂上成为辅助工具，如直接标注 PPT、电子笔记、代码测试使课堂的学习效率达到最高。班级还设立了线上答疑环节，每周末在群内匿名发表上周学习中的疑问，由班委整理后反馈给任课老师，做到温故而知新。

3. 丰富多彩，智慧活动装扮大学生活

班级充分利用各类网络平台组织活动。例如，组织团日活动时同学们可以在 QQ 群或者易班进行线上投票，共同参与活动的主题、形式等各方面问题的探讨；班级召开班会或者举行其他文体活动时，班级利用易班平台发布活动，请同学们扫码报名，现场摇一摇签到，大大减少了统计和整理数据所需的时间，方便快捷。

4. 精准专业，智慧数据指导班级发展

班级通过各类科技手段为班级同学学习生活的方方面面进行大数据分析，如利用易班平台，统计分析同学们上课的到课率、讲座会议的出勤率。班级也会定期统计分析同学们上自习的出勤率、同学们的挂科率、挂科率较高的科目、挂科数目较多的同学等等。通过大数据的分析，为同学们提供各科的数据分析、学业分析和学情分析，并提供表格、柱状图等描绘数据，清楚地展示各位同学的学习成果和学习状态，以此激励、警示同学们，帮助同学们明确自己的不足并加以改正。同时，这些数据也为班委分析班级情况提供了可靠资料。

5. 交流分享，智慧空间拓展成长时空

班级充分利用网络平台，在微信公众号以及易班中发布团日活动总结、分享前沿文章，将活动照片、视频、PPT、电子书上传到易班群中，将美好记忆封存，记录班级情谊，留存同学友谊。

## 四、工作成效

提出“智慧班级”这个构想之后，班委会很快得到了同学们的支持和响应。同学们在智慧空间畅所欲言、在智慧课堂分享感悟、在智慧学习交流经验、在智慧活动积极参与、在智慧数据总结反思，达到了增强班级凝聚力的目的，提高了班级的总体成绩，形成了互帮互助、团结友爱的良好学风，具体成效如下：第一，集成了教育资源。智慧班级涵盖了课堂内外、线上线下的各学习资料，提升同学们自我教育、自我管理、自我服务的能力。就大一上学期高数科目而言，班级期末平均成绩较期中上升 5 分，部分同学成绩上涨甚至达到 20 多分，班级智慧课堂的建设卓有成效。第二，培育了优良学风。全班各科学习成绩得到显著的提升，课程优秀率名列年级前茅。一年多以来，班级和同学也获得了许多奖项：如陈义旻、刘芃杰等同学获得蓝桥杯省赛二等奖；葛寅辉、方思桐等同学获得校级优秀团员称号；胡峻巧同学获得南京师范大学节能减排大赛一等奖；汪隶鋆、高敏作为第一作者发表《基于二次曲面的石油勘探数据多模式距离查询与可视化软件 V1.0》获得软件著作权。第三，凝聚了班级力量，同学之间友谊加深，互帮互助的班风得以彰显。班级在学习上成立了互帮互助学习群，通过优秀学生带动落后同学；班级线上线下的活动消除了宿舍之间的陌生和隔膜，班级同学相处融洽。班级同学在“智慧班级”中齐心协力，一同成长。第四，凸显了专业特色，以网络为基础和媒介充分地体现了软件工程专业的高效、便捷的特点。班级日常管理运转效率很高，班级事务一经网络平台发布，同学积极响应，配合默契，运转迅速。第五，落实立德树人根本任务，从思想引领到专业发展，从学习他人到自我教育，班级和个人都取得了优异的成果。班级同学在“智慧学习”的管理理念的影响下，在班级良好的氛围中，逐渐强化了正确的思想观念，培养了健全独立的人格，积极向党组织靠拢，班级整体欣欣向荣。班级也因此受益，各项活动表现不俗：班级微团活动多次获得学院“优秀微团”称号，2017 级软件工程班在计算机学院 2018 年度“双十双百”班级评优中荣获二等奖，在团支部风采展中荣获“优秀展示奖”。

## 五、经验启示

在新时代班级建设过程中，要充分发挥网络的积极作用，充分利用起网络时代的便捷资源，凝聚集体的智慧和力量，让网络融入学习生活，充分展现专业特色，智慧智能地建设和管理班级。在这个信息化的时代，智慧班级的管理模式顺应了互联网发展的潮流，以互联网为基础的管理手段对优化 2017 级软件工程班同学的学习状态、生活方式、提升班级凝聚力等方面都有不同程度的积极作用。

# 领悟世界　领悟彼此：创办温情公众号，建设温馨班集体

“二千领悟”，取于谐音 2005，但更在其意：生逢千禧之年，感悟时代脉搏。行程千里，都是从一步一步开始；无边江河，都是由一条条小溪小河汇聚而成。“定位精细，内容精悍；定期运营，定点传播”，是 2005 级广播电视编导班公众号的运营准则。公众号共分为四大板块：“饮水思源”“风采展示”“时事要问”及“同学投稿”，秉承共商、共建、共治、共享的理念，让同学们以“主人翁”的姿态更广泛地参与到班级的建设中去，充分发挥同学们的主体地位。

## 一、案例背景

“二千领悟”是 2005 级广播电视编导班的班级共建共享媒体，它不仅是简单的信息窗口，更是班级成员思想、情感交流的纽带，是班级的网上家园，学生认同感高。微信公众号建设过程中，同学们从关注到喜欢，再到积极供稿，不断形成良性循环机制，越来越多的学生参与到微信公众号建设中来，增强了班级向心力和学生集体荣誉感，提高了班级凝聚力与战斗力，提升了学生的媒介素养。

## 二、设计思路

班级本着“领悟世界，领悟彼此”的愿望，努力将“二千领悟”打造成为一个有知识、有情怀、有人性的公众号。公众号由“饮水思源”“风采展示”“时事要闻”及“同学投稿”四大板块组成，其中“饮水思源”板块主要推送传统节日与重要节气，“风采展示”主要用来展示班级同学风采，“时事要闻”主要分享网络热点、本周科普与生活贴士，“同学投稿”主要用来征集班级同学的想法。班级建立了专门的公众号管理推广团队，下设选题组、文案组、编辑组、审核组四个部分，由班主任老师审核把关。公众号以图文结合的内容形式定期发布推文，由全班同学共同推广宣传。

## 三、实施过程

“二千领悟”公众号在每期推文发送前一周，选题组将开始选题讨论，组员们提出各自的想法后由组长整合，以投票的方式决定最终的选题。确定选题后，将由文案组同学拟订文案、编辑组同学确定排版和分类。

1. 饮水思源

“饮水思源”板块有传统节日和重要节气两大主题。首先，传统节日作为中华优秀传统文化的重要载体，展现了中华民族几千年来的文化积淀。在传统节日当天发布推文，不仅能增添节日氛围、增进同学感情，也逐渐成为班级文化的一部分，成为广编班每位同学都翘首以盼的节日祝福。其次，二十四节气作为传统文化中对四季变化规律的探索与认识，凝结着中国古人的历史智慧，公众号在重要节气当天发布推文，不仅为班级文化增添了一抹历史气息，也在节气的冷暖变化之中流露出班级对同学们的温情关怀。

2. 风采展示

班级有 49 位性格迥异的同学，大家都各有所长。虽然性格不同理想不同，但所有人都有着一颗建设班级、提高自己的心。为了让同学们都能秀出自己的风采，“二千领悟”公众号开拓了“风采展示”这一板块，举办了“霜晚——20 广编南师秋景影展”等活动。

3. 时事要闻

为了满足同学们对热点的了解，“二千领悟”公众号开辟了“时事要闻”板块，板块内创设三个栏目：网络热点、本周科普和生活贴士。随时随地关注网络热点、了解社会大事是新传人的专业素养。作为广编班的公众号，“二千领悟”会将火爆网络的热点做成推文推送于“网络热点”栏目。“历史上的今天发生了什么?”“今天是什么特殊的日子?”“本周科普”栏目，科普一周里某一天的历史、意义、故事。“生活贴士”栏目中，有防寒保暖小贴士，有冬季饮品大推荐、有防晒小妙招、有南京著名景点游览路线图等等，在学习以外的方面给予同学们帮助。

4. 同学投稿

除了“二千领悟”公众号管理组的推送以外，二千领悟还接受来自全班所有同学的投稿，使公众号真正成为同学们当家作主的平台。在这里，同学们可以给自己的朋友庆生，可以向大家分享自己平时吃的美食，也可以说出自己的内心想法、提出问题请大家一起来解答。

## 四、工作成效

“二千领悟”公众号的创建与运营做到了 2005 级广播电视编导班全班成员 100%参与。目前，公众号总用户达 66 人，其中长读用户比例高达 30%，并且在各个年龄段都有我们的用户，主要是 18 岁到 25 岁和 46 岁到 60 岁，占比分别达到 80%和 9. 23%；用户地域主要分布在江苏、浙江、广东等多个地区，其中江苏省用户占比达 81.54%。“二千领悟”公众号的每一篇推文，一经发布就能获得同学们自发的转发、点赞，可以说，二千领悟已经完全融入了广编班同学的日常生活中，得到了广大师生的支持与认可。

## 五、经验启示

班级公众号的建设秉承共商、共建、共治、共享的理念，运营公众号可以激发同学们的创造性、培养学生的人际交往能力，促进学生全面发展。同时，也让同学们以“主人翁”的姿态更广泛地参与到班级的建设中去，充分发挥同学们的主体地位。公众号坚持“内容为上”的理念，始终关注中华优秀传统文化的传承、中国特色社会主义先进文化的弘扬。从同学们所关心的问题切入，以同学们喜闻乐见的姿态走近同学，致力于提高同学们的思想政治水平与道德修养，不断提升网络思想政治教育效果。

# 智慧班级　网络班级：多方面深层次的智慧网络“风景线”

大学作为人生的重要阶段，同学们面临着独立生活、自主学习的新挑战。在此背景下，2019 级应用心理学班班委队伍在原有的新媒体平台基础上进行了改革创新，逐步形成了以易班为主、以 QQ、微信公众号、新浪博客为辅的多方面、深层次的网络平台。通过多元统一并重的网络管理形式，为同学们提供多方面的辅助，让同学们畅享网络建设带来的学习生活便利，协助大家更好地度过大学生活。

## 一、案例背景

在互联网时代的大背景下，充分运用线上平台以便利学习生活成为广大同学们的迫切需要。为全面回应同学们的需求，协助大家通过规整安排的网络信息更深入地体验大学生活、平稳地度过学业过渡期，明确未来方向，2019 级应用心理学班特采取有力措施解决此问题。

## 二、设计思路

将该制度定名为智慧网络“风景线”，主要出于两方面考虑：首先，体现了网络平台建设的核心要义“智慧班级建设”，意在实现网络平台促进同学们学习生活的便利高效功能；其次，“风景线”意为大学旅途上的沿途风景，寓指网络平台对于同学们自身发展的辅助作用，为同学们驱散生活中的迷茫不便，促进其积极有意义地度过大学四年。以“构建智慧班级、网络班级”为目标，智慧网络“风景线”将积极充分发挥班委职能、调动同学们自主性，全面建设、运营网络平台，同时发布丰富内容以实现平台的深度利用，保证同学们能够充分享受到网络建设带来的便捷性，进而起到促进学习发展与身心健康的作用。

智慧网络“风景线”制度以发挥班委职能、调动同学们自主性为原则。班委层面，由文体委员带领班级相关同学组成专门的网络管理队伍，进行活动组织、信息发布、新闻推送等一系列工作。在全班层面，将“风景线”的基础管理功能深入每一位同学的日常生活，如信息管理、意向收集等，让同学们感受到平台的便捷；同时大力开展多样线上活动，让每一位同学能结合自身需求选择参与，灵活促进其发展。智慧网络“风景线”制度突破了一般笼统的网络基础建设，具有多方面、深层次的特点，既保证了基础效用发挥到极致，又给予了同学们自主能动性的广阔空间，让同学们能够根据自身具体情况充分享受到网络平台的良好功效。

## 三、实施过程

自智慧网络“风景线”多方面、深层次网络平台制度实行以来，工作开展状况如下。

1. 智慧班级，便捷沟通

班级积极依托易班的多功能板块，收集相关班级信息，利用个人请销假、晚点签到、健康动态日报等多样化功能，做到及时处理，及时反馈，实现了实时实地的动态化班级管理流程。

2. 平台建设，积极运营

班级以“正心明理”特色班训为思想引导，创建了以“NNU 星语心院”微信公众号、“心院一家人”新浪博客、QQ、易班等为主的一系列班级网络平台，在创新展现班级风貌的同时，定期发布党和国家重要事务，积极发挥线上平台的思想导向作用，引导班级向好向上发展。其中，微信公众号主要用以记录班级日常活动与宣传班风建设成果。新浪博客定期更新学院规章制度与奖惩结果公示。班级建有“181901”“NNU 心理学院 2019 级一班”班级群；前者用于及时发布重要通知，后者则为同学们提供了一个自由沟通的平台。

3. 紧跟时事，开展教育

为了让同学们紧跟时事热点，理解国家政策方针，班级积极借助网络平台，力求形式的创新，利用微信公众号、QQ 群、易班等新媒体平台聚焦全国两会、第十九届五中全会、第七次全国人口普查等相关时事热点，开展网络思政教育。

4. 线上管理，高效便捷

班级利用学校“一站式”信息化平台、QQ 群、“NNU 星语心院”微信公众号、“心院一家人”新浪博客、易班等新媒体平台进行信息的公布、收集以及班级管理，促进了班级管理的信息化与公开化，提升了同学们网络互动的效率。

5. 防范诈骗，共建防线

班级利用微信公众号、QQ 群和易班等积极进行防范校园电信网络诈骗等活动，开展一系列专题推送和活动，并定期邀请社区民警开展讲座。班级同学利用 QQ 群学习防范网络诈骗知识，积极反馈网络诈骗事件，引导同学注意防范，一起构筑网络安全防线。

## 四、工作成效

自智慧网络“风景线”——多方面、深层次网络平台制度实行以来，运营效果突出，内容层次丰富，受众覆盖广泛，班级同学都展现出了极大的参与热情与支持度。“NNU 星语心院”微信公众号的阅读量均达 200 次，2019 级应用心理学班 43 名同学均曾在微信公众号上发布内容。“心院一家人”新浪博客发帖阅读量均超 200 次，班级同学在各网络平台活跃人数高于 80%。在班级线上管理方面，班级同学的参与度、活跃度和满意度均达到 100%。同学们普遍认为班级的网络建设全面丰富、考虑周密，在班委的协同帮助下，为同学们的大学生活增加了踏实的关爱和支持，使大家在日常生活中更加安定，在专业学习的道路上减少了迷茫，更坚定了自己的道路与方向。

## 五、经验启示

网络平台是辅助班级建设的便捷方式，但目前许多班级对网络平台的开发度和利用率不够，有一些仅停留于信息收集和班级管理上，而对于更多样的活动尚未形成多元化渠道，使得一些同学不知该如何利用网络平台的功能，网络平台的便捷作用未发挥充分。智慧网络“风景线”从大一入校起便开始筹备实施，得到了广大师生群体的认可；同时，其如“风景线”般遍布了同学们的大学旅途，有效实现了网络平台作为方向导航的指南作用，帮助同学们在途中找寻未来方向，促进个人自由全面发展，并进一步使同学们获得集体归属感，凝聚了班级向心力，使同学们获得学习和人际的双丰收，形成一个健康向上的循环。

# 第六篇

# 班主任指导篇

2016 年 12 月，习近平总书记在全国高校思想政治工作会议上强调，教育强则国家强，要坚持把立德树人作为高校建设的中心环节，把思想政治工作贯穿教育教学全过程，实现全程育人、全方位育人。班级是高校进行教育教学工作的基本单位，班主任作为班级的直接管理者、各项教育教学工作的具体实施者，既是连接高校、任课教师与学生的纽带，也是沟通高校、家庭与社会教育力量的桥梁，在立德树人的教育实践中起到十分重要的作用。因此，在教育现代化不断推进、高质量人才需求不断扩大的背景下，加强班主任建设是提升高校核心竞争力、切实培养社会主义事业建设者和接班人的关键一环。

“培养怎样的班主任”“如何培养班主任”是高校班主任队伍建设的两个主要问题。在新形势下，如何高效完成班级组织管理工作、浓厚班级学习氛围、积极推进班级思想文化建设成为班主任队伍面临的新挑战。高校必须明确班主任在思想引领、班级建设中的目标定位，将立德树人作为工作的中心环节，充分利用班主任“上通下达”

的职务特质，以班级作为开展教育工作的基本组织形式，对学生展开全过程、全方位的思想文化教育，竭力培养德智体美全面发展的社会主义事业建设者和接班人。

班主任建设首先需要加强班主任队伍的思想政治教育。立德树人，身正为师，班主任作为与学生朝夕相处的指导者和引路人，肩负着比普通任课教师更为沉重的责任与使命。因此，班主任队伍应当坚持以马克思主义为指导，坚持不懈传播马克思主义科学理论、培育和弘扬社会主义核心价值观，强化自我约束力，筑牢自身思想根基。要帮助学生形成正确的世界观、人生观、价值观，鼓励学生把远大抱负落实到具体行动中，以中国梦激扬青春梦，立志成为德才兼备、全面发展的人才。

班主任建设还需要建立现实可行的制度规范，如日常工作准则、定期交流研讨制度、年度工作考核、奖惩制度等。良好的制度规范有助于增强班主任的责任感，引导班主任不断优化改进工作方式，增强教育管理的亲和力、针对性、时代感与吸引力，使思想引领渗透进学生的日常生活，更容易被认可接受。同时，班主任作为班级的直接管理者，有责任为学生创造良好的班级环境，尽自己所能给学生的学习生活提供有益的指导。班主任要坚持以人为本的教育理念，重视学生的感受，围绕学生、关爱学生、服务学生，以提升集体凝聚力与个人活力为己任，关注学生的综合素质养成，促成班级内部团结友爱、共同进步的良好氛围，带领学生共同建设一个既重视团队精神、又包容个人特色的班集体。

班级是高校教育管理的基本单位，是大学生思想引领的主阵地，班主任是班级各项教育工作的具体负责人和实施者。高校应充分认识到加强班主任建设的重要性与紧迫性，明确班主任的工作目标与定位，建立现实可行、具体可依的工作规范，加强对班主任队伍的思想政治教育，为立德树人、以人为本的高校思想政治工作筑牢关键一环。一个优秀的班主任团队能够凝聚全校师生与社会资源，使思想教育的力量由班级这一基本组织形式不断向外辐射，真正做到对学生全过程、全方位悉心培育，提升高校核心竞争力，为中华民族伟大复兴提供德才兼备的人才支撑。

# 家校联动，共话新章：高校班主任新生家访的温度

家访是家校协同育人的重要内容，是促进学生健康成长的重要举措。为进一步加强家校合作，切实发挥家校育人合力，2021 级古典文献学班开展班主任新生家访工作，构建了家校沟通的桥梁，把握同学的实际成长发展需要，提供一对一的服务指导，积极帮助同学们解决疫情防控常态化下学习与生活中的各种合理诉求，消解家长焦虑情绪。家校联动实现“全员育人”，因材施教、精准帮扶落实“服务育人”。

## 一、案例背景

家访是家校双方相互了解的重要手段，也是新时代实现精准思政的有效方式。新生入校前，新生及家长对学校的相关政策并不熟知，面对即将到来的大学生活，难免产生紧张情绪，呈现迷茫状态。及时的家校沟通能够让辅导员、班主任和新生及家长消除陌生感，帮助学生尽快地适应大学生活，走上正确的发展道路。

## 二、设计思路

家访活动对于掌握学生成长环境起到了重要作用，是增强大学生思政教育针对性的有效举措，是构建学生、家长及学校协同育人体系的有力抓手。2021级古典文献学班新生家访重点把握新生入校前的暑假和第一学期结束后的寒假两个关键时间节点，辅导员、班主任将学生的基本情况和在校表现与家长进行及时沟通，同时，为家访对象设立专属家访档案，完善家访工作手册，方便后期为学生的成长成才提供精准帮助。

## 三、实施过程

1. 充分了解学生情况，做好背景资料准备

辅导员和班主任在选取家访对象过程中，应该充分了解学生在校情况，同时要考虑到学生情况的特殊性，尽可能地覆盖到家庭贫困学生、偏远地区学生、学业困难学生等特殊类型学生。对于家访对象的成绩、表现、奖惩及家庭情况等背景资料要做好充足的准备。

2. 合理安排实施路径，线上家访与线下家访相结合

新冠疫情常态化的背景下，线上活动成为行之有效的高校育人手段，越来越多的活动转移到了线上。线上教学及线上活动有着便捷、自由的特点。家长散居各地，采用腾讯会议、视频聊天等方式可以有效拉近距离，促进家校沟通。但同时，单纯的线上家访还不足以把家访工作落到实处，面对面的交流能够让学生更加直观地感受到辅导员老师的温度。可以根据实际情况安排家访的方式，既做到新颖易接受，也要做到有效易吸收。

3. 全面了解学生情况，重点突破学生问题

辅导员与家访对象（学生及家长）沟通家访时间，确定家访形式，列出家访计划表。在家访过程中，辅导员先从学习、生活、思想和心理等方面向家长介绍学生在校的表现情况，随后家长向辅导员介绍学生假期在家的学习生活情况和之前的生活经历，最后家校双方结合学生目前的表现，沟通制定学生后续的发展成长方案。在此过程中，辅导员应该对该生的在校表现进行细致的了解，并在家访过程中如实向家长反映。

4. 建立家访档案，及时跟踪回访

家访完成后，辅导员应该结合家访的具体情况，填写家访情况登记表，对家访对象设置专属档案，完善学院家访工作手册，动态观察学生的发展情况。辅导员通过对学生家庭的了解，深入挖掘学生潜能，提出有效的生涯发展建议，帮助新生寻找适合自己的发展道路，消除迷茫和焦虑情绪，促进师生关系的良性循环。

## 四、工作成效

2021 级古典文献学班辅导员“新生家访”的开展，搭建了学校和家长沟通的平台，拉近了学校、老师和学生之间的距离。通过师生、家长之间的真挚亲密的交流互动，帮助家长更深入地了解学校培养方案和子女的学习状况，由此与学校达成良好合作，实现家校共育，为同学们的发展保驾护航。同时，辅导员也在此过程中加强了对学生的引导，从学习、生活、实践等多个方面服务育人，使师生紧紧团结在一起，提升了班级凝聚力。

## 五、经验启示

高校辅导员承担着学生事务管理的教育角色，其职业素质和能力将直接

影响到教育管理的有效性。辅导员发起的“新生家访”活动有助于家长透彻了解学校的相关政策，对学校的各项规章制度予以理解支持。辅导员积极开展“新生家访”工作，充分体现了学院对学生的关心、爱护，让家长切实感觉到学院的关爱，拉近学校、老师和学生之间的距离，对学生的发展起到积极作用。

# “4+1”新导师制：多元主体助力学子探梦科研

为提高班级同学科研实践、创新创业能力，明确学生职业生涯发展目标，2017 级环境工程班在原有本科生导师制的基础上实行了“4+1”导师制，即由“辅导员+班主任+学术导师+创新创业导师”四名教师和一名高年级学生组成的全新导师体系，从而赢得学生的信任和把握工作的主导权，形成多元主体协同育人的合力，助力新时代环境学子的新发展。

## 一、案例背景

对于理工科学生来说，创新创业、学术研究方面的指导尤为重要。一直以来，我院十分注重提高学生的专业素养，培养学生的科研实践与创新能力，但学院现有的单一化指导形式与学生多元化发展之间存在矛盾，在一定程度上不利于学生进行科研创新。因此 2017 级环境工程班在学院师生的大力支持下，在原有本科生导师制的基础上实行了“4+1”导师制，即由“辅导员+班主任+学术导师+创新创业导师”四名教师和一名高年级学生组成的全新导师体系，旨在通过多维度的指导让班级学生更深入、更全面地了解所学专业。

## 二、设计思路

在原有本科生导师制的基础上实行“4+1”导师制，由“辅导员+班主任+学术导师+创新创业导师”四名教师和一名高年级学生组成全新的导师体系，以助力班级学子科研能力新发展，让班级学生更加了解自己的专业发展之路，增长专业学识，提高科学研究、创新创业能力。“4+1”导师制鼓励高年级学生、辅导员、班主任、学术导师、创新创业导师各司其职，结合自身经验与感悟帮助本科生，引导其树立积极的学习、生活态度，促进学生的全面、健康发展。

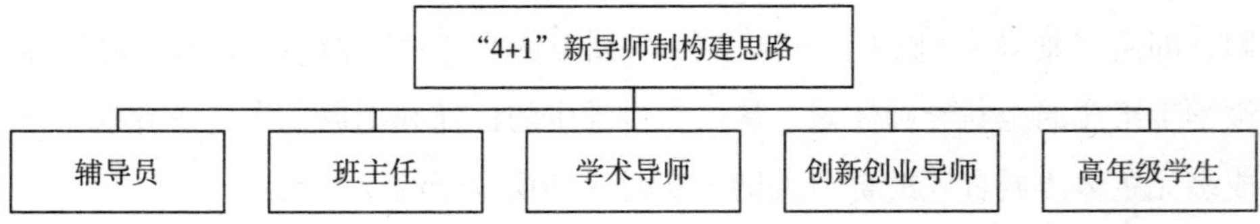


## 三、实施过程

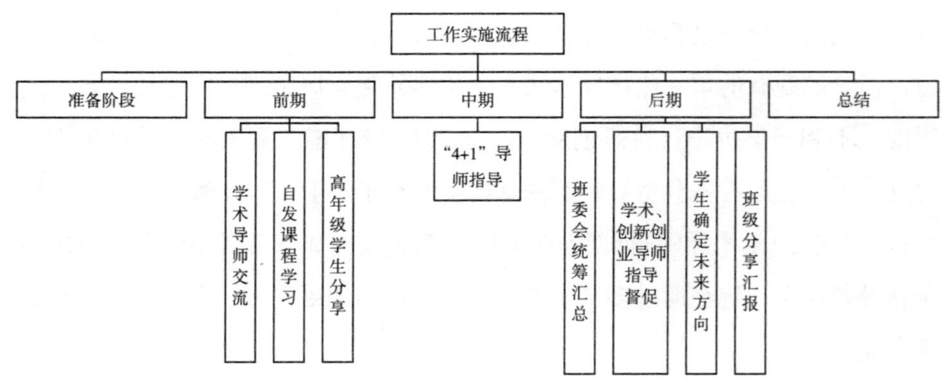

1. 准备阶段

大一时，在学院组织各类分享会和座谈会、开展专业基础课程教学、学生自行了解的基础之上，每一位学生根据自己的兴趣方向、意愿与学院老师进行双向选择，由此每位学生拥有一名学术导师。

2. 前期

（1）与学术导师交流：学生可自主联系学术导师参与学术讨论、课题研究等等，以此提升专业知识以及学术素养。

（2）选修自发课程：班级集体选修了王老师的《环境工程创新创业实践》自主发展课程，王老师作为创新创业导师，曾带领学生参观金港创业园，深入公司去了解环境工程的具体工作内容，以及公司的聘用条件。此次参观交流活动使班级同学受益匪浅。

（3）高年级学生座谈会：班委会邀请高年级学生开展座谈会，高年级学生通过讲述他们的求学经历，为班级学生传授经验和学习、生活上的小妙招。除此之外，高年级学生还在选择导师、与导师交流、参加课题组学习讨论、走进实验室参与科研、参加竞赛活动、担任主持人等各个方面详细地向同学们分享经验与心得。最后，高年级学生留下了联系方式以供班级学生私下咨询。

3. 中期

（1）针对“4+1”导师制实施的具体情况，班委会在统计班级学生的学习情况、科研情况后，及时向班主任、辅导员老师反馈。班主任和辅导员与班级学生进行交流并指导。交流方式主要有以下两种。

①班级活动交流：班主任和辅导员老师根据班级学习、科研等方面的实际情况，配合班委会召开的主题班会与班级学生交流分享，向班级学生提出建议。

②一对一交流：班主任与辅导员老师针对个别学生的情况，私下与学生交流，时刻关注学生的心理状况，了解学生的思想，帮助学生在迷茫的时候找到人生的方向，帮助学生制定计划。学生也根据自身情况，主动寻找老师

探讨问题，寻找解决方案。

在班主任、辅导员的帮助与指导下，班级学生进一步思考、规划未来方向，并朝着目标不断奋进。班委会与老师、学生同时做好相应的协调以及反馈工作，定期做好总结和书面评价，促进该制度更加切实地实施和完善。

（2）学术导师与创新创业导师指导学生参与科研实践活动，学生在实际研究中提升自身能力。

创新创业导师和学术导师指导班级学生参加节能减排科技竞赛，以及为期一年的大学生创新创业项目。同时指导学生申请发明专利以及使用新型专利，大幅度提高了班级学生的科研能力、培养了学生的创新精神。

（3）高年级学生帮助解决科研实践中遇到的各种细节问题。班级同学与高年级学生交流，学习他们的科研经验，学习科研过程中的操作技能。

4. 后期

（1）班委会统筹跟进班级“4+1”导师制的实施情况，及时统计汇总班级同学的学习情况、科研参与情况，与班级同学、班主任及辅导员老师交流。

（2）学术导师与创新创业导师指导学生参与科研，督促“大学生创新创业实践项目”的实施进展，鼓励更多的同学参与到科研中来。

（3）班级学生向“4+1”导师们对自己即将升学、就业、出国等规划进行提问，导师们给出相应建议。

（4）班委会对班级制定的“4+1”导师制的实施情况在班会上进行总结汇报。班主任、辅导员老师鼓励同学们积极参与科研，鼓励大家继续深造，并给就业的同学们以详细指导和建议。

5. 总结

在与高年级学生的交流分享中，在班主任、辅导员老师的关心指导下，在学术导师、创新创业导师的耐心指导下，“4+1”导师制的目标顺利完成。2017 级环境工程班全体成员积极配合班委会开展活动，各同学对于本专业有了更加清晰的认识，在参与科研实践过程中，自身的专业知识和技能得到很大提升，同时对未来的发展也有了更加明确的目标。

## 四、工作成效

班级52名同学均参与其中，科研参与率达100%，获国家级、省级、校级各类赛事奖项几十项。目前261701班学生主持或参与国家级大创2项，省级大创4项，校级大创7项。发表论文10篇，包含SCI-TOP2篇，SCI论文3篇，中文核心5篇，申请专利10项，登记软件著作权著3项。多名学生参加国际/国内知名学术会议，同知名学者进行交流。多名成员保送至南京大学、东南大学、中山大学继续攻读硕士研究生学位。学院全体师生对班级给予一致好评。

## 五、经验启示

“辅导员+班主任+学术导师+创新创业导师”在生涯指导、学业指导、学术指导、创新创业指导等方面彰显出巨大作用，学生在“四导师制”的指导下清晰了自己的专业发展之路，增长了专业学识，提高了科学研究、创新创业能力，多名学生经三年的指导成功保送至国内知名985学校，超过70%的学生准备通过考研继续深造。本案例可对理工科专业的班级建设提供参考。

# 科研育人，通向未来：工科专业班主任育人模式探索

2016 年 12 月，习近平总书记在全国高校思想政治工作会议上强调，“要坚持把立德树人作为中心环节，把思想政治工作贯穿教育教学全过程”。2018 级环境工程班在班主任的带领下，紧紧围绕立德树人，发挥新工科的科研特色，将科研育人的理念贯穿始终，班主任指导班级同学，努力学习，积极科研，热心公益，每一位学生都在实践中成长，在科研中进步，树立起为祖国、为人民奉献的“新工科人”理想。

## 一、案例背景

在“新工科”改革背景下，探索科研育人实施路径是高校培养创新型人才的突破口，是新形势下高等教育改革的时代召唤，不仅符合新时代对高素质创新型人才培养的要求，符合高校思想政治教育的要求，也是全面推进素质教育的需要。如何在工科专业的班级里，营造优良科研育人氛围，这是班主任工作必须要面对的问题。

## 二、设计思路

科研育人是高等教育领域“三全育人”的重要一环，是高校人才培养的重要渠道，是需要重点关注的理论和实践问题。积极探索科研育人实施路径，工科专业班主任可以通过科研过程、科研方法和科研结果帮助班级学生树立正确的世界观、人生观和价值观，培养科学精神和团队协作精神，规范学术道德，训练严谨规范的科研品质，提高创新解决问题的能力、自我规划与管理的能力以及增强学生对学术前沿的敏感性。

## 三、实施过程

### 1. 班主任在班级弘扬敬畏科学、勇敢质疑的科学精神

在2018级环境工程班，班主任首先培养学生敬畏科学的素质，通过推荐学生大量阅读所在研究领域的学术文献，重点关注最新研究方向和研究热点及该领域最原始的学术文献，明确本研究领域的领军团队。同时，在敬畏他人研究成果的基础上，班主任重点培养学生的思辨精神，即总结发现目前研究存在的问题和不完善的地方，进而针对所面临的问题培养研究能力，明确问题，提出方案，并大胆尝试和反复论证的能力。

### 2. 班主任在班级弘扬严谨治学、实事求是的学术道德

班主任在第一次见面会上，就强调科学研究要严谨诚信。学术道德是科研工作者应遵循的基本伦理和行为准则。在班级学生科研起步阶段，班主任组织班级同学共签科研规范承诺书，坚决杜绝数据造假、论文抄袭，尊重科学知识和研究成果，尊重他人的知识产权，强化学术自律。

3. 班主任培养班级学生创新解决问题的能力

班主任经常组织同学召开小组会，形成了“环境学院 1801 奇思妙想库”，通过这些头脑风暴类活动，班级同学提升了主动提出创新想法解决问题，以及为验证想法设计完成试验、准备证据的能力。班主任鼓励学生不断尝试，勇于试错，将数据积累下来，同时，引导学生对积累的数据进行深入挖掘，注意数据背后反映的原理，探讨其内在骨架是否符合已有理论的框架。

4. 班主任培养学生自我规划与管理的能力

随着社会发展，知识和技能的更新也在加速。因此不仅要培养学生现在解决问题的能力，更要培养他们持续学习、解决未来可能遇到问题的能力。班主任开设了自我管理能力提升微课，通过讲授和实践结合的方式，培养学生有追求，有自省的内驱力。学生自我管理能力的养成不仅需要班主任给予监督，实验室氛围也非常重要，班主任平时很注意培养和谐的实验室氛围，实验室同学之间的传帮带也有效帮助学生应对失败、缓解情绪。

5. 班主任培养学生尊重事实，开放包容的情怀

班主任要注意培养学生思维能力，用数据和事实来说话，不盲目自大，也不妄自菲薄，通过班会和小组交流会，使同学们对研究结果进行多方面对比，从而正确认识研究水平，客观公正地看待差距。同时，在班主任带领下，班级积极开展团日活动、社会实践等，引导同学正确地认识自我，增强历史使命感和社会责任感。

## 四、工作成果

班主任通过科研育人活动，培养学生发现问题、分析问题和解决问题的能力，激发学生科技强国的家国情怀，在班级形成了优良的班风。班级同学积极参加科研，学生科研热情显著提高，对待科研的态度更加认真，科研成

果更加丰富，2018 级环境工程班同学获得各类国家级、省级科研创新团队和个人奖励 20 项，所有同学均获校级立项，多个成果被实际运用推广。

## 五、经验启示

科研是面向前沿的不断攀登，班主任通过全方位指导学生参与科研，在工作中践行社会主义核心价值观，培养学生形成敢于质疑的科学精神、不计名利的奉献精神、勤奋刻苦的拼搏精神、严谨诚信的学术道德、分享合作的团队意识，为“新工科”发展培养更多具备创新创业能力和跨界整合能力的生力军，为建设学习型社会贡献力量。

# 师生共读，教学相长：<br>文艺分享增强班级向心力

大学是人生的重要阶段之一，刚进入大学，同学们面临着陌生专业如何选择，自主学习如何提升专业兴趣，独立生活如何自理，课余时间如何规划等难题。基于此，2016 级社会学班班主任王老师结合社会学的专业特色，每个月的上半月为同学们开展电影沙龙活动，下半月开展读书分享会。班主任自己事先选好合适的影片、书籍，同时让同学们也做好相关的背景铺垫工作。活动的开展促进了同学们对社会学的深入理解，增进了同学们对本专业学习的浓厚兴趣，提升了班级的凝聚力。

## 一、案例背景

2021 年 4 月，习近平总书记在清华大学考察时曾提出："大学教师对学生承担着传授知识、培养能力、塑造正确人生观的职责。教师要成为大先生，做学生为学、为事、为人的示范，促进学生成长为全面发展的人。"开学伊始，2016 级社会学班里的同学来自五湖四海，彼此之间并不熟悉，班级凝聚力不佳。同学们迫切需要一个机会去互相认识沟通，需要值得信赖的师长答疑解惑，以便对学科有更为清晰的认知并形成切合自身实际的发展道

路。在这种情况下，教师作为学生发展路上重要的引路人，在增强班级凝聚力方面发挥着重要作用。

## 二、设计思路

“师生共读，教学相长”阅读观影分享会每月定期开展，由班主任王老师和班级学生共同敲定书目与电影，结合学生自身兴趣，投票选择适当主题。随后再投票选出大家都有空的时间，在某个晚上大家聚在一起，一起交流讨论，王老师适时为同学们提供建议，以便更好地达到学习目的。分享会首先由个人展示阅读成果和观影感想，后展开小组讨论会，针对老师推荐的书籍和电影以及展示同学的情况，大家畅所欲言，碰撞出思维的火花。最后由王老师有指导性地去结合该专业的知识内容进行讲解引导，从而实现多种方式沟通交流，解答学生疑惑。

该活动旨在增强老师与同学之间的交流，使学生对专业产生浓厚的兴趣，同时加强同学们对社会学的理解。借此，老师也可以了解学生学习能

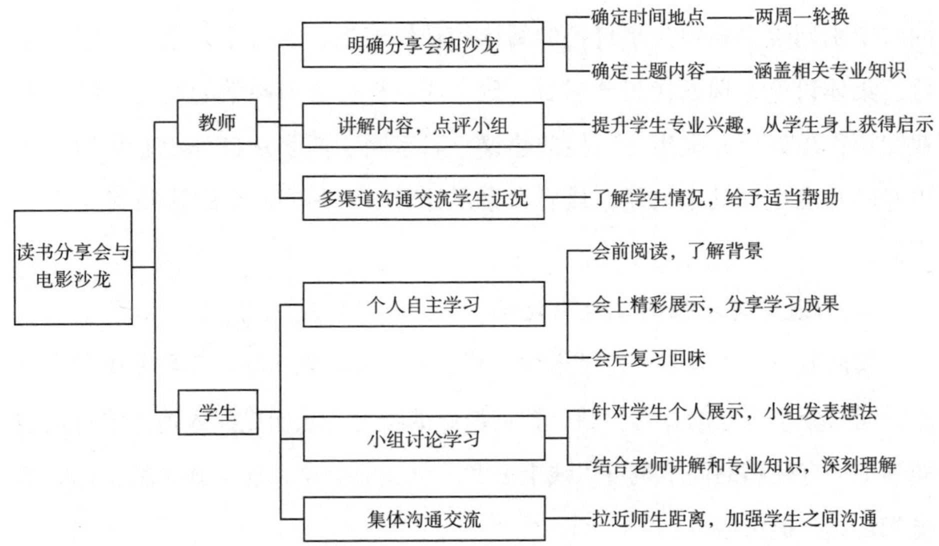

力和兴趣爱好等，以便结合学生个人情况给予适当的建议与帮助。同时，能够让同学们增进感情，增强同学们对班集体的认同感，加强班集体的凝聚力。

## 三、实施过程

1. 构建阅读观影框架

在书目和电影选择方面，老师会根据各个专业课老师的推荐和同学们专业发展的自我需求及兴趣取向，合理地选取每学期的重点阅读书目和班级观影单，推荐书目 60 本，电影 30 部；同时选取部分重点书目和电影共同讨论，将个人自学与集体学习相结合，以形成完整的阅读和观影体系。

2. 交流研讨丰富阅读观影感受

在一小教室中，大家围坐在一起，自由地与前后左右讨论，交流时也更加方便。读书会上班主任老师会先说明推荐理由，帮助同学们发掘读物和影片中的社会学视野，引导同学们以学者的眼光品读书籍、观赏电影。同时个别同学单独地分享自己的阅读和观影感想，然后让大家以小组为单位，集体讨论，选取代表分享后，班主任再根据之前同学的发言，结合专业知识作出评析并提出方向性的建议，启示同学们联系自身专业学识，从更好的角度挖掘其中内涵，最后大家再针对一个共同的话题进行讨论，畅所欲言。

3. 沟通反馈增强阅读观影效果

阅读分享会和观影沙龙结束后，同学们依旧意犹未尽，在教室里激烈讨论，同时分享自己的日常生活，拉近彼此的距离，从而更深入地了解身边的同学。仍有疑惑的同学也可以线上去和老师交流分享，让老师了解自己的情况和疑惑，提供指点。

## 四、工作成效

2016级社会学班班主任举办的阅读分享会和观影沙龙卓有成效。这一点首先体现在同学们参与的积极性上，活动受到了同学们的热烈欢迎，大家都踊跃参加，每次活动的参与率高达90%。不仅同学积极响应，台湾交换生也愿意来一起交流。其次，阅读和观影活动持续进行，学生们储备了大量的知识内容，文学课程成绩稳步上升。更为重要的是班级凝聚力得以加强，集体式阅读和观影活动将班级个体串联成有机整体，大家畅所欲言、紧密交流，形成了轻松愉悦又积极向上的班级氛围。

## 五、经验启示

大学期间，学生与老师之间的联系相较于高中来说是不够紧密的，而处于此阶段的同学面对专业知识的学习，课余时间的分配，未来的职业规划等问题都带着点茫然而不知所措。大学教育中常规谈话措施落实也主要来自单向从上至下的约谈，从班级整体覆盖面和效用来说都相对薄弱。自开展主题读书会和电影沙龙以来，师生之间的积极交流，从日常生活到专业知识，各个方面都有所覆盖，从而促使大家团结友爱，激发了大家对专业学习的热情，营造了浓厚的文化氛围。大家在课余之时讨论最近看过的书籍与电影，学生之间感情加深之余，老师和同学也更加紧密相连。生生之间和师生之间的和谐关系使得同学们获得了集体归属感，凝聚了班级向心力。此次活动亦有一些值得改进之处，其一是可以扩大电影和书籍的专业范围，不限于社会学本身；其二是可以加强朋辈引领，在活动中邀请一些同专业的学长学姐作为嘉宾一起参与讨论。

# 乐享假期，提升自我：班主任假期劳动育人模式建构

习近平总书记在全国教育大会上明确指出，把劳动教育纳入社会主义建设者和接班人的总体要求，构建德智体美劳全面培养的教育体系。2020 年《关于全面加强新时代大中小学劳动教育的意见》，以及《意见》的配套文件《大中小学劳动教育指导纲要》正式出台，对高校学生的劳动教育提出了明确的要求。2019 级行政管理班在班主任带领下主动明确劳动教育要求，着重引导班级学生践行马克思主义劳动观，系统学习掌握必要的劳动技能，在假期组织学生走向社会，积极参加校外劳动锻炼，构建起劳动育人的新模式。

## 一、案例背景

劳动教育是高校育人的重要途径，高校劳动教育应强化马克思主义劳动观教育，注重围绕创新创业，结合班级特色开展生产劳动和服务性劳动，提升大学生劳动能力和劳动意识。高校班主任可以充分利用假期，带领学生上好“劳动实践课”，让学生在劳动教育中受启发、长才干、作贡献，用劳动实践走好新时代青年的新长征路。

## 二、设计思路

班主任坚持从思想引领出发设计活动，在形式内容上力求深入深刻、在效果导向上力求触动思想，将实地劳动教育与思想认识提升相结合，突出活动导向性，引导和帮助2019级行政管理班学生在劳动实践中提升自我。班主任围绕活动主题，把握班级学生特点，将统一组织实施与立足实际开展相结合，增强活动实效性，将线下积极开展与线上加强传播相结合，提升活动影响力。在此基础上，注重将班级学生在观察上和认识上的积累、在实践中和调研中的成果转化为意义深刻、内容生动、传播便捷的宣传产品，通过各类媒体平台加强推广，提高班级劳动实践活动的认可度和辐射力。

## 三、实施过程

1. 开展理论普及宣讲为内容的劳动实践活动

暑期期间，班级在班主任的带领下紧密围绕学习宣传贯彻习近平新时代中国特色社会主义思想，组织同学开展习近平新时代中国特色社会主义思想宣讲展示活动，引导班级学生将理论学习与劳动实践相结合。依托各地红色资源，组织班级学生开展重走红色足迹、追溯红色记忆、访谈红色人物、挖掘红色故事、体悟红色文化等多种形式活动，引导班级学生更好地传承红色基因、担当时代大任。

2. 开展参与乡村振兴为内容的劳动实践活动

班主任着眼于帮助和引导更多班级学生了解认知当前的乡村状况、踊跃参与乡村振兴战略实施，面向广大乡村特别是中西部地区、少数民族聚居区和欠发达地区乡村，组织开展科技支农、科普宣讲、调研献策、志愿服务等形式的劳动教育活动。

3. 开展教育关爱服务为内容的劳动实践活动

班主任围绕关爱保护农村留守儿童工程，坚持扶贫与扶志扶智相结合，组织 2019 级行政管理班级学生开展学业辅导、亲情陪伴、自护教育、素质拓展、敬老孝亲等形式的精准关爱志愿服务活动，用劳动教育培育班级学生奉献意识。

4. 开展文化艺术服务为内容的劳动实践活动

班主任重点围绕培育和践行社会主义核心价值观，组织 2019 级行政管理学生开展美育系列教育活动，组织以艺术创作、惠民展演、全民阅读、文化普及等形式的劳动实践活动，将美育成果送到千家万户。

5. 开展挂职实习锻炼为内容的劳动实践活动

班主任结合专业特色，整合相关社会资源，积极呼应地方政府、企事业单位的需求，组织 2019 级行政管理专业学生到机关、单位、社区开展挂职锻炼劳动实践，为班级学生就业创业提供见习实习机会，使得学生走出校门、走进社会，在社会实践中切实提升自己的专业技能、拓宽自己的知识领域，促进学生全面发展。

## 四、工作成效

假期劳动实践活动的开展，实现了育人工作全时段覆盖，让班级学生能够利用假期不断提升自己的思想意识和能力水平，班级形成了勤俭、奋斗、创新、奉献的劳动精神，形成了大力弘扬劳模精神和工匠精神的良好氛围，引导班级学生将劳动与学习、实践和学术研究相结合，达到在劳动中育人、在劳动中成长的目的。

## 五、经验启示

班主任通过在假期组织开展劳动实践活动，让 2019 级行政管理班同学得以结合所学专业知识，开展多种形式的宣讲活动。同时，假期劳动教育活动也为班级学生了解社会开启了一扇窗口，提高了学生的社会实践能力和综合素质，让学生在劳动教育中受启发、长才干、作贡献。

# “社团+实践”：班主任指导多方位全覆盖

2017级水粉水彩班秉承美术学院“美泽万物”的院训，着力构建“社团+实践”班主任指导班级学生的创新培养模式。该模式以兴趣为导向，以社团小组为依托，坚持理论教育与实践养成相结合，创新创业与社会公益相结合，整合各类实践资源，强化项目管理，丰富实践内容，创新实践形式，拓展实践平台，完善支持机制，发挥学科特色及专业优势，让班级学生在丰富的社会课堂中受教育、长才干、作贡献，在火热的社会实践中找准未来方向，绽放青春理想！

## 一、案例背景

习近平总书记在全国教育大会上指出：“要在坚定理想信念上下功夫，教育引导学生树立共产主义远大理想和中国特色社会主义共同理想，增强学生的中国特色社会主义道路自信、理论自信、制度自信、文化自信，立志肩负起民族复兴的时代重任。”实践育人是高校落实立德树人根本任务的重要实现途径，社会实践是连接学校与社会之间的桥梁，是高校开展实践育人的重要平台。广大青年大学生走进社区、农村、学校等地，了解国情民意，拓宽视野，丰富阅历，在实践中提升自己的思想道德修养。

## 二、设计思路

“社团+实践”，班主任指导多方位全覆盖的教育模式，旨在培养2017级水粉水彩班同学将理论应用于实践的能力，多角度创新，全方位发展。创新创业，公益服务双线并行，让班级同学在实践中坚定理想信念，磨炼意志品质，培养综合性高素质人才。

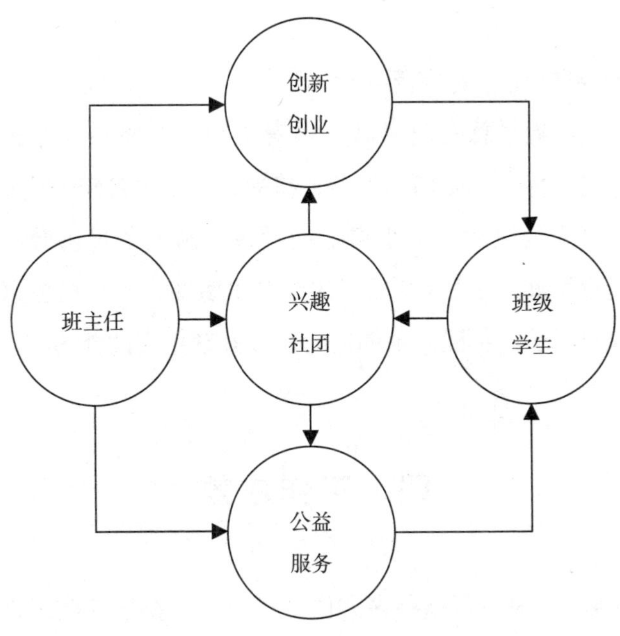


班主任指导设计思路

## 三、实施过程

1. 艺术融入生活，搭建美艺创意平台

班主任在充分考虑班级同学专业能力，兴趣特色的基础上，成立美艺文化创意工作室（社团），组织班级同学将艺术融入生活的新空间，将文化融入生活新高度，开展创意产品展出及售卖活动，让“艺术改变生活”的理念落到实处。此外，该工作室在班主任指导下将开展绘画技能培训工作，让更多的人感受到艺术的魅力。

2. 凝聚青春力量，为乡村振兴添彩

组建“多彩画笔绘乡村”社团，由班主任带队，带领社团小组队员们走访各村落确认需要美化的墙面，组织班级同学运用国画、油画、水粉等不同表现方法进行创作，以实际行动美化乡村风貌，宣传乡村文化，助力乡村振兴。

3. 聚焦艺术赋能，美育浸润童心

为积极响应习近平总书记“做好美育工作，要坚持立德树人，扎根时代生活，发挥美育特点，弘扬中华美育精神，让祖国青年一代身心都健康成长”的号召，班主任组建美育小组走进学校，站上三尺讲台，担当一日老师，依据“美育浸润计划”，开展“聚焦艺术赋能，为乡村振兴添彩”主题教育活动，帮助同学们扩展艺术创造力，提升动手实践能力。

## 四、工作成效

“社团+实践”，班主任指导多方位全覆盖的创新培养模式得到了同学们的广泛认可，大家纷纷依据自己的兴趣与专长，加入了相应的社团，班级学生入社率达到100%。通过班主任联系，依靠学院领导支持，已与南京市徐庄社区党群服务中心、小洋口旅游度假区、南京市雨花睿泽残障中心、宿迁市文昌高级中学等单位达成合作关系，建立起一批学生社会实践基地，为学生参加社会实践提供平台。

美艺文化创意工作室（社团）承接过省内十多家企业单位的项目，获得一致好评。学生作品入选国家、省、市级作品展，制作的创意产品深受喜爱。“多彩画笔绘乡村”社团成员广泛收集各地乡村墙绘需求，足迹涉及全国 12 个省市 30 多个乡村，绘制了上百块墙面，美化乡村环境，实现文化帮扶，助力美丽乡村建设。“美育浸润计划”社团成员投身教育志愿服务，全班 80%以上的学生曾在中小学担任社团教师、在社区开设公益兴趣课堂或暑期赴偏远乡村支教，用艺术美浸润儿童心灵，助力儿童成长，广受学生、老师和家长好评。

## 五、经验启示

大学生有参加社会实践的热情与需要，却常常缺少参与社会实践的渠道，缺乏组建项目团队的经验和资源。2017 级水粉水彩班班主任牵头创建社团，搭建学生社会实践的平台，联系社区、乡镇、学校引入实践资源，可以推动更多同学参与社会实践，发展专业能力，助力乡村振兴，关爱儿童成长。多类型的社团尊重学生个性，符合学生兴趣，有利于学生积累多样化的实践经历。班主任长期关注各社团动向，悉心指导各项目工作，及时向学生提供帮助，使得“社团+实践”模式实现了常态化长效化，始终充满活力，发挥育人作用。

# 守护心“晴”，向阳而生：高校班主任心理疏导的路径与方法

2016 年，中共中央、国务院印发了《“健康中国 2030”规划纲要》，纲要中明确要求着重建设和规范学校心理健康教育服务体系，尤其要注重心理危机应对和干预。2020 级汉语言文学大类班构建起三角形立体式心理健康教育联动体系，通过主题活动及班主任指导，缓解同学压力，帮助同学们更好地适应大学生活，促进同学们的健康成长。

## 一、案例背景

心理健康教育是学校素质教育的重要组成部分，对大学生的身心健康成长和发展具有重要的意义。随着近些年高校扩招，毕业生总数逐年提高，大学生就业压力日益增大。机遇和挑战共存的时代背景下，当代大学生的心理状况对学生的全面发展和健康成长有着重要影响。

## 二、设计思路

2020 级汉语言文学大类班以“守护心‘晴’，向阳而生”为主题，构

建班主任、班级小站、班级心理气象员、舍长、学生全员联动，班级小站/班级（心理气象员）—宿舍（舍长）—学生的三角形立体式心理健康教育体系。

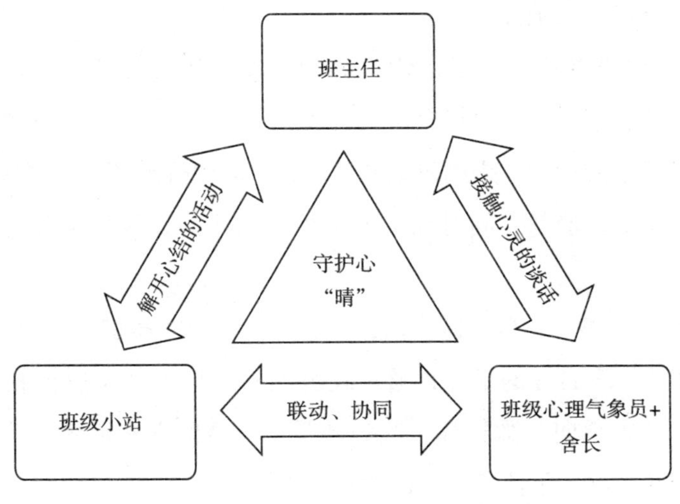


“守护心‘晴’，向阳而生”设计思路

## 三、实施过程

1. 班主任指导，推出“守护心‘晴’，向阳而生”计划雏形

班主任考虑到班级同学专业与心理学同属于科学范畴，有班级诸多相同的规律和机制，同时充分结合了班级同学专业能力、兴趣特色，推出了“守护心‘晴’，向阳而生”计划，组织班级同学积极开展心理健康教育，帮助班级同学解开郁结、保持乐观积极态度，从内心深处理解、敬畏和珍爱生命。

2. 组织以班主任为主导的“触摸心灵”谈话环节

班主任组织班级同学投票选举两位心理气象员，负责班级心理健康教育活动的开展，同时每个宿舍选举一位舍长，负责与心理气象员进行对接。舍长、心理气象员协同班主任制定并完善“触摸心灵”谈话环节安排，并于班级群内发布通知，呼吁同学们积极参与。同时，开辟了谈心专栏，由两位心理气象员进行班级热线的接通和预约的登记，使得同学们的困难能够及时解决，焦虑能够及时消除。

3. 组织以班级同学为主体的“解开心结”活动环节

在班主任的倡议下，班级自发组织成立了“班级小站”，开展了一系列心理健康教育系列活动，帮助班级同学们在游戏中排解烦恼，舒缓学习与生活的压力，积蓄正能量，同时在生活中挖掘真实的自我思考和感悟人生的真谛。

（1）情绪搜集——情感博物馆：情感博物馆为同学们分享自己的经历、情感等提供了一个良好的平台，通过在公众号上推出“情感博物馆”同名栏目，建立“情感向”数据库，收藏同学们丰富的真实情感，旨在倾听和疏导同学们在学习、生活各个方面遇到的困惑。

（2）烦恼转移——焦虑中转站：焦虑中转站作为一个“中转”平台，旨在通过系列活动，引导同学们在他人和自我的帮助下，与焦虑和解，将压力化为动力，更好地去解决日常学习、生活中的困难。

（3）问题解决——解忧杂货铺：解忧杂货铺一直坚持着项目组的“初衷”，做一个耐心的倾听者，部门每周定期在解忧信箱中收集信件，让同学们心中的秘密和忧虑在绝对保密的情况下发泄出来。同时也会在“解忧爷爷”栏目中给同学们进行回信，提供一些针对性的建议，努力帮同学排忧解难。

（4）小站运营——综合管理部门：综合管理部门在班主任的指导下，进行班级小站的宣传工作和系列心理健康活动的审核、布置与总结。始终致力于丰富同学们的课外生活，通过各种各样的特色活动，有利于同学们建立健康的心理状态。

## 四、工作成效

“守护心‘晴’，向阳而生”活动开展以来，班级同学们都对以班主任为发起者、学生为主体的心理健康教育联动体系表现出了极大的热情和深度的认可。班主任定期开展心理班会，与同学们进行沟通交流，解决同学们普遍存在的问题。同时，通过“一对一”的谈话交流，深入同学的内心，帮助其进行自我剖析，找到解决问题的方法并恢复其自信。在班主任的指导下，“心理小站”开展了诸多实践活动，同学们不仅纷纷积极竞选班级心理气象员，同时还积极加入了各个“班级小站”，班级学生活动参与率达到了94.34%（50/53），对制度的满意度评分高达8.9分（满分10分）。

## 五、经验启示

班主任谈话是经常会采取的措施，但是囿于大学时期班主任与学生沟通较少、彼此之间不太熟悉，班主任谈话常常难以发挥出其内在价值。2020级汉语言文学大类班的“守护心‘晴’，向阳而生”主题活动，从大一便开始进行，有效搭建起了学生与班主任之间沟通的桥梁。同时，在班主任组织成立的“班级小站”，开展了一系列心理健康教育系列活动，帮助班级同学们在游戏中排解烦恼，舒缓学习生活的压力，让学生从内心深处感悟生活的美好，从平常生活中体悟人生，消解负面情绪、积蓄正能量。

# 后　记

为深入学习贯彻习近平新时代中国特色社会主义思想，进一步将学习贯彻全国教育大会、全国高校思想政治工作会议和学校思想政治理论课教师座谈会精神引向深入，推动高校坚持守正创新，加快构建高校思想政治工作体系，不断提升思想政治工作质量，教育部思想政治工作司在全国层面优选出一批在高校思想政治工作领域具有影响力的理论和实践研究成果纳入《高校思想政治工作研究文库》项目建设，并予以出版，从而搭建了高校思想政治工作队伍的成果展示平台、学术研讨平台和经验交流平台，对促进思想交流、学术碰撞、理论创新，发挥优秀成果和优秀人才的示范引领、辐射带动作用，推动高校思想政治工作创新发展前沿问题的研究与探索，推动高校思想政治工作实践创新发展起到重要作用。

本书是 2022 年度《高校思想政治工作研究文库》入选书目之一，本书以南京师范大学 72 个优秀班级建设案例为基础，围绕数十年探索出的高校班级建设六大维度“班风建设、学风建设、文化建设、制度建设、网络班级建设、班主任指导”系统梳理而成。这些班级特色典型案例总体上涵盖了高校班级建设的方方面面，具有可示范、可引领、可辐射、可推广、可持续的特点。本书的顾问是孙友莲老师，负责本书编写的有李莉、蔡炳锋等十位老师，其中汤乐老师负责班风建设篇，汪育文老师负责学风建设篇，胡凤飞老师负责文化建设篇，莫春菊老师负责制度建设篇，沈晓海老师负责网络班级建设篇，支景老师负责班主任指导篇，蔡炳锋老师、周宗师老师负责全书的整合修订，吴希媛老师负责校对，吴霜、邱淑凡等研究生亦是利用周末时间，尽职尽责完成插图美化等相关工作。教育部思想政治工作司对《高校思想政治工作研究文库》的编选给予了关心和指导。本书在编写和出版过程中，得到了人民出版社的大力支持，在此表示衷心的感谢。

**本书编写组**

2023 年 9 月

责任编辑：翟金明
封面设计：胡欣欣
版式设计：王欢欢

**图书在版编目(CIP)数据**

青春同行者:新时代高校班级育人案例精选/李莉 主编;蔡炳锋 副主编. —
北京:人民出版社,2024. 3
(高校思想政治工作研究文库)
ISBN 978-7-01-026245-1

Ⅰ.①青… Ⅱ.①李… ②蔡… Ⅲ.①高等学校-班组-学校管理 Ⅳ.①G647.34

中国国家版本馆 CIP 数据核字(2023)第 251094 号

**青春同行者**
QINGCHUN TONGXINGZHE
——新时代高校班级育人案例精选

李 莉 主编 蔡炳锋 副主编

人民出版社 出版发行
(100706 北京市东城区隆福寺街 99 号)

中煤(北京)印务有限公司印刷 新华书店经销

2024 年 3 月第 1 版 2024 年 3 月北京第 1 次印刷
开本:710 毫米×1000 毫米 1/16 印张:21.25
字数:200 千字

ISBN 978-7-01-026245-1 定价:79.00 元

邮购地址 100706 北京市东城区隆福寺街 99 号
人民东方图书销售中心 电话 (010)65250042 65289539